D'ARCHANGEL

AU GOLFE PERSIQUE

*AVENTURES DE CINQUANTE
FRANÇAIS EN PERSE*

MME ZAVIE

LE ROMAN
FRANÇAIS
D'AUJOURD'HUI

LA CITÉ DES LIVRES — PARIS

D'ARCHANGEL
AU GOLFE PERSIQUE

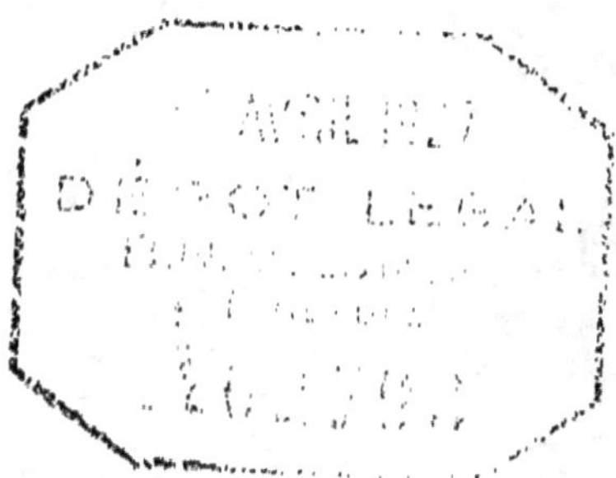

IL A ÉTÉ TIRÉ DE CETTE ÉDITION 1095 EXEMPLAIRES, SOIT : 20 EXEMPLAIRES SUR JAPON IMPÉRIAL, NUMÉROTÉS DE 1 A 20; 50 EXEMPLAIRES SUR GRAND VERGÉ DE HOLLANDE, NUMÉROTÉS DE 21 A 70; 1000 EXEMPLAIRES SUR VERGÉ D'ARCHES, NUMÉROTÉS DE 71 A 1070; ET 25 EXEMPLAIRES NUMÉROTÉS DE I A XXV, HORS COMMERCE, SUR PAPIERS DIVERS.

EXEMPLAIRE N°

EMILE ZAVIE

D'ARCHANGEL AU GOLFE PERSIQUE

AVENTURES DE CINQUANTE FRANÇAIS EN PERSE

LE ROMAN
FRANÇAIS
D'AUJOURD'HUI

PARIS
A LA CITÉ DES LIVRES
27, RUE SAINT-SULPICE, 27

MCMXXVII

La faiblesse et le gribouillage dans
les affaires nous déplaisent si fort que
nous en venons à admirer la force et
le gouvernement de fer même employé
contre nos libertés.

Stendhal.

AVERTISSEMENT

Cet après-midi de mai, sur le pont du bateau qui nous transporte de Boulogne à Folkestone, un officier russe, moustaches courtes, air rêveur, toute la raide élégance d'un junker, demande à l'un de nous :

— Où allez-vous ?

— En Russie... Mission sanitaire...

— En Russie ? Et qu'allez-vous faire en Russie ?

— Soigner des blessés, des malades, ouvrir des hôpitaux, organiser des ambulances.

— Ah ! dit le Russe, incrédule.

Puis, un peu triste, il ajoute, en secouant la tête :

— Vous en voulez donc toujours de cette guerre !...

De même que les chevaliers légendaires partant pour les aventures emportaient avec eux de précieux enchantements, c'est munis de cet inquiétant viatique que nous nous sommes éloignés des côtes de France, pour gagner la mystérieuse Russie, alors en pleine révolution.

Mai 1917.

PREMIÈRE PARTIE

A TRAVERS LA RUSSIE

L'Océan disparut derrière une chaumière.
VICTOR HUGO.

I

LES RAPATRIÉS RUSSES

Mai 1917.

Il y a cinquante Français sur ce coin de quai délimité, dans ce port brumeux, qui attendent depuis ce matin. Au loin, Liverpool, avec ses maisons grises, semble une cité de rêve scientifique. De notre promenade dans cette ville industrielle, il ne nous reste qu'un amer souvenir. Les cafés y sont fermés et la bière n'est pas servie avant midi. Ainsi l'ordonnent les rigoureuses lois anglaises. Un air chargé de fumée traîne au long des rues noires. On marche. Une avenue qui monte. Pas d'arbre. Au tournant, nous parvient une musique de cirque : ce sont des boys-scouts en casquettes plates, sans visière, tout à fait semblables à de jeunes Allemands, qui jouent du fifre et frappent des cymbales. Deux cavaliers, le polo sur l'oreille, nous dévisagent sévèrement. Près d'un aqueduc, d'un ton rouge brique, que les suies ont encré, un énorme policeman se promène. La foule nous regarde, pas longtemps... Elle est pressée.

Sur le plancher du quai maritime, dans un estaminet-papeterie-pâtisserie, une vendeuse mélancolique débite pour onze pence des cartes postales coloriées qui tâchent de représenter des jardins trop verts et une mer d'un bleu

Le repas du matin réunit ensemble tous les passagers dans la cale. La barbare cuisine anglaise avec ses pommes de terre à l'eau, ses oignons doux cuits à demi, ses bouillis de bœuf sans saveur, ses conserves poivrées que l'on arrose d'une sauce piquante et colorée, ses confitures à la gélatine, désoriente les Français. Mais les Russes ont de l'appétit et des goûts britanniques.

Vers les dix heures du soir, sous le plafond bas du dortoir, un léger roulis. On traverse une zone dangereuse. Les Français jouent aux cartes dans la chambrée des Russes, séparée de la nôtre par une simple corde tendue. Une voix nasillarde entonne un chant en mineur de regret et d'amour. Les sifflets des torpilleurs répondent aux cris des sirènes, répétés de minute en minute, dans l'épaisseur de la nuit. Les hamacs se balancent au-dessus de nos têtes. Il fait chaud. L'air sent la vague marine et l'écurie humaine. Un Finlandais glabre, à lunettes noires, s'est assis sur l'avant-dernière marche de l'escalier qui monte vers le pont et nous regarde...

Le lundi, notre cargo s'arrête, la nuit, dans la baie de Belfast, à cause, dit-on, des « difficultés » que l'on rencontre à traverser le chenal où nous venons d'entrer. Les « difficultés », ce sont les sous-marins allemands qui s'aventurent jusque dans ces parages.

Armé de sa jumelle marine, seul bien qui lui reste de son passé de matelot, le gros Jules que l'on a surnommé « Captain », renseigne ses compagnons. A son fidèle Gaston Desprès il affirme que l'on peut déchiffrer le nom des navires qui, paraît-il, croisent au large.

— *Oceanic!... Adriatic!... Aviatic!... Toby!*

Gaston Desprès saisit la jumelle à son tour, et, bien

entendu, ne découvre rien. Mais Captain n'en prend point souci, occupé, d'ailleurs, à enrichir de commentaires les souvenirs de voyage de ses contemporains :

— Regardez ce « trois-cheminées » qui tourne... Ah ! il retire l'ancre... Tous les passagers sont à l'arrière pour peser moins à l'avant... Ces taches blanches, ce sont deux, trois femmes de chambre qui nous font des signaux avec des mouchoirs blancs...

Autour de Captain un cercle se forme...

Des Russes qui ne comprennent rien, s'entassent là et rient de confiance lorsqu'ils voient rire les Français.

— Tribord, c'est à droite, et bâbord, c'est à gauche, explique Captain avec un sourire qui découvre ses lèvres sous la moustache rousse... quand on a le visage face à l'avant. Exemple : cette nuit, dans le hamac, j'étais bien couché à tribord et un peu bousculé à bâbord..., à cause de Desprès qui est un « poids lourd » et qui remue tout le temps...

On s'adresse à Captain pour tous renseignements maritimes. Son grade, il l'accepte sans déplaisir. Peut-être en est-il flatté. Sa bonne humeur le rend populaire. Au reste, comme la plupart de ceux qui prennent du ventre, il n'est pas méchant, il a bon cœur, et ses défauts mêmes lui sont comptés comme qualités. S'il aime à boire un coup d'eau-de-vie, il ne saurait le faire sans inviter quelqu'un.

— Ah ! un petit coup de « treuleuleu » de la mère Boule !

Captain lève hardiment le coude, comme on dit, et le « treuleuleu de la mère Boule », en la circonstance du gin ou du whisky, ne le fait pas tiquer.

— C'est recommandé contre les maladies les plus épouvantables qui affligent l'humanité : la « suchrine », la « zizine » et le choléra.

L'expression « treuleuleu » est familière au « Captain », Elle remplace chez lui tout mot qui vient à lui manquer et désigne, suivant les circonstances, un verre de fine, de whisky ou même ses godillots.

— Passe-moi mes « treuleuleux », dit-il à Gaston Després, le matin, lorsque ce dernier se lève par hasard avant son ami.

— Et puis donne-moi aussi mon « treuleuleu »... qui me sert de capote... Tu ne la connais pas? S'il y en a une dont les écussons sont mal cousus, c'est la mienne.

Aussi, à son grade de « Captain », et sans doute pour ne pas le confondre avec des capitaines en pharmacie et en médecine qui voyagent avec nous, on a ajouté le nom de Treuleuleu.

Cependant, nous avons laissé Glasgow. Des sous-marins allemands en patrouille ont été signalés. Notre prudent cargo s'arrête dans un petit détroit où il se repose l'après-midi et la nuit. Pénibles heures d'anxiété. On voit, sur les côtes des paturages verts, de petites maisons blanches, des montagnes aux sommets gris sous un ciel gris. Nous sommes ancrés dans la baie d'Islay.

... Le lendemain, notre courrier s'engage dans le canal de Minsk. Le soir, comme nous allons sortir de la passe, nouvelle alerte. Le cargo fait un brusque demi-tour et revient à toute vapeur se réfugier dans une baie rocheuse. Les passagers montent sur le pont. Les Russes disparaissent sous les foulards et les couvertures. Il y a longtemps que nous l'avons remarqué : nos voisins de cale sont plus frileux que nous. Un malheureux a gardé sous son étroit pardessus sa ceinture de sauvetage. Il ressemble ainsi à un pot de moutarde avec son ventre et son dos énorme d'homme-réclame...

Un brouillard humide tombe doucement. Captain assure que le bateau est ancré dans une crique des îles Skye, afin de dépister les sous-marins... Au reste, toutes les suppositions sont permises. Celle-ci fut reconnue exacte.

— On est dans un port calme, dit Captain. Entendez-vous le paisible chant des grenouilles?

Le piston des machines se remet en mouvement vers quatre heures du matin. Notre bateau se dirige à travers des îles montagneuses, qui semblent se toucher. Le vent souffle à l'arrière. Le roulis commence en même temps qu'une légère pluie nous oblige à regagner notre dortoir. Dans la cale, on s'ennuie. Il est défendu de fumer; mais les civils russes ignorent ces subtilités; ils allument des cigarettes. Des Anglais, officiers de marine, rasés de frais, descendent parfois dans l'espoir de surprendre un coupable maladroit; mais les Slaves sont rusés. Ils savent prendre un air si innocemment stupide qu'ils déjouent les Sherlock-Holmès en uniforme.

Il y a, parmi ces révolutionnaires rapatriés, un grand marin de Cronstadt, qui parle haut, boit le whisky à pleins verres et fume au nez des Anglais. Cette masse turbulente doit passer l'examen d'officier. Lorsqu'elle est ivre, elle bouscule un petit Russe en chapeau mou, au visage grêlé, moustaches tombantes, l'air d'un gorille ahuri et qui marche en écartant les jambes... Un juif d'Odessa, au profil souffreteux, la casquette sur le nez, se ramasse habituellement dans un coin et continue de lire, même quand on s'approche de lui jusqu'à le gêner. Je le rencontre quelquefois sur le pont; il se promène de long en large, avec un garçon blond et maigre... Sous un prétexte quelconque, je cherche à leur parler.

— Gavarit pasrousky?... Niet?

Non, je ne parle pas le russe, et lui-même parle de préférence l'allemand. J'apprends que son ami et lui se sont évadés d'Allemagne, où ils étaient prisonniers civils. Ils rentrent en Russie parce qu'elle est libre...

— Vous irez combattre?...

— Non, je travaillerai dans une usine... La guerre finira bientôt, dit-il encore; nous voulons faire la paix, la paix pour toutes les nations.

Ses yeux luisent dans son pâle visage. Son camarade blond approuve. Il est resté jusqu'ici en Allemagne et ne connaît les nouvelles que par les journaux allemands. Il hésite un moment, puis me demande :

— Mais enfin, en France, on veut toujours la guerre?

— Comment dites-vous?

— Oui, les Français ne veulent pas la paix comme nous. Ils veulent conquérir l'Allemagne...

— Expliquez-vous complètement...

Il se décide brusquement, et, s'énervant à mesure, me déclame d'un trait un discours que j'ai, depuis, entendu bien souvent : la France impérialiste, les Français guerriers veulent obliger la Russie libre et les neutres, à se partager la Germanie qui défend ses droits et sa liberté.

— Que se passe-t-il en Russie en ce moment?

Ils ne savent rien d'autre que ceci :

— La Russie est libre; on va faire une République...

Ils répètent à l'envi que les Anglais ont essayé de les garder comme soldats dans leur armée. Ils ont refusé. Tous détestent les Anglais qui ne veulent pas faire la paix.

Le lendemain, je retrouve sur le pont mes deux nouveaux compagnons. Ils parlent peu aujourd'hui. Le roulis a repris plus fort, cet après-midi, et nous restons accoudés sur la lisse, cependant que le bateau descend sur les lames glauques, puis remonte dans son éternel jeu de balançoire... Nous sommes dans l'Océan glacial arctique, et nous avons passé le cercle polaire.

Suivi de son fidèle Gaston, qui promène sa tête de boxeur et son brûle-gueule, Captain se lamente :

— On ne s'y reconnaît plus !... Cette guerre a tout chambardé... La dernière fois que je suis passé par ici, on pouvait voir le cercle polaire tracé à la craie sur les vagues...

Le pont d'arrière où le vent souffle est arrosé par les eaux qui tombent en paquets, brutalement, et dégoulinent dans la cale. Cette nuit est particulièrement dure. Le roulis chahute nos hamacs, qui se cognent les uns contre les autres. Une clarté blafarde sur la mer qui déferle... Nous naviguons directement sur le nord; la route suivie remonte jusqu'au 78°; elle s'infléchira ensuite brusquement et redescendra vers la baie de Kola. Ainsi nous éviterons les sous-marins... Nous sommes dans l'Océan glacial arctique, et ces trois mots associés nous font paraître plus piquant le froid qui nous saisit. Le bateau s'avance lentement au milieu des brumes, sur un lac dont les rives visibles sont des brouillards de coton. La sirène crie longuement.

Mon ami le juif d'Odessa me découvre ce matin-là sur le pont des premières, où des officiers jouent à la palette. Cela consiste à faire glisser sur le plancher des disques de bois jusque dans les pattes du chien du capitaine anglais, quand le capitaine n'est pas là, bien entendu... Je regarde mon compagnon qui tremble; mais c'est de froid, comme l'Ancêtre. Il grelotte dans ses vêtements d'été, il a relevé le col de son mince pardessus, et son visage paraît plus douloureux encore...

Le courrier file dans la direction sud-est. On était hier dimanche, alors qu'un prêtre-soldat célébrait la messe en plein air, dans l'odeur salée du large, à trois cents milles des côtes de Norvège.

Comme j'essaie d'interroger mon voisin, je le vois qui salue avec déférence un jeune homme rasé, assez chic, que j'avais déjà remarqué, mais pas eu le loisir de rencontrer d'aussi près.

— Qui est-ce?

— Un grand révolutionnaire, me répond-il d'un ton grave.

— Ah! Il paraît intelligent...

— Oui, il est très intelligent...

— Il retourne en Russie? Comment s'appelle-t-il?

On a toujours tort de poser deux questions à la fois; mon homme ne répond pas. Je dois insister.

— C'est un révolutionnaire célèbre?

— Oui. Vous voulez le connaître? Je dirai qu'un Français veut lui parler...

Ce personnage presque élégant m'inquiète. Je cherche à le retrouver après le dernier repas, dans le dortoir. Près de l'escalier, je regarde monter et descendre les Russes qui, soigneusement, avant de gagner le pont, crachent à droite, puis à gauche, se mouchent avec leurs doigts, au hasard des rencontres. Les Français crient au scandale, puis se remettent à jouer aux cartes.

Je ne compte plus découvrir mon personnage, mais voici qu'apparaissent le large pantalon de Benoit, la pipe et les lorgnons de Benoit et enfin Benoit lui-même. C'est un garçon tranquille. Les louanges ni les injures ne modifient son visage paisible. Il apporte une bouteille de whisky qu'il a dû obtenir par ruse de l'inflexible steward.

— Haut les quarts ! crie Captain Treuleuleu.

Le whisky répand sa lourde odeur pharmaceutique. Marcel Benoit, l'air recueilli, boit lentement. Il est d'une sobriété exemplaire, aussi son enthousiasme ou, pour mieux dire, sa douce gaîté ne se traduit que par des confidences médicales.

Il est interrompu par mon ami le maigre israélite d'Odessa, qui me sourit de ses yeux noirs. Il est suivi du fameux personnage que je cherchais en vain. Ce dernier prend place parmi nous. C'est un Slave blond. Son exotisme se révèle par des bagues, des cheveux frisés, un pantalon clair, relevé trop haut. Ses yeux bleus sont sympathiques et très doux.

Je présente Benoit.

— Monsieur, étudiant en médecine et en pharmacie.

Tel est le prestige de ce mot « étudiant » que le Russe s'incline :

— Officier ? demande-t-il...

— Non. Benoit est soldat. En France, les étudiants ne sont pas obligatoirement officiers... Mon ami tenait à vous connaître. Il sait que vous êtes un célèbre leader de la révolution russe...

— Comment s'appelle-t-il? me demande innocemment Marcel Benoit.

— Je m'appelle Yvan Yvanovitch de Moscou, annonce ce gentlemen, comme s'il voulait me tirer d'embarras.

Peut-être parlerions-nous, mais des Français ont entonné une romance traînarde, quelque chose comme : « Ma gigolette, elle est perdue... Elle s'a fait choper dans la rue... » et qui domine tous les bruits de la cale. Les civils rapatriés font cercle. Nos deux invités suivent la musique, le regard mouillé.

— Taisez-vous donc! crie Captain. Ils vont prendre l'air de cette chanson pour composer leur nouvel hymne national! Vous savez bien qu'ils n'en ont plus et qu'ils en cherchent un nouveau...

II

YVAN YVANOVITCH LE MAXIMALISTE

Des glaçons bondissent sur la mer de métal, bleue jusqu'à l'horizon... Il fait froid. Nous nous promenons sur la passerelle, Marcel Benoit et moi, lorsque le « célèbre » Yvan Yvanovitch nous rencontre et s'arrête. Après les compliments d'usage il nous demande :

— Vous allez en Russie ? Et quoi faire ?

Il parle lentement, avec correction. Il n'aime pas les Anglais que nous évoquons par hasard.

— Ce sont des impérialistes.

Cette raison lui suffit. Les Anglais sont jugés. Il en arrive à ce qui le préoccupe.

— On ne vous connaît pas en Russie. Il n'y a pas un homme sur dix pris au hasard, où vous voudrez, qui sache que vous êtes nos alliés. Qu'allez-vous faire là-bas ? On vous ignore... Vos drapeaux ne flottaient jamais à côté de ceux de l'Empire. On n'aurait pas osé associer la Sainte Russie à la République des Français. Est-ce qu'on se compromet avec un usurier ? Il y a bien des choses que vous ignorez, je vois. Le parti tsar était allemand. Quant à l'autre, il n'est pas avec vous, car vous étiez contre lui... Vous ne savez pas ? Décidément, vous êtes mal renseignés en France.

« Le mouvement révolutionnaire de 1905, notre mouvement, fut noyé dans le sang, grâce à vous. L'Empire se sentait perdu. Il l'était. Il se demandait comment il paierait ses policiers et ses bureaucrates. L'emprunt que l'on fit en France, en 1905, fut largement couvert et recouvert et fit échouer dans le sang notre essai d'indépendance... Vous ne vous rappelez pas, Monsieur, la lettre de Gorki, de Maxime Gorki à la grande France sur les yeux de qui il envoyait son crachat de sang et de fiel, parce que la main vénale de ce pays avait fermé à tout un peuple la route vers la liberté?...

Le piston des machines, la sirène dans la brume qui commence interrompent souvent le conférencier...

— Vous oubliez, Monsieur, que, si cette Révolution nuit à vos entreprises, en ce moment, c'est vous qui l'avez retardée de dix ans! Et vous voudriez que nous gardions pour ceux qui furent les alliés du tsar et les complices de nos oppresseurs une éternelle reconnaissance!...

« Vous venez nous dire : « Respectez vos engagements! « Souvenez-vous de la parole donnée! Luttez avec nous « contre les Germains et le capitalisme germain! »

« Quels engagements! Quelle parole? Quel capitalisme? La parole vous fut donnée par Nicolas Romanoff, qui vous trahissait en secret, et par Alexandra, qui était allemande... Naïfs ou rusés êtes-vous? Et quel capitalisme, je prie? Le capital français nous enfonça dans le sang! Vous voudriez maintenant que nous allions continuer une guerre qui vous devient favorable, une guerre qui vous assurera vos conquêtes au Maroc, en Algérie et en Alsace, une guerre qui mettra les Germains en dehors, cependant qu'ils vous offrent à tous une paix acceptable!

« Vous criez à notre trahison ! Nous vous avons toujours avertis : « Si nous devenons les maîtres, nous ignorerons « vos traités. » Ce jour (vous pensiez qu'il ne pouvait luire) est venu. Permettez. Nous tenons nos promesses que vous teniez auparavant comme négligeables... »

Le pont est presque désert. Il fait un froid de glace. La mer est couverte d'un halo de brouillard... Je regarde l'écriteau que les officiers anglais ont affiché près du poste de télégraphie sans fil : « On serait obligé si les Français feraient moins de bruit ».

Le soir vient, à tâtons, sournoisement. C'est l'heure où Captain, Gaston Desprès et ses amis se rassemblent dans la cale pour jouer aux cartes.

— La partie de piquet ! C'est le plus voleur qui gagne.

Cependant, Desprès, sérieux, presque doctoral, parle de réverbération du soleil sur les banquises. Captain, aussi grave que son ami, hoche la tête et donne lentement son avis :

— Je doute qu'il y ait des réverbères dans ce pays-là.

*

Est-ce à cause de la tempête de neige qui tourbillonne sur l'Océan ou pour dépister les sous-marins allemands que le cargo anglais, sans prévenir personne, semble modifier le programme de sa route et se dirige cette nuit vers la terre pour venir au matin, s'ancrer dans cette eau grise, à grandes lames ? Autour de nous, des collines rocheuses, la neige, les taches noires des arbres dépouillés. Nous sommes dans le port de Mourmansk, ancien

— 17 —

port Romanoff. Au fond, parmi ces croiseurs et ce cuirassé, se trouve Kola. Sur les rives, des maisons de bois et le panache de fumée d'un train en marche...

Toujours suivi de son inséparable Gaston Desprès, Captain fournit quelques renseignements inédits à son habituel entourage.

— Nous allons repartir, suivre la lisière de la forêt en face. Puis nous jetterons l'ancre dans le port de Lady Petrowsky... Ne cherchez pas sur les cartes. Nous y pêcherons du poisson frigorifié, ce qui nous changera du corned-beef. En attendant, chacun peut écrire sur son livre de bord : « La rivière est toujours calme ».

Les rapatriés voudraient descendre sur la terre russe. Ils envoient une délégation au capitaine anglais qui commande à bord.

— J'ai reçu l'ordre de vous conduire à Archangel. Je vous conduirai à Archangel.

Cette réponse sans détours confond les Russes. Ils se réunissent, discutent pendant toute l'après-midi, prononcent de véhéments discours, continuent la nuit, recommencent le lendemain et désignent enfin dix nouveaux délégués pour aller parlementer avec l'officier anglais.

Celui-ci les reçoit sur le pont, écoute l'orateur bénévole qui s'exprime au nom des rapatriés, puis, sitôt qu'il a compris qu'on lui vient présenter la même requête que la veille, détache un définitif :

— No.

Et s'en va, sans plus écouter.

Les Russes sont de plus en plus ahuris. Mais ils n'insistent pas. Ils s'ennuient. Pour se distraire, ils jouent aux cartes le jour et, la nuit, dans la cale, chantent des chœurs, à la grande fureur des Français qui ne peuvent plus dormir.

Le soir, quelques bateaux, un submersible camouflé de gris, passent devant notre cargo, déplaçant de longues raies noires sur les eaux dansantes. L'air est un peu plus humide à mesure que la nuit descend, si l'on peut appeler ainsi cette indéfinissable clarté où les lointains paraissent encore plus nets... Au reste, depuis que nous avons passé le cercle polaire, les nuits sont blafardes. Il n'y a, pour tout dire, que deux heures de véritable obscurité.

Autre distraction.

Vers les onze heures, les passagers — soldats français, Russes grelottants, quelques dames — se rassemblent à l'arrière du pont pour assister au fameux soleil de minuit qui se produit vers les onze heures et demie... Une traînée lumineuse dore les arbres et la neige, à l'est. Le soleil monte au-dessus des bois et disparaît lentement derrière la montagne. Une pénombre plus opaque succède à ce départ. Puis le soleil reparaît sur l'autre versant des bois et colore de rouille la neige et les eaux...

* ⁎
⁎ ⁎ *

Le grade de capitaine dans l'armée russe commence à donner à celui qui le porte quelque prestige. Pour cette raison, les médecins et pharmaciens de la mission, partis de France avec un galon, auront le droit de coudre sur leurs manches deux galons supplémentaires. Un sous-lieutenant devient ainsi capitaine, un lieutenant commandant, un capitaine se mue en colonel.

Les nouveaux gradés ne touchent que les indemnités

attribuées à leurs galons nouveaux, ainsi que l'indemnité de monture, indispensable sur mer, dans le train, ou au premier étage d'un hôpital, comme on peut le croire. Mais ils n'ont pas droit à la solde.

Un soir, l'opération de la transformation des dolmans et des capotes a lieu discrètement, sans tapage, et le lendemain, aides-majors et apprentis pharmaciens apparaissent transformés en capitaine de médecine ou en colonels de pharmacie.

— Il a plu cette nuit, constate Captain Treuleuleu. Je n'ai jamais vu d'avancement aussi rapide !...

Aussitôt, nous décidons d'élever au grade de colonel le Captain Treuleuleu qui représente assez bien l'esprit frondeur des Français et de donner à Gaston Desprès les galons de caporal.

— J'accepte cet honneur, remercie Treuleuleu. Mais je conserve mon premier titre. Je resterai « Captain ».

Et nous sommes toujours en rade... Il y a des jours où l'on voit un peu le soleil et des jours de brume où les bateaux nous apparaissent découpés en noir, à peine visibles, et des jours de pluie glacée, comme cette après-midi où les Russes entonnent sur le pont leur nouvel hymne : *les Bateliers du Volga*.

Enfin, le 13 juin, huit jours après notre arrivée à Mourmansk, le cargo repart, descend la rivière et se laisse porter vers la mer Blanche.

III

LES DÉSERTEURS D'ARCHANGEL

De longues vagues noires qui découvrent d'autres vagues couleur de purin. La Russie, c'est cette ligne plus foncée qui s'avance sur nous... Vers midi, des forêts sur ces rivages que l'on devine. La brume est épaisse... Il y a des bancs de sable, des maisons de bois, toutes pareilles, et des forêts jusqu'à l'horizon, sous un ciel encombré de nuages. La mer a perdu ses lourds flots de naguère. Nous allons arriver.

Ainsi notre voyage s'est accompli. Partis de Liverpool le 26 mai, après avoir côtoyé l'Irlande, l'Écosse, les îles Feroë, notre petit cargo a gagné l'Océan glacial arctique, jusqu'au 78°, où il a rencontré les glaces et les avant-postes de la banquise.

Tournant alors vers le sud, il s'est dirigé sur la côte mourmane, s'est mis à l'abri des sous-marins allemands pendant une semaine, dans l'ancien port de Romanoff, puis, par la mer Blanche, a atteint l'embouchure de la Dvina du nord, aux rives gazonnées de vert-tendre.

Voici de minces presqu'îles plates, des îlots, verts également, comme un tapis de prairie, qui semblent encercler notre cargo-boat. Nous avançons lentement dans cette étroite rivière où les grands navires ne peuvent pénétrer... Les quais, ce sont de grosses poutres enfoncées dans l'eau. Des piles de bois s'accumulent le long des rives. Des paysans, en casquettes grises ou bleues, en petites chemises rouges boutonnées sur le côté, chargent des bateaux. Des femmes, vêtues de jaune, de rouge, coiffées d'un foulard blanc, nous regardent passer. Elles ont des visages ronds, elles sont épaisses, et leur peau est brunie. Nous allons silencieux parmi ce peuple qui nous contemple d'un air ahuri... Un grand calme enveloppe toutes choses, les chiens devant le seuil des portes de bois, les chevaux arrêtés, les ouvriers qui se dressent, les bras ballants...

Parmi les maisons de bois, peintes de couleurs criardes, et les forêts qui viennent finir sur ces côtes, apparaissent des églises, en bois également, et colorées violemment de violet, de jaune et de vert. Elles ont toutes cette forme byzantine qui étonne dans ce paysage du Nord.

Le canal s'élargit ; les demeures sont construites en pierres et en briques. Nous approchons de la ville...

Un crépuscule rouge à l'arrière teint les coques des barges chargées de bois et les vitres des « isbas ». Notre bateau s'arrête dans cette eau tranquille où notre passage soulève un remous inaccoutumé.

Voici de hautes églises : c'est une sorte de pièce montée... D'abord une bâtisse, avec façade sculptée, puis un toit bleu... un autre superposé qui est vert... On dirait du bois peint ou de la tôle; puis un dôme semé d'étoiles d'or, puis une boule dorée que surmonte une flèche également dorée; au sommet une croix, ou une croix et un croissant en fer ouvragé. Des tiges de fer soutiennent cette flèche et la rattachent au dôme d'or criard...

— Je comprends maintenant, dit Captain, à qui pèse notre silence... Je comprends pourquoi ce soldat russe que j'avais vu dans un hôpital, près de Vanves, me disait que la plus belle église de Paris, à son avis, c'était la « Samaritaine »...

Notre bateau avance encore, puis lâche l'ancre. Nous apercevons assez près de nous les quatre églises qui nous surprenaient tout à l'heure, et à quoi nous nous habituons doucement. Des voitures courent sur la rive. On aperçoit une place, des gens qui marchent, d'autres sur un banc, dans un jardin, des femmes en blanc...

Le lendemain, dimanche matin, on ne peut encore descendre. Pas de canots et surtout pas d'ordres... Des Russes, costumés en militaires, à barbes fauves, incolores, aux petits yeux, au nez camard, viennent visiter notre bateau. Ce sont ces messieurs de la douane. Comme les femmes épaisses des quais de bois, ils ont le visage bruni ; c'est surtout parce qu'ils oublient de se laver.

A une heure de l'après-midi, les rapatriés russes débarquent. Je ne vois pas Yvan Yvanovitch ; mais le petit juif d'Odessa vient me serrer la main. Il est coiffé d'un chapeau mou noir et vêtu d'un smoking trop large dans lequel son maigre corps disparaît.

— Je vais à Pétersbourg, me dit-il. Et puis à Odessa... Au revoir...

La péniche qui nous emportera doit partir demain matin, mais un contre-ordre nous arrive. La marine russe n'est pas pressée.

Pluies et brumes le lendemain. Le petit vapeur ne vient toujours pas. Il était annoncé pour cette nuit, puis pour ce matin de bonne heure... Enfin, un peu avant midi, un remorqueur sur quoi on ne comptait plus entraîne la péniche lourdement chargée : nos bagages, le matériel de l'ambulance et nous-mêmes.

Nous abandonnons sans regret le petit cargo avec ses marins anglais durcis dans leur isolement, sa « table d'hôte » nauséabonde et si maigre, ses conserves avariées, son dortoir sans air, ce qui permet à Captain, écrivant à sa famille, de résumer son voyage dans une formule où la censure britannique ne pourra rien découvrir :

« Nous sommes arrivés au *porc*; nous avons été traités comme tels. »

⁎

Le remous de la péniche soulève des eaux couleur de boue. Trois églises qu'entoure le gazon d'un jardin tanguent en face de nous. Nous traversons le port d'Archangel pour atterrir près d'un débarcadère. Des bateaux-mouches qui font la navette entre la ville et la gare du chemin de fer se rangent le long des quais.

Des soldats russes, courbés sous des ballots de linge, aussi misérables, aussi sales que les prisonniers que j'ai coudoyés en Allemagne, se dirigent vers le ponton d'embarquement. Des femmes, coiffées de foulards, se glissent parmi les soldats. Beaucoup portent des bottes, comme les hommes, ce qui leur donne une lourde démarche d'esclaves ivres... Nulle politesse dans cette foule. Les soldats bousculent ces malheureuses pour passer avant elles.

Une élégante jeune femme, en blanc et en rouge, jupe trop courte, corsage ballet russe, se dandine sur des talons hauts. Elle s'appuie légèrement sur l'épaule d'une petite fille. L'élégante montre un visage blond, un nez en l'air et de grosses lèvres. Elle porte, en somme, les mêmes couleurs que les femmes du peuple, de qui les corsages lâches sont bleus et les jupes, comme les foulards, variant du rouge au jaune...

Il y a déjà une heure que nous sommes là, à attendre. Nous pensons que ce défilé de femmes et de soldats va bientôt finir, mais à notre grand étonnement, il continue toujours... D'autres arrivent et puis d'autres encore, tous semblables, chargés de paquets, la casquette en arrière, la capote sur les épaules, qui piétinent dans le sable du rivage.

— Ce sont des déserteurs, nous dit un interprète, ou, si vous trouvez le terme trop fort, des soldats qui ont quitté leurs régiments sans permission parce qu'on leur a dit qu'ils étaient libres.

— Qui leur a dit qu'ils étaient libres ?

— On ne sait pas. Des gens qui se proclament délégués, « délégate ».

La gare d'Archangel, toute en bois, est envahie, elle aussi, par des femmes, des enfants qui s'assoient, se couchent dans les salles, sur les quais. Ce peuple ne bouge pas. Il forme, derrière la forteresse des colis, de véritables campements.

Le buffet est un petit réduit parfumé au poisson séché. Une table rustique tient lieu de comptoir. On y voit des sandwichs de pain noir au caviar rouge comme des grains de groseille, des saucisses brunes... Des femmes sans grâce, aux cheveux aplatis, des frisettes sur le front, nous vendent une bière de mauvais goût, qu'elles font payer quarante, puis soixante, puis soixante-dix kopecks à mesure que la clientèle française envahit le café. Elles versent le thé en de gros verres sales où leurs doigts ont laissé d'apparentes empreintes.

Contre les murs, des affiches peintes : un cavalier charge des Allemands en déroute, un obus éclate dans une tranchée et, comme légende : « Camarades, faites des munitions! Voyez l'effet qu'elles produisent dans les rangs ennemis! »

Mais les quais sont pleins de femmes qui agitent les bras... Un train démarre lentement. Il y a des soldats partout, sur les marchepieds, sur les passerelles et même sur les toitures des wagons... Tout cela crie, gesticule, brandit des casquettes et des mouchoirs. C'est un convoi de déserteurs que l'on réexpédie de force sur le front. En cours de route, ces Russes descendront, au gré des stations, mais ils n'encombreront plus Archangel... A mesure que les compartiments s'éloignent, les femmes restées seules pleurent à petits coups saccadés, comme si elles accomplissaient un rite traditionnel.

Le soir, lorsque nos montres marquent la tombée de la nuit, quelques Français vont se promener sur les planches de la nouvelle gare, toute en bois, comme la première. Ils entrent dans les salles où des gardiens les saluent, sans les arrêter.

Vers minuit, il fait très froid. Une clarté lunaire autour de nous, sur ces wagons immobiles, ces rails luisants, comme dans un matin d'hiver, quelque part, dans une petite ville de province endormie...

Au buffet de la gare d'Archangel, ce matin-là, nous retrouvons autour de notre thé les mêmes femmes aux corsages mal ajustés. Dehors, toujours cette foule d'émigrants : soldats, femmes du peuple, paysans assis par terre ou couchés... Ont-ils passé la nuit sur les quais, ces visages blonds, ces grosses têtes barbues dans les yeux de qui se devine un désorientement immense?... Ils nous donnent l'impression d'un peuple doux, facile à conduire...

Je me souviens de cette fuite des soldats, hier, vers l'embarcadère des bateaux... D'autres s'y dirigent encore aujourd'hui. Il en arrive de tous les côtés, avec cette même allure pressée et nonchalante à la fois. Ils ne se décident à courir que lorsqu'ils entendent la cloche annonçant le départ du courrier.

Et c'est là notre premier contact avec la population russe, le plus vif, le plus frappant... Aujourd'hui encore, lorsqu'on me parle d'Archangel, je revois d'abord des femmes bottées, des déserteurs en capote et cette sautillante personne, habillée comme une danseuse, tant s'imprime fortement en nous une première impression...

Le train de marchandises qui doit nous transporter à Moscou partira à une heure de l'après-midi. Nos compartiments sont munis de larges planches, que l'on peut relever la nuit et qui forment couchettes.

Trois coups de cloche pour annoncer le départ. Au second, les Russes commencent leurs adieux. Au troisième, le train s'ébranle presque tout de suite; les Russes alors courent vers leurs compartiments.

On voit là toutes sortes de types : faces camardes, têtes rondes, petits yeux dans une peau plissée... De vieux moujicks à cheveux longs sous la casquette traînent des vêtements rapiécés.

— Mais où diable, cachent-ils leurs costumes neufs ? se demande Captain, longtemps silencieux devant cet exode.

Tous ces gens sont chaussés de bottes plus ou moins éculées. Ils nous regardent vaguement, nous prennent pour des Anglais, nombreux dans ces parages, et passent, sans curiosité.

Cependant Marcel Benoit est aux prises avec un civil correctement habillé. Un interprète préside à cette conversation difficile.

— Vous êtes catholiques ? demande ce Polonais, car c'est un Polonais. Vous parlez polonais, alors ?...

— Non ! répond Benoit.

— Non !... Alors, vous n'êtes pas catholiques !...

— Mais si, reprend mon ami... Nous sommes catholiques français...

— Et vous ne parlez pas le polonais ! Mais comment alors dites-vous la messe ?...

— En latin.

— En latin... Ah ! peut-être bien alors que vous êtes quand même catholiques...

Benoit en est souffrant. Il se retourne vers moi :

— Voilà ceux qui sont bien renseignés... On peut juger des autres par cet échantillon...

Un soldat de l'aviation française, en garnison ici, nous apporte nos passeports.

— C'est une ville agréable, Archangel, dit cet homme venu pour être oiseau en Russie. Les jeunes filles de bonne bourgeoisie y sont très libres, élégantes même. Elles sortent le soir, comme elles veulent et pas difficiles... Il y a un moment que je suis là. Ma mission est à Kiew... Ils n'ont pas encore déballé leurs appareils... A quoi bon ?

Ils se promènent, ils s'amusent. Ils sont très fêtés. Toutes les femmes qu'ils veulent... Mais ils dépensent quinze roubles par jour. Tout est hors de prix... Quant aux Russes, ils désertent de tous les fronts à la fois. Il y a un million de soldats à Pétrograde, autant à Moscou qui font des réunions. Ici également... Il n'y a que des volontaires qui combattent... On formera des régiments de volontaires...

Mais le troisième coup de cloche retentit dans le brouhaha d'une foule qui assiège les portières, et notre train se met en route. Des femmes, sur les quais, envoient de longs baisers d'adieu... Les Français s'inclinent, car rien ne les oblige en effet à croire que ces baisers ne leur sont pas destinés.

IV

UN COUVENT A VOLOGDA

LE train fuit sur la longue ligne des rails ouverts devant
lui. Forêts de bouleaux, de sapins, de mélèzes, à perte
de vue. Les chemins qui conduisent aux villages, tout en
planches, sont pavés en bois, à cause des pluies et des
marécages. Les dvorniks plantent des branches vertes
dans la rainure des portières, pour que les moustiques s'y
accrochent, disent-ils... Les trains que nous rencontrons
sont ainsi pavoisés.

Lorsque notre convoi s'arrête dans une gare[1], tout un
peuple descend qui se précipite avec des théières vers les
bouilleurs où chauffe continuellement l'eau nécessaire à
la boisson nationale. Des employés circulent, casquettes
blanches ou rouges, bottes lourdes... Des femmes, sur les
quais, se promènent ; elles agitent autour de leurs visages,
coiffés d'un serre-tête rouge ou bleu, des bouquets de
branches pour chasser les moustiques. Et partout des
chemisettes vertes ou grises, serrées à la taille. Quelques
popes assis sur les quais, des visages maigres, barbus,

---

1. Ces gares de bois se ressemblent toutes, bâties sur le modèle de
cette humble station en planches d'Astapovo, popularisée par les gravures, où Léon Tolstoï, fuyant son riche domaine d'Yasnaïa-Poliana,
vint terminer, en novembre 1910, sa vie de prophète tourmenté.

chevelus, sous des chapeaux melons. Ce sont les premiers que nous voyons vraiment, parmi la foule. Leurs soutanes à grandes manches, leurs longs cheveux filasses, et ces yeux qui paraissent plus vifs que ceux des autres Russes, tout cela leur donne un air particulier, presque inquiétant. Mais quelle dure et subite impression de dépaysement, ils nous apportent !

Le train repart, le cri de la sirène se prolonge comme celui d'un bateau en détresse... On voit, dans un tournant, les petites locomotives de notre convoi. Elles sont trapues avec des cheminées en forme d'entonnoir, afin d'éviter les étincelles; cependant tous les abords de la voie forestière sont calcinés. Toujours des bois, à perte de vue... Un soldat, devant sa cahute, nous regarde passer, puis rentre chez lui. Un pope en noir marche à grands pas dans la campagne où des haies délimitent des pâturages et des jardins. Il ne se retourne pas... La plupart des Russes sont ainsi ; leur curiosité est vite épuisée. Rien ne semble retenir longtemps l'attention de leurs regards trop bleus.

Vers les deux heures de l'après-midi, nous arrivons à Poungara. Le silence de la campagne pénètre avec des moustiques dans nos compartiments... Nous sommes arrêtés là. C'est une petite gare où il fait presque sombre... Il doit être onze heures du soir. Sur le débarcadère, de grosses jeunes filles coiffées d'écharpes bleues. Elles sont lourdes, sans élégance...

Elles se promènent par deux ou par trois... Les plus jolies ressemblent à des juives... Au loin, des maisons en bois ouvragés, des forêts encore. Il n'y a pas de raison pour que ce paysage ne se répète pas toute la nuit...

J'ai conservé un souvenir très pur de Vologda, où nous arrivons un matin du mois de juin. C'est, en effet, la première ville russe où nous pouvons nous arrêter. La gare est construite en brique et en bois. Devant la gare, des troïkas attendent, avec les cochers classiques, en lévites longues et chapeaux tromblons. Des émigrants, des voyageurs sont couchěs sur les trottoirs... Ce monde sent le cuir et la morue... Les maisons, à un seul étage, sont en bois sculpté. Un jardinet les entoure. Des trottoirs en planches le long de ces demeures qui se suivent et sont bâties sur un modèle uniforme.

Nous allons devant nous, trébuchant contre les pierres pointues des chemins. Personne ne nous arrête, personne ne s'occupe de nous, et notre surprise est grande d'aller à l'aventure dans cette ville fermée où l'on ne voit que des jardins et des tapis de gazon. Quelques passants semblent nous éviter... Enfin, au loin, la ville elle-même, avec les dômes dorés de ses églises, tout au bout d'un ruban de route.

Mais plus que les bâtisses bien alignées d'une ville moderne, nous attire le croassement continu de corneilles à tête grise qui habitent les arbres d'un couvent. Un fossé le long des murs, une porte basse dans cette muraille. Nous entrons et nous voici de plain-pied dans un jardin où trois églises surgissent des bosquets de ronces et de roses. Leurs dômes, que nous apercevions de la route, s'érigent parmi les arbres. Un silence oriental oppresse ces lieux déserts où les cris des oiseaux n'arrivent qu'assourdis. Personne. Puis nous distinguons des popes le long des allées. Ils se promènent, l'air méditatif. Soudain, à notre gauche, apparaît un nouveau pope, en cheveux. Il se met à tirer sur une corde, et des cloches résonnent. Il nous tourne le dos. Nous ne voyons que sa longue perruque bouclée. D'autres prêtres encore, en soutane, bonnets carrés, passent près de nous, les mains croisées sur la poitrine. Ils ne nous regardent même pas. Nous restons là, hésitants... Une femme qui se dirige vers l'église daigne se retourner à notre vue. Elle a un visage long et tanné sous un chapeau de guingois. Ses yeux brillent. Elle nous dit quelques mots, en russe, que nous pouvons toujours prendre pour un compliment; mais ces soldats en casques, le revolver à la ceinture, ne semblent pas lui inspirer confiance. Nous ignorons toujours si nous sommes dans un couvent, un jardin ou un cimetière. Nous entrons alors dans la première chapelle, à notre droite, avec la vague crainte d'être indiscrets. Contre les murs, tout de suite, nous « reconnaissons » les icones. Nous en avons déjà vu, en photos, en gravures, un peu partout. Elles font partie du bagage d'idées toutes faites que nous emportons de France. On en trouve de grandeurs diverses, accrochées contre les piliers et les murailles. Ce sont, à l'ordinaire, des dessins en cuivre, ou même en fer-blanc, qui reproduisent les lignes d'une image peinte en dessous, et qui laissent à découvert les mains et le visage des saints ainsi représentés. Des femmes qui passent, des popes qui paraissent n'avoir rien d'autre à faire, viennent embrasser ces fer-blanteries à la place où les mains et le visage apparaissent.

Le chœur où un prêtre officie est séparé du public par un panneau en bois. Le pope apparaît parfois par une des portes, « côté cour », se tourne vers les fidèles et disparaît par l'autre porte, « côté jardin ».

Nous restons là, sans rien dire, étrangers... Mais une soutane grise s'approche de nous. Elle a un grand visage incliné, elle nous dit quelques mots et nous la suivons, bien que nous n'ayons rien compris à ce qu'elle nous a dit. Cet aimable pope nous entraîne dans le jardin, nous le suivons toujours; il nous conduit enfin vers une autre chapelle, la sienne sans doute, où il nous fait entrer. Des femmes qui priaient dans l'ombre viennent à lui et lui baisent les mains; il se laisse faire, avance quand même au milieu d'elles, et disparaît. Il revient une minute plus tard et se tient entre les deux portes qui conduisent au chœur. Il se prosterne à droite, baise une icone, puis une autre, une autre encore, s'incline à gauche, et recommence. Les femmes s'agenouillent, à même les dalles, touchent du front le sol, se relèvent, s'aplatissent de nouveau par terre... Le pope qui nous a conduits dans son église étend les bras, face au public. Il porte une chaînette à croix d'or sur la poitrine; il a un beau visage mat. Son front est large, grâce à une calvitie légère; et quand il se baisse vers une icone, les longs cheveux de ses tempes, frisés au petit fer, se répandent autour de sa tête. Il les arrange, en se redressant, d'un doigt rapide, et ramène deux longues boucles en pointe, de chaque côté de ses épaules. Des popes qui pénètrent derrière nous embrassent des images étalées devant eux, des portraits de saints étendus sur des tombes, des figures de vierges rehaussées de perles fines assemblées, et chaque fois, les longs cheveux des prêtres coulent sur les ciselures de cuivre... Des femmes se lèvent et, dévotement, posent leurs lèvres aux places encore humides. Une grande chaleur au dehors, lourde de résine et d'encens. Les corneilles sacrées tournent en croassant parmi les arbres. Il est midi.

Nous remontons dans notre train, le soir. Nous repartons.

Des pâturages encore, quelques bois, des moujicks aux barbes ahuries, de lourdes femmes bottées, des ouvriers en chemise rouge, au nez court, à la crinière longue : le masque même du « rabotchik » Maxime Gorki... Des popes encore, leurs soutanes tachées de graisse, et des cochers... A six heures, notre train passe au-dessus d'un grand fleuve, où des hommes et des femmes se baignent, entièrement nus. Sur une hauteur, on voit, un moment, une cathédrale brune à clochetons d'or, et puis la plaine... Ce même fleuve qui tourne, c'est la Volga, et les flèches de ces églises en tôle dorée désignent Jaroslav. La gare est encombrée de paysans, d'ouvriers et surtout de soldats. Tout ce monde se promène à travers les voies. Des femmes aux seins tombants, un foulard sur les cheveux, montrent leurs gros visages ronds. Des prisonniers autrichiens circulent en toute liberté, comme dans la gare de Vologda. Ils plaisantent avec les jeunes filles et s'approchent de nos wagons.

— Ce sera bientôt fini, n'est-ce pas ? nous demandent-ils.

Chaque jour, ils viennent à la gare, qui est le rendez-vous des élégances...

Près du buffet, sous un dôme, se dresse un autel ; deux cierges brûlent auprès d'une icone exposée là. Les paysans qui entrent s'agenouillent, multiplient des signes de croix rapides. Des soldats traînent leurs bottes, bousculant des essaims de mouches. Cela sent, comme partout, le cuir et le hareng, surtout dans la salle du restaurant, où le caviar noir s'étale sur des tranches de pain comme un cirage luisant.

Notre convoi repart pour des pays de plaines et de marais. Les Autrichiens et quelques Allemands soulèvent leurs calots et nous souhaitent « bon voyage ». Des jeunes filles sourient... Les paysans, les soldats russes, immobiles, nous regardent...

V

MOSCOU, GRAND VILLAGE

Voici la banlieue verte et boisée. Des trains chargés de
soldats nous croisent continuellement Nous approchons... Il fait très chaud.

Sur les quais de la gare de Moscou, nous attendons.
Pas d'ordre, pas la moindre autorité... Des voyageurs
descendus de tous les trains qui viennent s'arrêter là,
défilent devant nous, presque tous en casquettes, bleues
ou vertes, ou noires... Des femmes en blanc, jolies, sans
corset, sans élégance aussi, des étudiants à casquettes
rouges et cheveux longs, des officiers à épaulettes, la
blouse serrée à la taille par une ceinture, un petit poignard doré à la place du sabre, d'autres, pleins de suffi-
sance, en lourds manteaux gris... Et tous ces visages
semblent fermés, indifférents...

A midi, nous traversons des groupes de soldats russes
couchés le long des quais, près des arbres nains du buffet,
jusque devant l'icone de la salle d'attente. Ils boivent du
thé, mangent du pain noir. Sous les vitrages surchauffés,
cette foule sent le cuir, le hareng, le troupeau...

Au sortir de la gare, on croit pénétrer dans les faubourgs d'une petite ville : rues étroites, cailloux pointus,

maisons basses... Les tramways sont pris d'assaut. Ils transportent surtout des soldats suspendus jusque sur les marchepieds et qui ne paient jamais leur place.

Sur les monuments publics flottent des drapeaux rouges, les statues arborent des cocardes écarlates à la boutonnière de leur veston de bronze, et sur la « place rouge », le patriote Minine qui engage le prince Pojarky à marcher pour la défense de la patrie, tient dans ses bras un fanion écarlate...

Un officier russe, que nous ne connaissons pas, nous présente à un « délégué des soldats » qui a combattu sur le front français. Celui-ci nous demande des nouvelles de la guerre et nous fait pénétrer dans la plus importante brasserie de Moscou.

De paisibles garçons de café contemplent les petites tables confiées à leur surveillance. Ils écoutent les commandes qui leur sont faites ; ils ne bousculent personne et apportent, sans se presser, des verres et des tasses d'une propreté douteuse.

Près de nous, un gros monsieur qui sirote une citronnade, fait remarquer au serveur qu'il ne peut pas boire avec la paille qu'on lui a donnée. Le garçon constate, approuve et revient un instant après. Il porte une paille toute neuve dans laquelle il souffle lui-même ; puis, certain qu'elle fonctionne, la remet au gros monsieur qui attendait. Celui-ci, tout naturellement, la prend et remercie...

Un étudiant, tête carrée à lunettes, veut bien nous accompagner jusqu'au Kremlin. Le délégué des soldats nous confie à son obligeance et s'excuse de nous quitter. Un brave garçon, cet étudiant, un peu épais, il nous explique avec simplicité qu'il porte une blouse noire, comme les ouvriers, parce que les complets sont hors de prix. Au Kremlin, il commence par nous montrer, avec un parfait manque de tact, les canons pris aux Français lors de la fameuse retraite. Une sentinelle, que son fusil embarrasse, bâille à plusieurs reprises...

— Venez voir le roi canon... Venez voir la reine cloche...

C'est ce canon énorme, que l'on nomme « tsar des canons »; quant à la cloche, c'est la « tsar Kolokol » de l'impératrice Anna Ivanovna et qui porte également ce nom.

Comme nous visitions l'Oupenskoï (église de l'Assomption), un soldat russe, figure ronde, nez court, se joint à notre groupe... A notre entrée dans la basilique, un pope qui étendait les mains devant une icone se dirige vers nous. Il a de longs cheveux bouclés, une barbe noire, de grands yeux caressants... Il nous regarde curieusement. Une jeune fille, un lorgnon en équilibre sur son petit nez, s'approche. Elle habitait Paris avant la guerre; elle est de passage à Moscou. Les explications de l'étudiant, elle nous les traduit, et le petit soldat écoute, la bouche ouverte, puis il embrasse les icones à la place des mains et du visage, et tâche de nous rejoindre, car ses dévotions le mettent en retard.

— Dépêche-toi, lui conseille aimablement Captain... Tiens, tu n'as pas vu celle-là?... Je suis sûr que tu en oublies!...

— Nikhevo, répond le Russe qui n'entend du reste pas le français.

— Possible, reprend Captain. Mais à ta place, je les numéroterais...

Devant les tombeaux des patriarches, couverts de broderies que la demi-obscurité nous empêche de voir, on devine la forme d'un corps couché. Pas de tête, mais un linge étendu, sur lequel on a dessiné un visage... Des femmes, sans s'occuper de nous, baisent ces dépouilles funèbres...

Captain demande quelques précisions à la jeune fille :

— Mais le patriarche, où est-il ?... Là... sous ces dentelles ?...

— Oui...

— Mais il est embaumé ?

— Non... ils sont saints... Alors ils se conservent eux-mêmes, puisqu'ils sont saints.

Avant de quitter le Kremlin, je veux m'arrêter un instant près du monument d'Alexandre II, le « libérateur », devant l'allée couverte où sont peints les portraits des tsars... Je regarde un instant cette vieille cité orientale que je ne reverrai peut-être jamais... ses maisons parmi des arbres, les dômes des vieilles églises, les clochetons usés, verts de mousse, la Moskva qui tourne comme une route jusqu'à cet horizon bleu par où vinrent, dit-on, les armées de Napoléon. A ma droite, la ville commerçante, le Kitaïgorod, et les dômes d'or poussiéreux de l'église Saint-Sauveur...

L'étudiante a suivi mon regard.

— On n'ose pas les faire nettoyer, ces dômes, parce

qu'on a peur que l'on en profite pour prendre l'or et les richesses...

Nous revenons par la porte « Spaskoi ».

— Retirez vos casques... nous conseille l'étudiant.

Les hommes, lorsqu'ils approchent de la « Spaski vorota, » enlèvent machinalement leurs casquettes, les femmes multiplient les signes de croix.

— On raconte, me dit l'étudiant, que, lorsque Napoléon Ier entra au Kremlin, un coup de vent fit tomber son petit chapeau. Le peuple y découvrit les preuves de l'intervention divine. Une tradition s'est établie et vous pouvez voir que cochers, paysans, officiers ne passent sous ces voûtes que le chapeau à la main... Il y a aussi d'autres légendes pour expliquer cette coutume...

La jeune fille, près de nous, exécute de rapides signes de croix, en portant sa main droite à son front, à sa poitrine, sur son épaule gauche, puis de nouveau à sa poitrine.

Des pigeons picorent sur les pavés de la place Rouge, près de l'église de la « Protection de la Vierge », que les étrangers appellent la « basilique des Artichauts », à cause de la forme et de la couleur disparates de ses dix-sept coupoles.

Tous les voyageurs se sont arrêtés devant cette vision de cauchemar, où tous les styles assemblés condensent la déconcertante Russie.

Nous passons sous une porte encore, près d'une petite chapelle. Des femmes de toute condition sont assemblées là, devant des cierges allumés.

— C'est Notre-Dame d'Iversk, une icone célèbre, vénérée autrefois, dans un couvent du mont Athos. On vient ici l'implorer de très loin ; on la promène à travers la ville, moyennant cinq cents roubles; elle a le pouvoir d'accorder la grossesse...

Les femmes, rangées autour de l'icone, baissent la tête. Des pauvresses à genoux, des filles du peuple, le front couvert d'un foulard de couleur, des bourgeoises lourdement habillées... Une élégante brune, très belle, s'approche de l'image vénérée et continue de prier, les mains jointes, sans se soucier de notre admiration...

— La Révolution russe n'eut pas d'influence sur les popes. Ils continuaient, nous dit la jeune fille, à célébrer les offices et à chanter, après la chute du tsar, les prières habituelles pour la prospérité de Nicolas. Ils reçurent l'ordre de se tenir tranquilles, et, comme ils ne se pressaient point, quelques turbulents promenèrent certains popes à travers la ville en les houspillant. Les prêtres comprirent que ce nouveau régime pouvait bien avoir quelque autorité et oublièrent de chanter les louanges des anciens Romanoff.

Les questions que nous posent les soldats russes sont presque toujours les mêmes.

— Allemands?... Anglais?... Autrichiens?... Ah! Français...

Un moment de silence... Nous aurions répondu : « Allemands » ou « Autrichiens », cela ne les aurait point surpris.

Puis ils demandent :

— Quelle est la nourriture d'un soldat français?... Mange-t-il du poisson séché comme nous?

On distribue en effet à chaque soldat russe cinquante grammes de viande crue, du riz, du thé, du blé, de l'orge, du pain, et il doit, n'importe où, s'arranger avec tout cela... Il a tout loisir de manger sa viande crue, s'il lui plaît. Comme réserves, des biscuits, du pain grillé, des harengs.

Enfin, la dernière question :

— Où allez-vous ? La réponse : « Sur le front du Caucase » les surprend toujours un peu.

Une fois, un important « delegate » nous demande :

— Combien de temps durera la guerre ?

Mais je crois que c'est le seul... La longueur de la guerre, voilà bien une chose qui ne les préoccupe point.

— On dit souvent, me confie avec une nuance de fierté la jeune fille russe, que Moscou est un grand village... Comment le trouvez-vous ? Connaissez-vous beaucoup de villages avec des pierres comme ceci ?...

Et elle me désigne quelques grandes bâtisses d'un style allemand. A la vérité, Moscou a plutôt l'air d'une grande *petite ville* qui s'étend à l'aventure. Comme je fais remarquer à l'étudiante les papiers et les ordures qui s'entassent le long des rues...

— Excusez... Depuis la Révolution, chacun fait ce qu'il veut.

Longues nuits blanchâtres où le soir s'attarde jusqu'à dix heures. Les « tavarischy »[1] dans les avenues et les jardins, près du Grand Théâtre, organisent des réunions. Le public court à ses plaisirs coutumiers... On nous

____

1. « Camarades ». On désigne ainsi les soldats russes qui se saluent de ce titre nouveau lorsqu'ils se rencontrent.

recommande de ne pas nous égarer dans les meetings. En effet, les orateurs et les assistants considèrent les soldats alliés comme les plus redoutables ennemis de la jeune Révolution... Des bourgeois de la colonie, des marchands nous reconnaissent et nous saluent.

— Ce sont des simples, explique l'étudiant, en nous montrant les « tavarischy ». On leur dit : « Vous avez la liberté! » Et ils croient qu'ils ont désormais le droit de tout faire. Quelques-uns, prenant pour modèle vos « bandits en auto », pillent et assassinent. Ils ont envie de tout ce qu'ils voient et ils pensent que c'est bien à leur tour d'être des propriétaires. Mais ils ne sont pas méchants ...

Des cadets, en casquettes, vestes et pantalons de toile blancs (élèves officiers), nous arrêtent dans les rues. Ils nous posent des questions craintives :

— Qui êtes-vous?... Pourquoi vous promenez-vous avec des casques et des revolvers?... Vous venez faire la police ici... Nous n'avons pas besoin de vous...

Et ils se refusent à croire que nous sommes de la Croix-Rouge...

Ce soir-là, dans un jardin-concert, l'Aquarium, pareil à nos music-halls des Champs-Élysées, un jeune homme, habillé comme un commis de nouveautés, nous arrête :

— Il est défendu aux soldats français de se promener dans Moscou après huit heures du soir.

L'ordre date de l'année dernière. Des officiers russes, dont le grade est difficile à reconnaître, avaient insulté et cravaché, la nuit, des soldats français qui oubliaient de les saluer. Pour éviter le retour de ces incidents, l'accès des jardins, promenades et boulevards fut interdit à tous les soldats alliés en garnison à Moscou, dès la chute du jour. Les officiers pouvaient s'habiller en civil... Entre temps, les Russes avaient renversé le tsar, proclamé la Révolution et décidé que l'on ne saluerait plus les officiers, qui, du reste, se trouvaient gênés d'être reconnus publiquement. Mais l'ordre qui concernait les troupes françaises n'a pas été retiré.

Je me souviendrai longtemps, je crois, du repas du soir, à la table d'hôte du buffet de la gare, à Moscou. Le buste penché, les coudes sur la nappe étoilée de taches, des officiers mangent en avançant la tête. Ce n'est pas la main droite qui porte un morceau de pain ou de viande jusqu'à la bouche, mais bien la bouche qui va au-devant du morceau convoité, si bien que le coude semble vissé sur la table et forme levier. D'autres, tenant la fourchette comme un bâton, picorent dans toutes les assiettes posées devant eux. Ils ramassent la sauce avec le plat du couteau. Pour le potage, ils prennent une cuillerée de liquide, puis mordent dans un morceau de pain. Entre temps, ils allument une cigarette.

Beaucoup demeurent, sans bouger, devant un verre de thé. Ils ont une puissance d'immobilité qui nous étonne. Un groupe, à nos côtés, s'est formé autour d'un conférencier à tête de moujick chevelu. L'orateur parle lentement. Parfois il passe ses doigts dans ses cheveux longs, comme s'il voulait faire monter la grande idée qu'il porte en lui. Ses compagnons l'écoutent sans l'interrompre... Un petit vent s'élève au dehors et nous apporte, par la croisée ouverte, le sifflet des trains et les bruits de la gare voisine.

VI

DANS LA GARE DE TSARITZYNE

Nous quittons Moscou le 23 juin à onze heures du soir par la gare dite de Kazan... C'est toujours la banlieue, la plaine encore, des bois. Au loin, Moscou, quelques lumières qui s'affaiblissent... Les nuits depuis trois ou quatre jours commencent à dix heures et finissent à trois heures du matin... Cette nuit-là, nous roulons jusqu'à Riajsk, où apparaissent les terres noires à perte de vue...

Le lendemain, nous laissons Koslow, après les habituelles manœuvres à quoi se distraient les employés de gares russes qui envoient promener notre train d'une voie sur une autre. Un « tavarisch » nous montre du doigt le drapeau aux trois couleurs accroché à notre wagon et nous fait remarquer :

— Il n'y a plus que du rouge dans le drapeau de la Russie.

Les gares, en effet, et les monuments publics sont pavoisés de lambeaux d'étoffe écarlate, notamment à Gryazy, où nous nous arrêtons un matin de juin. Long arrêt également à Philonovo. Des prisonniers autrichiens en liberté nous regardent. Des soldats russes poursuivent dans les bosquets des femmes qui fuient en criant... Il est six heures du soir. Le vent s'élève et souffle. Nous sommes dans les immenses steppes du Don. Quelques chameaux, des femmes au visage voilé. Des jeunes filles passent, en veine de flirt. Elles sourient aux Français. Quelques-unes, plus curieuses ou plus hardies, nous demandent ingénûment :

— Mais, est-ce que vous êtes Allemands ou Autrichiens ?

La voilà bien, la cruelle énigme !

Hier, la même question nous fut posée, à deux reprises, une première fois, comme nous parlions à un garçon en casquette et complet vert, habillé comme un soldat russe, qui se promenait à travers une gare paisible... C'était un prisonnier de la Saxe que le hasard de la guerre forçait à villégiaturer en Russie. De nombreux Autrichiens, avec leur képi mou, écrasé, se pavanent ainsi, en liberté, courtisant les jeunes femmes du pays qui les connaissent par leurs noms et les interpellent... Somme toute, c'est bien naturel, les fiancés et les époux sont à la guerre.

Une deuxième fois, la demande fut faite à notre interprète par d'aimables officiers russes. Ceux-ci se présentèrent en saluant, s'excusant de la grande liberté qu'ils prenaient. Ces messieurs furent très surpris et un peu mécontents d'apprendre que nous étions Français.

Pour éviter ces erreurs, on a cependant écrit à la craie, sur les portières de nos wagons « Franzouskaïa Missia ». Précaution inutile. La plupart des Russes sont illettrés, et ceux qui savent lire ne s'en donnent pas la peine.

Le lendemain, des ravins, des terres desséchées. Le long des voies, des wagons-réservoirs à pétrole, toutes les huiles lourdes de Bakou. Nous nous arrêtons au matin sur le versant d'une vallée d'où l'on aperçoit une ville parmi.

des arbres. Pas d'églises, mais les dômes noirs de nombreux gazomètres. De petits tramways blancs font la navette entre la gare et les premières maisons de bois. Cela nous paraît industriel et misérable. Une forêt verte derrière la ville et la large tache de la Volga qui tourne et s'étale comme un lac. Le vent souffle sous un ciel gris. Nous sommes à Tsaritzyne.

Notre convoi fait quelques petites manœuvres stratégiques. Il va juqu'à une autre gare de marchandises, où des porcs, leurs grouillantes familles, des chèvres se promènent le long des wagons. Des femmes aussi. Elles sont pieds nus ; quelques-unes ont des bottes comme à Archangel, et toujours la même coiffure simplifiée : un foulard de couleur noué sur la nuque. Tout ce monde, — plus quelques soldats en rupture de régiment, — traverse les voies et vit en paix, à peine incommodé par les allées et venues des locomotives.

On ne peut guère imaginer le désordre de ces gares russes : ce petit jeu des manœuvres s'explique cependant assez bien : une équipe d'employés chasse notre convoi sur un garage afin de faire partir avant nous un train en panne depuis la veille. C'est bien son tour à ce train-là, de prendre du champ. Mais cette voie où l'on nous a expédié devient, quelques heures plus tard, une voie de départ. On nous aiguille sur un autre coin perdu. Néanmoins, l'équipe qui devait nous mettre en route se souvient tout d'un coup de notre existence. Elle se met à notre recherche. Nos interprètes se sont décidés à parler au chef de la station, c'est-à-dire que, pour découvrir cet homme invisible, ils s'attablent devant des verres de thé, au buffet de la gare. Nos interprètes sont gens de race russe. Les locomotives, — peu nombreuses, fatiguées, rapiécées, — font défaut. On est obligé d'attendre celle qui amènera le train du soir.... Le temps passe... Nous encombrons à tour de rôle un peu toutes les lignes, jusqu'à ce que les employés se rendent compte que le meilleur moyen de se débarrasser de la « Missia », c'est de l'expédier jusqu'à la plus prochaine gare; mais c'est là un remède énergique qu'ils ne trouvent à l'ordinaire qu'après avoir essayé de tous les autres. Et voilà justement ce qui fait que nous séjournons en gare de Tsaritzyne une douzaine d'heures...

Ce soir-là, pour nous divertir sans doute, une troupe de jeunes hommes à la taille pincée envahit les quais en chantant des chœurs monotones. Des jeunes femmes, en blanc, accompagnent ces messieurs qui sont des cadets ou aspirants. Ils partent pour une école d'instruction d'où ils sortiront gradés. Ils ont, ces futurs officiers, comme presque tous ces messieurs de la grande bourgeoisie et de l'aristocratie militaire russe, des têtes rasées à l'allemande et ce même air de famille : la même raideur d'élégance gourmée, trop tendue, avec des tailles exagérément pincées. Les femmes qui les accompagnent sont jolies, autant que la nuit qui commence nous permet de les voir, mais aucun goût dans leurs toilettes; elles exagèrent les jupes courtes et marchent, on dirait, au pas de parade.

Le train des cadets va partir... Les aspirants se raidissent, saluent ces dames, inclinent le buste, la main arrondie près de leur casquette et frappent leurs talons pour faire claquer leurs éperons sonnants. Au moment où leur convoi s'ébranle, les cadets, debout sur le marchepied, crient : « Hourrah! » à plusieurs reprises. Tout naturellement, ils s'acclament. Au reste, il n'y a pas d'autres personnes que ces demoiselles et eux-mêmes pour les féliciter.

Nous quittons enfin Tsaritzyne, dans la nuit. Nous apprenons que ce pays est en pleine révolution. Il s'est mis en « république indépendante ». Rien d'anormal toutefois, en dehors des éternels drapeaux rouges attachés aux piliers de la gare et des déserteurs en capotes grises, armés seulement de leur petite théière, qui stationnent là, comme partout ailleurs.

VII

Notre train ne séjourne dans les garages de Kavkaz-kaïa que pendant six heures. Un record ! Des Tcherkesses à cheval, courent le long de la voie. On en découvre de semblables aussi majestueux sur les quais de toutes les gares...

Le jour suivant, les premières montagnes apparaissent et des villages aux noms sonores : « Arnavi », Konkovo », « Niévomouskaïa... »

Nous entrons en plein pays cosaque. La tuile et le torchis apparaissent. A vingt kilomètres de Vladicaucase, nous changeons de direction. Des Tcherkesses couverts de grands manteaux carrés en poils de chèvre, traînant jusqu'à terre, regardent dédaigneusement les convois chargés de déserteurs... Tous ces soldats envahissent les tampons, les marchepieds, les planches à couchettes des compartiments et se hissent sur la toiture des wagons. Ils n'ont pas de billets ; ils savent à peine où ils vont, ils voyagent... Personne n'ose les faire descendre. Ils s'installent partout, avec le sans-gêne des nouveaux affranchis. A la moindre observation, ils répondent comme des enfants :

— Svaboda, tavarisch ! (Liberté, camarade !)

Nous nous arrêtons à Beslean, ville d'arbres et d'eaux où de charmantes femmes nous demandent aimablement si nous sommes des prisonniers allemands ou autrichiens. Peut-être, si nous répondions : « oui ! », nous donneraient-elles du chocolat et des fleurs...

Des monts neigeux dans la brume, sur notre droite : les cimes du Caucase. Le train file sans arrêt, brûlant les gares à toute vitesse, si bien que les soldats et civils qui veulent descendre à une station sont obligés de jeter leurs paquets sur la voie et de se laisser tomber ensuite au petit bonheur... Ces déserteurs et ces paysans qui se sont embarqués sans billet n'ont oublié qu'une chose : donner un pourboire au mécanicien.

A deux heures du matin, nous arrivons à Grosny. C'est une gare ombragée. Elle a tout le confort russe : eau chaude, eau froide, un buffet, des journaux, des icones et des fruits que vendent des marchandes aux joues rondes. Ce que l'on voit de la ville, ce sont les faubourgs de Stanislas. Les demeures sont en briques non cuites, très épaisses. Une population indigène de tziganes, de bohèmes, de musulmans colorés au henné. Les femmes, par coquetterie, par crainte du soleil aussi, même les chrétiennes, se voilent le visage. Des pyramides de bois qui indiquent les puits de pétrole se dressent sur les collines, aux environs. Une odeur de mazout nous parvient. L'air en est saturé.

...Après un séjour de douze heures, — le chef de station n'ayant, dit-il, pas d'ordre pour nous permettre de continuer la route, — nous repartons, quand même, au petit bonheur...

Tard, dans la nuit, nous perdons de vue les monts du

Caucase, nous approchons des monts de la Caspienne.

A toutes les gares où nous nous arrêtons, des soldats avec leurs bagages surgissent, assiègent les compartiments, envahissent les marchepieds, s'installent sur les toitures... Ces déserteurs ne possèdent ni billets ni papiers. Ils n'ont pas d'armes. Ils crient tous à la fois, se disputent et soudain se calment, s'assoient par terre, et ceux qui n'ont pas trouvé de place restent sur le quai et regardent le train qui s'éloigne...

A Archangel, à Vologda, à Moscou, nous avons rencontré des capotes grises pareilles à celles-ci. Elles venaient du front allemand. A Riazan, à Koslow et à Moscou encore, les soldats que nous croisions s'étaient échappés du front de Galicie. Depuis Tsaritzyne, la horde qui nous bouscule a déserté le front du Caucase. Il y a, aussi, dans le nombre, quelques cosaques blessés qui remontent vers l'Oural.

A Derbent, — de vieilles maisons en brique, — un « délégué » russe, grand et maigre, s'étonne que sur nos voitures flotte un drapeau aux couleurs françaises.

— Mais puisque vous êtes en République, nous dit-il, pourquoi n'avez-vous pas le drapeau rouge, comme nous ?

On quitte Derbent dans la nuit. On devine, dans l'étendue, de véritables forêts de puits à pétrole. Enfin, à quatre heures du matin, après dix-sept jours passés en chemin de fer, nous arrivons à Tiflis.

DEUXIÈME PARTIE

—

LES HEUREUX JOURS DE TIFLIS

> La faiblesse et le gribouillage dans les affaires nous déplaisent si fort que nous en venons à admirer la force et le gouvernement de fer même employé contre nos libertés.
>
> STENDHAL.

I

L'ARRIVÉE A TIFLIS

Juillet 1917.

La gare est vaste, située sur une hauteur d'où l'on aperçoit une ville qui descend, des maisons en terrasses, des dômes blancs, des clochers... Près du square, une pouilleuse population assise qui présente, en plein air, des petits étalages de tomates, de poires vertes, de concombres. On ne remarque d'abord que les capotes grises des soldats. Ils vont pesamment à travers la foule. En passant, sans le vouloir, on les heurte. Ils ne bougent pas, ils ne se retournent même pas. Quelques-uns sont couchés sur le chemin. Il faut les enjamber. Une chaleur lourde accable ce peuple somnolent.

Nous restons là, à attendre des ordres, comme toujours, car, bien entendu, personne n'est venu à la gare pour nous recevoir, pas plus ici qu'à Moscou, qu'à Archangel... Les autorités russes, défaillantes devant la Révolution qui s'affirme, nous ignorent, puisque nul ne les reconnaît. Cependant un Français, officier du génie qui se trouve là, peut-être par hasard, s'étonne de nous voir en casque de tranchée, le revolver sur le flanc et chaudement habillés avec des effets de drap jaune.

— Mes pauvres amis ! il vous faudrait des vêtements

de toile légers, et un brassard de la Croix-Rouge. Ces pauvres Russes vous prendront pour des Allemands !...

Pour nous aider à prendre patience, un général russe nous aborde. Il a reconnu des Français. Il est tout heureux de nous parler.

— Ces gens que vous voyez, ce ne sont pas des soldats. Ils n'ont que l'uniforme... Maintenant, c'est le désordre. Un général n'a pas le droit de punir. Il doit en référer au comité des soldats qui déclare : « Oui, ce citoyen mérite une petite réprimande... » Ce sont les comités qui décident de l'offensive et de la retraite...

Un colonel, en barbiche blanche, a, de son côté, entrepris quelques-uns de nos camarades :

— Nous n'avons plus le droit de nous réunir au-dessus de cinq personnes, de porter des armes, des épées, de nous saluer entre nous, d'exiger le salut d'un inférieur, et maintenant il est question de donner aux soldats la même solde qu'aux officiers...

Ces aveux puérils sont bien une des choses qui m'amusent le plus.

— Ces mêmes officiers, observe Marcel Benoit, l'année dernière, à Moscou et dans les grandes villes, cravachaient au visage des Français envoyés comme nous, en Russie, qui, ignorant des hiérarchies russes, ne saluaient pas assez vite leurs épaulettes tressées...

Leurs plaintes d'aujourd'hui n'en sont que plus comiques.

Enfin voici des ordres :

— Vous serez logés dans une caserne très aérée, l'ancienne maison des Pages. C'est un hôpital russe où il y a quelques infirmiers et beaucoup de dames... Il vous est recommandé de n'avoir aucune relation avec les infirmières. Il faudra tenir les portes de votre chambre fermées, parce que vous attraperiez de graves maladies...

C'est bien simple, mais il fallait le savoir : nous sommes dans un pays où les portes doivent toujours être fermées.

L'auto qui nous emmène descend à toute allure, rebondit sur les pavés des rues inclinées, que des acacias bordent de chaque côté. Il fait chaud. Une longue avenue qui est le grand boulevard de Tiflis, les grilles d'un jardin public, encore un jardin où des cyprès se dressent, et enfin une porte cochère. Des infirmières en coiffe blanche nous attendent... Il y en a sur le seuil de la porte ombragée d'acacias et dans le parloir-réfectoire où nous sommes introduits. La plupart de ces dames ont des cheveux courts. Quelques-unes montrent une tête rasée entièrement.

Comme repas, la substantielle soupe russe où l'on pêche des herbes, du bouilli, des pommes de terre, du riz, du blé, des tomates ; le « rousky-cachat » (de l'orge pilé avec de la graisse).

— C'est très nourrissant assure un officier d'intendance russe. Je ne sais si les Français le digéreront...

— Ce doit être très nourrissant. Si jamais je fais de l'élevage, je me souviendrai de la formule, remarque le Captain.

Une dame nous apporte d'énormes cuillères en bois, un arrosoir d'eau chaude, une théière de thé concentré. Du pain noir, des boulettes de viande, du beurre et du fromage de chèvre complètent notre déjeuner.

Les portions de viande sont constituées par deux ou

trois morceaux de bœuf bouilli réunis par une baguette de bois. Cette viande n'a pas d'autre goût que celui laissé par la résine...

Soudain, la jeune femme russe qui préside à nos repas, s'aperçoit que quelques Français jettent par terre les petits bâtons qui maintiennent les portions de bœuf.

— Il ne faut pas, dit-elle. Vous pouvez les sucer tant que vous voudrez, mais ne les jetez pas : ils serviront une autre fois.

*
* **

Cet après-midi, nous allons devant nous à la découverte de la ville... Nous suivons la grande avenue — la « Golovinsky-prospect ». — Des tramways découverts glissent, des voitures que conduisent des cochers en grandes lévites, les classiques cochers russes. Des officiers, la taille serrée, font sonner leurs éperons, et tant de femmes, si brunes, plutôt petites, avec de grands yeux au reflet doré... Il y en a de blondes, d'un joli blond, mais surtout des Arméniennes, des Circassiennes aux cheveux noirs. En corsage blanc, les seins apparents, elles portent des jupes qui s'arrêtent un peu au-dessus des genoux, selon la mode de Paris. Du moins, elles le croient. Les femmes, a-t-on dit, n'oublieront jamais les années de la Grande Guerre : c'est l'époque où il leur fut enfin permis de se déguiser en petites filles... Les dames de Tiflis ne s'en privent point. Elles ne sont pas très élégantes, il faut bien le reconnaître. Elles ont à peu près toutes un costume tailleur établi sur le même modèle, èt lorsqu'elles se mêlent d'arborer des couleurs opposées, c'est à pleurer... Elles marchent mal, ou, pour mieux dire, elles ne savent pas marcher et n'ont pas l'air de se sentir en équilibre sur leurs hauts talons Louis XV.

Nous descendons vers la vieille ville, par les petites rues où l'acacia pousse entre les pavés, le long des boutiques en sous-sol, des épiceries qui sentent le hareng et des cordonneries parfumées au cuir humide... On croise de vieux Arméniens, des Russes vêtus de la chemisette à fleurs, des dames géorgiennes au bonnet carré, à la robe rigide, des Persans en lévites, des portefaix et des porteurs d'eau, et des ânes, par bandes, qui transportent du bois, du charbon ou des pastèques. Des Tcherkesses, un poignard sur l'abdomen, se dressent dans leurs capotes formant jupes. Ils sont fiers de leurs bottes, de leurs bonnets d'astrakan, de leurs armes d'argent niellé. On les sent heureux, ces Circassiens, d'être déguisés en officiers. Fonctionnaires ou soldats, ils adorent l'uniforme, le salut, la parade, les décorations, les sabres recourbés et les éperons sonnants.

Et puis, à l'ombre des thuyas, voici encore des « dames », en voiles noirs de religieuse, ou bien, tout habillées de blanc, la croix rouge sur le sein gauche. On les prendrait vraiment pour des *sœurs de charité*, comme elles se nomment, n'étaient leurs jupes si courtes et les jambes qu'elles découvrent facilement, comme pour affirmer encore leur ressemblance avec de jolies gravures licencieuses.

II

LE PRAPORCHICK VASSILY

Tiflis s'étage sur deux collines qui se font face. Au milieu, dans la vallée, les eaux sales, couleur de café au lait, d'un fleuve : la Koura, où des chevaux, des chiens et des hommes se baignent. Nous avons déjà repéré deux ponts en planches qui tremblent au passage des voitures et une petite île sablonneuse que le courant a formée.

Comme nous errions à travers les tortueuses rues du quartier juif, près de la Koura, sous les balcons proéminents des maisons de bois, un jeune élève-officier nous arrête et nous parle dans un français hésitant. C'est un mince garçon, brun, cheveux frisés. Il a vécu en Suisse, il ne connaît pas la France...

Nous remontons une pittoresque avenue encombrée de bazars orientaux. Des femmes qui nous coudoient se retournent. Elles portent un petit bonnet sur le front, d'où pendent des dentelles. De larges et lourdes jupes les entourent. Ce sont des Géorgiennes. Des cochers typiques, dans leurs robes vertes ou bleues, conduisent des attelages cahotants qui dévalent au trot. Il fait presque nuit. Des lampes électriques s'allument. L'aspirant nous conduit à l'International-Café, où de grandes palmes vertes poussent dans des tonneaux de terre. Un orchestre y joue des valses. Par petits groupes, des officiers en grand uniforme sont affalés, les coudes posés sur la table, protégeant une tasse de thé... De gracieuses Arméniennes, brunes, au nez fort, aussi jolies que des Juives, — des Roumaines nous dit notre compagnon, — de nombreuses Russes circulent difficilement. Les bras nus sous la gaze, la gorge dansante, et toutes en blanc, toutes poudrées, les jeunes et celles qui le furent, elles sont les serveuses bénévoles de ce *chachka tchaïa* (œuvre de la tasse de thé, fondée au profit des blessés et des soldats malades). Ce sont des dames de la grande société de Tiflis, et l'aspirant qui s'est fait notre guide en connaît plusieurs. A vrai dire, c'est un monde très mêlé : il y a des femmes et des filles d'officiers ou de fonctionnaires, des dames de compagnie, des institutrices, des étudiantes, des comédiennes aussi...

Cependant que nous buvons une limonade sans saveur, Vassily, l'aspirant, nous désigne un officier qui porte un plateau sur lequel des verres tremblent un peu... C'est une figure correcte de beau garçon aux cheveux pommadés. En chemisette à fleurs, il joue le rôle ici de garçon de café. Blessé à la guerre, il y a deux ans, guéri, il s'est engagé aussitôt dans la « chachka tchaïa ». Il estime qu'il est moins dangereux de « servir » à Tiflis qu'au front, où son grade de « cornette garde-frontière » et son jeune âge exigeraient sa présence. Au reste beaucoup d'officiers russes sont dans ce cas. Vassily ne s'indigne pas. Il demande à Marcel Benoit, qui reste songeur à la vue de tant de femmes aux corsages légers :

— Vous trouvez que c'est bien?...

Benoit, qui ne voit que ces dames, répond avec conviction :

— Ce n'est pas mal.

Vassily n'insiste pas. Il croit à la nécessité d'une guerre contre l'impérialisme allemand.

— Les Russes n'étaient pas faits pour la liberté.

Puis, une minute après :

— Malgré tous les inconvénients de la Révolution, on peut maintenant parler, se réunir, lire ce qu'on veut. On n'est pas regardé, espionné toujours comme avant. On respire...

Et Vassily traduit ainsi, je crois bien, l'intime sentiment des Slaves cultivés : leur ahurissement devant les excès de la liberté et, en même temps, leur joie de se sentir enfin délivrés de la police et du tsar : de respirer pour tout dire.

Mais des officiers descendent de voiture et pénètrent dans l'établissement. Ils apparaissent blancs de poudre, de poudre de riz.

— C'est à cause du soleil... assure Vassily.

· Ils reconnaissent des amis attablés près de nous, les saluent, leur serrent longuement la main, puis, brusquement, les embrassent à trois reprises, à pleine bouche, sur leurs lèvres rasées à l'allemande... L'un de ces messieurs, en guise de sabre, tient par sa haute tige, droit comme un cierge, un énorme magnolia blanc.

Quelques valses font diversion. Les clients écoutent, l'air ailleurs. Presque tous ont des têtes tondues à ras; quelques-uns arborent une courte moustache. Ils se tiennent n'importe comment, sur leurs chaises, plus lourdement certes que n'importe quel paysan de France, devant la grossière table de bois blanc de son cabaret. Habillés d'une petite veste flottante, la taille serrée à l'extrême, leurs manières lasses, leur nonchalance ennuyée nous donnent l'impression d'être entrés, par mégarde, dans une inquiétante maison de thé.

Comme nous quittons l'International-Café, ses femmes brunes, ses palmes vertes et sa limonade, des soldats nous arrêtent et, s'adressant au jeune aspirant, racontent qu'au soviet on leur a dit que la bourgeoisie voulait écraser la liberté...

— Vous voyez, nous dit Vassily, un provocateur a parlé. Il faut toujours, dans les réunions, parler, démontrer la vérité... Mais cela tourne en disputes, et même en coups de poing... Ah!...

Et Vassily esquisse un geste découragé...

Des soldats russes nous entourent, nous parlent. Ils s'interpellent, s'excitent, se rassurent, s'apaisent, et de nouveau élèvent la voix, comme des enfants. Nous formons groupe, dans la nuit. Les promeneurs nous évitent et des femmes en toilettes claires se retournent... Les Russes ont le goût des palabres et des réunions ; ils en furent si longtemps privés qu'ils n'en sont pas encore aujourd'hui rassasiés.

— Vous voyez... C'est comme au régiment où je suis. Ils discutent tout le temps. C'est sale, il y a des puces. Et ils boivent du vin. Ils se saoulent... Ah!...

Un des discoureurs, tout en parlant, mange un gros morceau de pain et mord dans un concombre cru... Les autres l'écoutent et se rapprochent. Leurs effets dégagent une odeur spéciale, qui tient du cuir et du caviar... Notre petit groupe, dans la nuit légère de Tiflis, sous les tilleuls de l'avenue, sent le poisson sec et le concombre frais...

Ce soir encore, avec Vassily Petrovitch, son frère et un de ses amis, bouffi personnage qu'une ceinture de cuir à la taille coupe en deux parties inégales, nous allons nous asseoir à l'International-Café — si bien nommé — jusqu'au jour où nous en serons fatigués. Le tzigane roumain qui ressemble à un singe fait gicler une langoureuse valse.

L'orchestre vient d'entonner une *Marseillaise*, lente comme un cantique. Les Français se lèvent, les officiers russes également. On nous sert des pâtisseries du pays : c'est un mélange de pâte, d'œufs, de fromage rapé et de choux coupés. Nos compagnons mangent et fument; ils boivent toujours une petite limonade à un rouble cinquante la bouteille. Les tziganes, un vieux monsieur à lunettes, un jeune chevelu et le « singe » jouent des airs de music-hall.

Tout ce monde parlotte devant des tasses de thé. Des officiers entrent, se saluent, s'embrassent comme toujours. Les dames s'empressent doucement auprès des nouveaux venus et oublient tout aussitôt ce qu'ils ont demandé...

Ces joies épuisées, nous décidons d'aller au Jardin. C'est Vassily qui propose et dispose.

— Vous verrez, me dit-il : les militaires ne paient que quinze kopecks d'entrée, et aujourd'hui, rien.

Nous nous dirigeons vers la place d'Érivan. J'avais déjà remarqué sur la perspective, à droite, les cimes compactes de grands arbres et une terrasse où des chapeaux de femmes apparaissaient. C'est le Jardin du Palais. Il appartenait au grand-duc Nicolas Nicolaïevitch, viceroi du Caucase, oncle de Nicolas Romanoff. Avant la

Révolution, le grand-duc habitait le grand hôtel de briques rouges où les tavarischy ont, depuis, installé le Comité des soldats. Quant au jardin, il a été ouvert au public. Les révolutionnaires perçoivent un droit d'entrée qui va d'un rouble à cinquante kopecks, suivant les jours. Ces messieurs du Comité tiennent le contrôle, délivrent les billets, reçoivent l'argent et vendent des brochures. Le parc s'appelle désormais le Jardin de la Liberté.

C'est un domaine où il fait grande nuit sous les arbres; quelques lampes électriques se cachent sous les feuillages des allées; elles rendent ainsi l'ombre encore plus mystérieuse. Nous longeons des bassins, des bosquets, des gradins, deux petites scènes à musique, où des tables sont rangées. Comme il a plu pendant notre séjour au café, le jardin est presque désert. Des chemisettes blanches se devinent au détour d'un sentier. Deux jeunes filles, une blonde, l'autre brune, cheveux très courts, lèvres charnues, passent près de nous, très vite.

— Pourquoi courez-vous ainsi ? leur demande l'ami de l'aspirant.

Il s'exprime en russe; mais notre compagnon nous traduit à mesure.

— Est-ce qu'il y a beaucoup de stupides garçons dans votre famille ? répond une des ingénues.

Elles se sont arrêtées et Vassily s'approche :

— Mes amis les Français, dit-il en nous présentant.

Les yeux brillants de ces dames passent une inspection rapide.

— Vous êtes Français, Monsieur ? demande la blonde.

Elle parle notre langue, mais avec hésitation. J'apprends qu'elle se nomme Nina, que sa mère est Polonaise, etc...

Elle n'est pas très grande, un peu forte; de grands yeux étonnés dans un joli visage...

— Les dames aiment beaucoup les Français, dit Vassily, répétant, sans doute, une phrase qu'il a entendue.

— Le soir, nous venons ici, me confie déjà l'enfant blonde. Le matin, je vais dans l'Alexandre-jardin, pour lire... Vous savez où?... J'aime beaucoup la langue française...

— Et les Français?...

Celle-là et bien d'autres banalités... Nous marchons un peu. Vassily, à qui la demoiselle aux boucles blondes vient de donner une fleur, m'appelle, cependant que nos compagnons se dirigent vers la sortie, sans nous attendre et que les deux dames s'éloignent de leur côté.

— Restons... Elles vont tout de suite descendre. Vous avez beaucoup parlé à la demoiselle; maintenant, vous pouvez faire connaissance...

Ce qu'il me dit doit avoir un sens dans quelque langue. La pluie est finie qui a mouillé les bosquets de buis. Le jardin est humide encore. Des femmes s'avancent dans la grande allée. Une frêle mousseline les recouvre lâchement. Sur la longue avenue, elles se détachent, en blanc, déhanchées, l'air de sultanes un peu lasses...

Et nous attendons, ce petit Russe et moi, dans ce jardin plein de nuit, comme nous pourrions le faire dans n'importe quel jardin de Paris.

III

NINA MIKHAÏLOWNA

ELLE s'appelle Nina Mikhaïlowna. Elle a vingt-cinq ans. Elle habite dans une maison à balcons de bois, au sommet d'une rue montante, parallèle à la perspective Golovinsky... Elle est étudiante. Je ne sais ce qu'elle étudie. En Russie, les jeunes gens se disent tous étudiants, les jeunes filles se prétendent étudiantes...

Lorsque je l'ai retrouvée, ce matin, dans le jardin Alexandre, assise sur un banc, près du buste en bronze de Nicolaï Gogol, elle lisait *Indiana*... Aussitôt, elle me parle de George Sand, elle m'interroge sur cette bonne dame, comme si je l'avais toujours connue et quittée la veille...

Mais voici que nous parviennent des chants religieux. Ils font une utile diversion et, sur le chemin caillouteux qui partage le grand square, passe une petite voiture que traîne péniblement un cheval habillé de blanc. Un homme suit. Il prend dans le tombereau des branchettes de sapin et les sème à droite et à gauche, sur le chemin. Un cortège de jeunes filles... Elles chantent... Puis des popes mitrés, couverts d'un long manteau blanc ou verdâtre. Quelques-uns, pour se garantir du soleil, tiennent ouvert sur leurs têtes un large parapluie. Enfin, apparaissent six chevaux enjuponnés de blanc qui traînent un char argenté pareil à nos chars de la mi-carême. Les voix pointues des jeunes filles, le chant grave des prêtres qui fait contraste, ce chariot au blanc de céruse, orné de fleurs composent un ensemble assez gai... Une foule suit, tête nue.

J'interroge Nina à petits coups prudents; mais elle ne pense qu'à multiplier des signes de croix, très vite...

— Vous avez déjà vu?... me dit-elle enfin... Le corps est sous les fleurs. Le cercueil est fermé à l'église seulement... C'est là que se font les derniers adieux. A la fin des prières, les parents, les amis, les assistants viennent embrasser le mort, sur la main ou le front...

Nina paraît grave... Je respecte son silence. Nous descendons dans le jardin, quelques pas ensemble. Une vieille Arménienne ridée, tassée, toute en loques écarlates, nous tend la main et nous promet des félicités sans nombre. Une jeune personne qui nous regardait venir s'est levée. Elle est mince, des yeux ardents, un visage un peu long... Ces dames parlent en russe. Nina semble oublier que j'existe... Oui, elle est très bien, cette étrangère dont j'ignore le nom. Elle me donne l'idée de la beauté slave, d'autant plus aisément que je n'ai que de vagues idées sur ce point; mais j'entends par là une beauté blonde, un peu froide... Les trois mots que je sais de russe ne me permettent pas d'être indiscret. Quelques soldats, lourdement bottés, regardent ce soldat français silencieux et ces deux dames qui n'en finissent pas. Elles chantent un peu en parlant; il y a beaucoup de « kakoï », de « znaï », de « choy » et de « schotakoï », dans leur verbiage, mais cela ne manque pas d'être assez harmonieux, comme toute langue qui nous est étrangère et que nous entendons gazouiller par de jolies femmes. Soudain Nina se tourne vers moi, en riant :

— Mon amie me raconte les dernières — comment dites-vous?... — volontés... des demoiselles bonnes à faire tout... revendications... oui. Maintenant donc, elles demandent huit heures de travail par jour, une chambre, un jour pour la sortie, un mois de vacances payé et, une fois la semaine, à recevoir leurs amies dans le salon de la maîtresse... On ne peut plus trouver[1]...

— Alors que fait-on?

La jeune « beauté slave » prend la parole et dans un français assez pur :

— Nous demandons qu'elles connaissent le français, l'anglais, le russe correctement... Et l'écrire. Et le piano... Et la musique... Elles ignorent naturellement. De concessions en concessions, de part et d'autre, on arrive à s'entendre...

— Oh! voici déjà tard! s'écrie Nina. Vous viendrez avec nous, monsieur le Français, ce soir. Nous irons à l'International-Café où grand concert il y a. Mon amie Sophia viendra.

Sophia, la « beauté slave », sourit, dit quelques mots en russe à sa compagne qui répond de même, puis toutes les deux me tendent la main.

---

1. Beaucoup de « belgicismes » dans la conversation des Russes qui parlent français. De nombreuses dames belges, en effet, émigrées dans le Caucase, s'établissent comme institutrices, dames de compagnie, etc. Elles enseignent naturellement le français qu'elles connaissent : celui qu'elles parlent. Le petit lexique franco-belge, imaginé par Willy en des temps déjà anciens, serait souvent ici d'une grande utilité.

— Jusqu'à maintenant, au revoir... N'oubliez pas. A sept heures, pour les places...

Elles aussi ne connaissent comme lieu de rendez-vous que ce fameux café...

Lorsqu'un Russe vous dit : — « A ce soir, sept heures », il est sage de traduire ainsi : — « Cette nuit, vers les dix heures. »

Notre ami Vassily par des exemples répétés tint à nous mettre au courant lui-même. Il nous donnait rendez-vous pour une heure de l'après-midi. Il arrivait à trois heures et demie. Deux Slaves qui se connaissent ne se rendent à leurs réunions qu'avec trois heures de retard. En somme, « A ce soir, sept heures » revient à ceci : « Nous nous attendrons à partir de neuf heures du soir ».

— Nitchevo, disent-ils, si l'on se permet une remarque : « Cela n'a pas d'importance... »

Vassily s'excusait, chaque fois, par un vague :

— J'ai été retenu... des affaires...

Ce n'était pas vrai. Il ne venait pas, parce qu'il traînait, parce qu'il lui était pénible d'être exact. Vassily nous joua cette pièce-là deux ou trois fois. Benoit ni moi nous ne l'attendons plus. Nous avons tort, du reste, de garder rancune à ce charmant aspirant pour une habitude nationale.

A l'hôpital des Cadets où nous sommes provisoirement, le colonel russe fait téléphoner :

— Je serai chez moi, cet après-midi, à une heure...

Mais ni à une heure, ni à deux, on ne craint de le rencontrer... Si, quelquefois, à cinq heures...

On nous annonce :

— Les repas pour les Français auront lieu à sept heures le matin, à treize heures et à dix-neuf heures, sans faute.

En réalité, les repas ont lieu à neuf heures, à quinze heures, à vingt heures, tout doucement, au petit bonheur. On réclame... On insiste... Les autorités affirment, confirment... Cela recommence.

— Nitchevo! finissent toujours par vous répondre les intéressés. « Et puis, nous ne pouvons pas faire autrement, cela nous est impossible... »

On attend une automobile pour une heure de l'après-midi. L'état-major, prévenu la veille, a promis de l'envoyer, sans faute. A une heure et demie, rien. A deux heures, pas de changement. On téléphone.

— Nous l'avons envoyée à une heure et demie...

A trois heures, nouveau coup de téléphone.

— Vous n'avez rien reçu... Ah! bien. Je vais vous envoyer une autre automobile... Oui, on m'a annoncé que l'auto que je vous ai envoyée et qui vous était destinée est bien partie; mais, en cours de route, le chauffeur a rencontré des « sœurs de charité » (infirmières) et il leur fait visiter la ville...

Ces dames furent exactes... J'avais à peine découvert une table inoccupée qu'elles entrèrent et me reconnurent. Un Français, en uniforme kaki, ce n'est pas difficile à découvrir parmi les vestes couleur vert d'eau des officiers russes.

— C'est grande fête, vous savez... me dit Nina. Nous serons très bien...

L'orchestre est en face de nous. On l'a élargi, il me semble. Une petite scène a été construite. Le Roumain à tête de gorille émancipé, le jeune homme chevelu, le vieux pianiste jouent des hymnes guerriers sur des airs religieux, à moins que ce ne soit le contraire... Des valses aussi.

La blonde et tendre Nina rit à tout propos. On a dû lui dire qu'un Français, c'est un être amusant... A la mieux regarder, je vois qu'elle est vraiment jolie et s'habille simplement : un corsage blanc décolleté, une ceinture noire...

— Elle vous plaît, ma nouvelle robe?

J'ai déjà entendu cette phrase-là autre part qu'en Russie. Mais l'orchestre a cessé et une dame mécontente chante une tragique histoire. Un peu grosse, la dame qui montre d'un doigt vengeur les limonades et les cafés glacés que des officiers russes, assis près de la scène, sirotent loin du danger... On l'applaudit. Un grand blond, à col blanc, lui succède. Il n'a pu se séparer d'un carton d'élève des Beaux-Arts. Il le tient sous son bras gauche. Il récite des ritournelles qui sont peut-être des vers.

— C'est très bien, dis-je convaincu à Nina.

Mais elle m'avoue n'avoir rien compris.

— C'est du « foutourisme... » Vous savez, la poésie russe, c'est très difficile à comprendre.

Sans nous accorder le temps de souffler, un gros bonhomme, aux petits yeux, aux cheveux longs, complet blanc et cravate verte, ridicule comme un chansonnier de Montmartre, débite quelque chose qu'on applaudit.

Beaucoup de femmes, serveuses bénévoles, ont la tête rasée.

— A la suite du typhus, m'expliquait Vassily.

C'est une mode qui a sévi quelque temps à Tiflis et dans

toute la Russie, m'assure Nina en ébouriffant ses cheveux. Quelques dames portent des boucles frisées. Elles ont l'air de grands bébés comme certaines pensionnaires de maisons discrètes. Toutes ces personnes sont charmantes. J'aime mieux le dire tout de suite. Et pleines de bonne volonté... Elles apportent trois verres là où il en faut cinq et distribuent du café froid à ceux qui leur ont demandé du thé chaud ou de la bière... Elles se promènent ainsi que des souveraines et prennent note de nos désirs sur un petit carnet de bal, en jouant de l'éventail. La plupart prononcent quelques mots de français. Il émane d'elles une odeur violente qui tient du parfum oriental et du linge surchauffé... Elles sont charmantes...

Une cantatrice encore... Je regarde l'amie de Nina. Oui, la cantatrice ressemble à Mlle Sophia, qui n'a encore rien dit. Un officier chante après la dame. Il est bien connu en ville. C'est un grand amateur, un lettré. On me dit son nom, que j'oublie aussitôt... De nombreuses personnes envahissent le café, à la recherche des tables qu'elles avaient louées d'avance et, les trouvant occupées, encombrent le passage...

Voici un monsieur tout de sombre habillé : faux col, cheveux luisants aplatis. Il ressemble à un contrôleur de théâtre... Je vais en faire la réflexion à Nina; mais elle a les yeux fixés sur le diseur... Sophia qui me regardait, sourit, et ce sourire nous crée une complicité...

Des officiers russes en complets bleus, en casquettes de toutes couleurs, s'embarrassent de leurs sabres (le manque d'habitude sans doute), des femmes avec des chapeaux à rubans rouges ou bleus, des ombrelles vertes, des dentelles sur les cheveux et la gorge, des étoffes violettes sur des corsages blancs, tout un carnaval de Nice, se pressent à la porte d'entrée, dans le cadre des plantes et des rideaux verts...

Ces rideaux verts! Naguère, « avant » (la Révolution sous-entendu), à travers les vitres hautes du café, la foule des passants pouvait admirer les heureux qui buvaient et mangeaient. Les Soviets ont protesté contre cette « injustice scandaleuse », et l'on a mis des rideaux verts pour empêcher les curieux de s'attarder à ces spectacles peu égalitaires.

La porte, à cause de la grande chaleur en été, ne se ferme jamais, et des soldats plus indiscrets que féroces, contemplent cette aristocratie qui s'amuse à des essais de « foutourisme », qui chante et qui boit, mais qui tremble aussi, comme c'est son rôle, devant les tavarischy retour du meeting, à qui des orateurs ont affirmé que les « bourgeouais » voulaient étouffer la Révolution dans le sang. Les délégués des Soviets exagèrent... Ces Russes ne sont pas si redoutables. Ils se hâtent de s'amuser une dernière fois, et, s'ils boivent et dansent, c'est qu'ils ont, comme leurs pareils sous la Terreur, la crainte du lendemain.

* *
*

Vassily qui nous a négligés ces jours derniers, vient nous chercher, Marcel Benoit et moi à l'hôpital des Cadets. Il nous confie :

— Beaucoup de nos officiers n'ont pas bougé depuis trois ans : ce sont toujours les mêmes qui se battent. Ils reviennent maintenant du front. Ils sont fatigués.

Je le conçois bien : ils sont fatigués.

— Ces officiers, ajoute-t-il, voudraient qu'on les remplaçât. C'est bien leur tour de se reposer; mais ceux qui n'ont pas bougé ne veulent pas, à cause de leurs idées, disent-ils. En effet, quand il est question de partir pour la guerre, ils deviennent partisans de Lénine. Les nouveaux praporchicks — des étudiants — qui avant la Révolution n'étaient rien sont maintenant heureux d'être nommés. Ils ne veulent pas se faire tuer. Ce sont les meilleurs auxiliaires de la paix immédiate...

Ces bavardages nous expliquent du moins pourquoi les Petits-Russiens demandent leur autonomie, l'Ukraine son indépendance, la Pologne son unité, le Caucase sa séparation, la Sibérie également et pourquoi il n'y a plus ni Patrie, ni intérêts généraux, mais de petites patries hostiles les unes aux autres, que maintenait jadis unies, la force de baïonnettes.

Marcel Benoit annonce ce qu'il vient d'apprendre : une offensive allemande contre Riga.

— Le kaiser aurait dit à ses troupes de marcher sur Pétrograde.

— Ah! constate Vassily.

— Vous ne saviez pas? s'étonne Benoit.

— Je ne lis pas les journaux, répond Vassily.

« Oui, ajoute-t-il, on apprend toujours trop vite les mauvaises nouvelles ».

Mais, imbu au fond de la toute-puissance allemande, semblable, du reste, sur ce point, à beaucoup de Russes, Vassily hoche la tête et désabusé :

— Rien à faire contre les Germains!

Toutefois, il a une autre préoccupation, très sérieuse. Il nous l'avoue :

— Il faut faire grande attention à ne pas saluer les scribes (officiers-comptables), car s'ils ont trois galons sur les épaulettes, les généraux en ont deux. Alors, on confond...

— C'est épouvantable! s'indigne Marcel Benoit sans rire.

— N'est-ce pas?...

— C'est pour cela que vous saluez certains officiers et jamais certains autres...

— Justement.

— Vous savez, reprend Benoit désireux de rassurer l'aspirant, rien n'est encore perdu en Russie, puisque la Révolution n'a pas pu modifier ces injustices qui font que les officiers de l'arrière sont plus chamarrés que les généraux de l'avant et que leur travesti prête à de terribles confusions...

— Tant mieux! conclut Vassily, toujours sérieux.

— Au fond, constatait Benoit le soir même, il est peut-être préférable que l'étudiant-aspirant n'entende rien à l'ironie...

IV

AU CLUB DE PARIS

Or, dans Tiflis, ville asiatique, au long des avenues et des ruelles mondaines où se dressent soudain des cyprès, des figuiers et des acacias, je suis allé, aujourd'hui, à l'aventure...

Il y a un village sur la hauteur où des vignes grimpantes s'accrochent aux vieux remparts... Il y a le funiculaire sur la montagne... Il y a aussi le marché, dans le quartier tartare, où l'on fabrique des armes, des berceaux de bois, des tapis et des cercueils, où des ânes chargés de légumes vous heurtent au passage... Il y a aussi le jardin botanique d'où l'on découvre, sur la colline ravagée qui lui fait face, parmi les magnolias et les cyprès, les briques rouges d'un cimetière musulman, semées dans l'herbe roussie de soleil. Mais tant de femmes en blanc, que je coudoie, et qui se retournent curieusement sur ce soldat français, me rappellent Nina...

— Quand vous reverrai-je? me demandait-elle, le soir où nous sortions du café chantant et qu'elle était si préoccupée.

La silencieuse Sophia, rien de plus naturel qu'elle ne dise rien, et je n'y prêtais pas attention, mais chez Nina si enjouée, cela me semblait bizarre... Aujourd'hui encore, je cherche ce qui pouvait rendre Nina si grave et je me trouve quelque peu ridicule de m'attarder au souvenir de cette étrange fille... Elle devait venir me prendre ce matin à l'hôpital. Elle a oublié l'heure. C'est bien naturel : Nina ne serait ni femme ni Russe si elle était exacte à ses rendez-vous...

Mais où découvrir Nina?...

Regardons plutôt ces gens sur les avenues, ces officiers, ces soldats, ces fonctionnaires qui s'habillent comme des officiers, ces civils désœuvrés qui tâchent de ressembler à des fonctionnaires, ces femmes qui errent, tranquillement... Les Géorgiennes ne font aucun travail manuel; elles s'en croiraient déshonorées; les Arméniennes s'occupent de commerce, comme les Juives, à côté de leurs frères ou de leurs maris; mais seules les dames russes peuvent rester sans rien faire, les yeux perdus... On peut doucement conclure que ces Russes ne travaillent pas : ils s'amusent, se distraient, voyagent comme les déserteurs qui encombrent tous les trains en partance, sans raison.

Bien mieux, ceux qui, pour vivre, tiennent boutique, — café, magasin, restaurant, — semblent recevoir le client à regret. L'acheteur est un importun qui les dérange. On lui apporte ce qu'il demande avec nonchalance. Si l'objet ne lui convient pas, on ne cherche point à lui en présenter un autre. A quoi bon? Aussi les Slaves préfèrent traiter avec les souples et habiles Arméniens qu'ils méprisent et tiennent pour des voleurs...

Dans les cafés, le garçon vous sert sans se hâter et oublie généralement ce qu'on lui a demandé, ou même il apporte autre chose. La même indifférence, le même laisser-aller oriental, tout un fatalisme musulman plane sur ces gens à demi éveillés et que rien n'intéresse...

*
* *

— Que faites-vous là, rêvant?

— Tiens, c'est vous! Comme Tiflis est petit.

Oui, c'est Marcel Benoit en compagnie de Nina.

— Je disais, intervient tout de suite la jeune fille, je disais : demain, c'est votre anniversaire.

— Mon anniversaire? Vous êtes sûre?

— Oui, c'est l'anniversaire de votre Révolution... Révolutionnaires, n'êtes-vous pas? Quatorze juillet?

— Ah oui, parfaitement.

— Pour ce quatorze juillet, nous irons au théâtre, puisque je crois cela vous fait plaisir... Vous irez devant, conclut Nina.

Ensemble, nous allons le long de vieilles bâtisses en bois qui projettent au-dessus des ruelles des balcons sculptés. Dans les cours des maisons, pareilles aux demeures espagnoles, au coude d'une rue, on découvre un bassin, une fontaine près de laquelle se dresse un acacia ou un figuier aux larges feuilles. Des enfants, pieds nus, de misérables Arméniens réfugiés, à peine vêtus, offrent aux passants d'énormes fleurs de magnolia. Ces rues sont presque désertes. Un chat les traverse, un chien s'y attarde à fouiller des ordures, quelque femme tartare, haute et de formes harmonieuses, s'avance et disparaît. Deux ou trois musulmans s'y égarent.

— J'habite une maison comme celle-là, avec un grand balcon de bois. On s'y réunit, le soir, en été. Vous viendrez nous voir; mais demain, nous irons au théâtre...

— 87 —

*
 * *

Le long de la Golovinsky, un peu après le jardin du Palais, une voûte qui ouvre sur une cour, une sorte de jardin, des escaliers... Des personnages vous délivrent des billets moyennant un rouble. On monte au premier, comme dans un théâtre, et l'on débouche sur une terrasse, parmi les arbres. Un restaurant en plein air est installé. Comme fond : bosquets et jets d'eau; l'office est à droite.

— Je prendrais volontiers un café, dis-je.

— Il n'y a pas de sucre, m'avertit Marcel Benoit.

Nina, qui fut exacte au rendez-vous me rassure.

— A la place du sucre, on vous donnera, pour mettre dans la chicorée chaude, de petits bonbons anglais.

Des cosaques en astrakhan, dans la lourde nuit asiatique, sirotent des thés fumants... J'en oublie la présence de Nina; mais elle me fait souvenir qu'elle existe.

— Venez voir le jeu de lotos...

Dans une salle, près de l'office, bizarrement éclairée, deux femmes annoncent des numéros qu'une roue tournante fait apparaître. Beaucoup de toilettes; des dames attentives qui marquent les chiffres « sortis », sur leurs cartons, avec des haricots secs.

— Vous savez, pendant ce temps-là, le meeting du jardin Alexandre contre la bourgeoisie continue...

Mais Nina nous entraîne au milieu du jardin.

— Sophia nous attend.

Des arbres, des bancs, une terrasse où l'on enfonce dans une poussière de cirque. A notre droite, beaucoup de plantes et d'arbustes; mais à gauche, du côté des dîneurs,

un mur immense et, pour en cacher la blancheur de plâtre,
les Russes y ont peint, à la fresque, une grossière allée
sans fin, qui, sous les globes électriques, tâche à représenter des jets d'eau dans un jardin... Le contraste entre
le jardin réel plein de nuit et ces bosquets barbouillés
de vert clair et de rose-printemps est une chose assez
comique.

Des femmes se promènent, appuyées sur de grands
tcherkesses ceinturés de poignards....

Sur la gauche, une salle que de grands rideaux blancs
séparent du public. C'est le théâtre où Sophia nous attend
sans impatience. Brefs saluts, car à peine sommes-nous
assis, au hasard, sur des chaises, comme dans un café, que
la toile se lève et que l'on abaisse les grandes tentures qui
font la nuit dans la salle.

La scène représente un salon où des personnages circulent en chantant. Un grand garçon à l'air romantique
déclame longuement, d'une voix de basse qui plaît à Nina.
Ce jeune homme, qui ressemble à Werther et s'habille en
peintre romantique, n'en finit pas de se lamenter. Sophia,
que je devine à peine dans l'obscurité, ne regarde rien
que la pièce...

A l'entr'acte, quand le pseudo-Werther a fini et que
s'allument les globes, Sophia s'informe :

— Cela vous plaît?... C'est *Evguény Oniéguine*, poème
de notre Pouchkine, musique de Tchaïkovsky...

Deuxième tableau. Il y a une femme qui chante et puis
un jeune homme qui lui répond. Il a l'air d'un Lamartine
trapu, celui-là... Et voici le Werther du premier acte.
Cela se passe toujours dans un salon où un officier attaché
d'ambassade danse avec une étrangère, comme il se doit.

— C'est l'opéra préféré des Russes, me confie Sophia. Il a toujours beaucoup de succès. Chaque saison, on le joue et le rejoue partout... Vous connaissiez?...

Nina est toujours grave. Elle se tait. N'insistons pas. Est-ce la musique? Je trouve Sophia aimable et réservée, sérieuse en un mot. Par la fantasque Nina, je sais que Sophia est fille d'un général, mais, en Russie, les jeunes filles, comme certaines femmes en France, sont toutes filles d'un officier supérieur. Ce n'est plus une indication. Sa mère ou sa grand'mère serait polonaise... Elle étudie. Ici, les jeunes gens et les jeunes filles se disent tous étudiants. Quant à savoir en quelle science, bien malin qui le devinera... Elle habite Tiflis, dans la même maison que Nina. C'est tout ce que je sais de ma nouvelle amie, et cette imprécision est cependant suffisante pour que Sophia me paraisse ce soir une femme délicieuse...

Mais voici que Hamlet-Oniéguine s'est assis sur un rondin dans une forêt noire comme la salle plongée dans l'obscurité. Il chante de sa grosse voix de basse... Nina, le visage en avant, ne tourne pas la tête. Pendant l'entr'acte, elle reste songeuse, elle semble vivre seulement lorsque le rideau est levé. Oniéguine se promène maintenant. Ah! un monsieur dans un grand manteau de velours sombre... C'est ce Lamartine trapu... Il rejette sa cape et chante... Évidemment.

— Un grand duel, il y a tout de suite... me souffle Sophia dans un français directement traduit.

Voilà bien ce que je redoutais! Les deux adversaires choisissent leurs places et chantent longuement, soit ensemble, ce qui est impoli, soit à tour de rôle, ce qui est long. Enfin ils lèvent le bras et déchargent leurs pistolets.

Le Lamartine petit et massif tombe en même temps que le rideau... Nina est secouée de frissons, ce qui m'inquiéterait si Sophia ne m'occupait en entier.

— C'est très beau, dit-elle.

J'approuve et elle m'explique gentiment la pièce :

— *Evguény Oniéguine* (poème de Pouchkine, musique de Tchaïkowsky) est l'histoire d'un gentleman genre 1830, qu'un poète de ses amis, Lensky, présente dans une famille. Lensky est fiancé à l'une des filles de cette maison : Olga. Evguény Oniéguine tâche de se faire aimer de Tatiana, sœur d'Olga. Il y parvient. Tatiana lui avoue même son amour. Rendez-vous au cours duquel Oniéguine explique à la jeune et naïve Tatiana qu'il ne se sent pas fait pour la vie de famille, qu'elle serait malheureuse avec lui, qu'il l'aime comme un frère, etc... Vous aviez deviné tout cela...

« Le soir même, par jeu, pour se distraire et pour taquiner son ami Lensky, Evguény, qui ne sait pas très bien ce qu'il veut, fait la cour à Olga, fiancée de Lensky. Mais Lensky se fâche et jette son gant à Oniéguine. « Tu n'es plus mon ami... etc. ». Maintenant, vous avez vu la scène, l'hiver, le froid, au fond d'un bois où a lieu la rencontre... Lensky a de pénibles pressentiments... On a toujours de pénibles pressentiments à la veille d'un grand duel ; on se les rappelle ensuite, quand les événements vous donnent raison. En effet, Lensky est tué... Vous ne le saviez pas ? Vous n'avez pas vu ?

— J'ai bien vu le Lensky qui tombait, mais comme il s'est relevé quand on applaudissait, je n'étais pas sûr...

— Vous n'êtes qu'un Français, déclare Sophia.

— Ce qui veut dire ?...

— Toujours sceptique...

Je subis avec courage l'épreuve de deux tableaux où l'on pleure. Un monsieur à cheveux blancs, très décoré, fait de grands reproches à Oniéguine sur un ton de basse monotone. La pièce est finie, après ces cinq tableaux sans résultat... Mais non, il y en a d'autres... Sophia, pour des raisons que je ne sais pas encore, doit rentrer chez elle avant minuit.

— Je vous conterai la fin, me dit-elle... Evguény retrouve, plus tard, dans un bal, Tatiana mariée à un général. Ce n'est plus la naïve « cruche cassée », comme vous dites, mais une femme qui fait sensation. Evguény est amoureux d'elle... Vous savez, Oniéguine est un Don Juan assez malheureux. Il ne sait pas ce qu'il veut. Il s'ennuie, il voyage, il désire et ne désire plus, il rêve et puis il se désespère... Il représente assez bien le caractère russe... Tatiana ne veut pas. Elle aime Oniéguine, mais elle reste fidèle à son mari. Alors Evguény s'en va.

Il est peut-être une heure du matin. Nous secouons Nina de sa longue rêverie. Il y a encore beaucoup de monde sur les perspectives... Nos souliers sont couverts d'une poussière rousse, couleur brique. Je crois que la pièce continue.

V

L'HOPITAL RUSSE MODÈLE

Il se tient dans cette ancienne école des Cadets, transformée en lazaret, où nous sommes logés depuis notre arrivée à Tiflis. Il est vaste, bien aéré. Les doubles fenêtres, comme il sied dans un pays aux hivers rigoureux, s'ouvrent sur les jardins du Grand Théâtre.

Les malades russes occupent le premier et le second étage. Nous sommes campés dans une grande salle du second. Nous n'allons pas à la recherche des « sœurs de charité », d'abord parce que c'est défendu. Notre porte est fermée selon les ordres donnés. Ensuite parce que c'est inutile : ces dames trouvent toujours moyen de venir nous voir. Elles traversent notre chambre pour aller à la lingerie, qui se tient, comme par hasard, à l'autre bout de la pièce...

En passant près de la grande icone de notre salle, — un patriarche orthodoxe entouré d'un garde-fou en bois, — les infirmières font deux ou trois signes de croix. Nous voyons souvent une grande Tatare, Mme Anna, qui va et vient, le long de nos lits, l'air grave, les yeux baissés... Il y a aussi une Arménienne, petite, brune, trop brune, aux yeux noirs, qui trottine en riant ; il y a une blonde déhanchée, aux joues roses que les Français appellent déjà « Fabiano » parce qu'elle semble échappée d'une page de ce dessinateur. Il y a...

La pharmacie (apotheke) se tient sur le même palier que notre dortoir, et c'est encore un prétexte pour ces dames de nous rendre visite en se trompant de porte...

Au premier, ce sont les soldats malades — pas de blessés de guerre. Ils ont des diarrhées, de la fièvre, des bronchites ou du scorbut... Ils se promènent à volonté, stationnent dans les salles, les escaliers, ou même dans la cour, pareille avec ses voitures, ses petites écuries, ses balcons de bois, à une cour de grande ferme...

On trouve aussi, un peu partout, des infirmiers, de forts gaillards, qui ne font pas autre chose que de discuter entre eux. Déjà , ils se sont mis en grève parce que la nourriture qu'on nous distribuait à l'hôpital n'était pas tout à fait la même que celle qui leur était servie. Le colonel-comptable a tout arrangé avec des discours. Cette grève ne modifiait pas grand'chose au fonctionnement de l'hôpital, puisque en temps ordinaire les employés ne font rien.

Cependant tout cela fonctionne cahin-caha on ne sait comment. Les repas ne sont en retard que d'une heure ou deux sur l'heure fixée. Mais ça n'a pas d'importance... Il y a bien aussi quelques petits inconvénients que j'oublie... Parfois, le docteur russe, venu pour la visite de l'après-midi, demande :

— Où sont les infirmiers ?...
— Ils sont au meeting...
— Et les infirmières...?
— A l'assemblée...
— Les docteurs alors ?...

— Ils se sont réunis pour statuer...

— Bon! Et les malades? Je n'en vois pas...

— Ils sont à la promenade, au jardin, en ville...

Ça marche quand même. On distribue des convalescences à tous ces soldats qui ne veulent plus retourner aux tranchées... Seuls, quelques grands malades restent au lit et se plaignent de l'inefficacité des remèdes, à quoi, du reste, ils ne touchent pas.

— Tu n'es pas docteur, disait l'un d'eux au médecin russe, puisque tu ne vois pas que je souffre...

Dans la journée, à la porte de l'hôpital, un vieux bonhomme, au nez énorme dans une grosse boule de tête branlante, remplit les fonctions de concierge. En chemisette blanche, les pieds douillets, il se tient assis sur une chaise et laisse entrer tous ceux qui le saluent. Les Français l'appellent Frantz, parce qu'il ressemble vaguement à feu l'empereur d'Autriche...

Soixante ans de thé chaud, de « sitchias », de vodka et de patience résignée, cela produit Frantz qui est à la porte...

Mais la nuit, un dormeur remplace Frantz. La porte est fermée au verrou, et l'on a tout loisir de carillonner... Les Français, nés malins et qui ne deviennent pas tous imbéciles, comme on le croit, ont découvert, de l'autre côté des Cadets, donnant sur la cour, une petite porte à loquet. Pour se conformer aux habitudes russes (se coucher tard), on rentre par l'escalier dérobé.

En remontant, on croise une « siestra » retour de maraude, ou, près des water-closets, deux Russes en robes de chambre qui, affalés contre les fenêtres pleines de nuit, leurs deux têtes se touchant presque, chantonnent une longue mélopée triste... Et ainsi, pendant des heures, dans l'ombre.

Il n'y a pas de water-closets particuliers pour les femmes, ce qui fait que nous rencontrons là tout le personnel de l'hôpital. Comme il n'existe ni cellule, ni séparation entre chaque stalle, il arrive que l'on s'assoit à côté d'une jeune infirmière qui vous regarde sans contrariété. Les soldats russes ne sont pas plus incommodés du voisinage de ces dames que ces dames peuvent l'être du nôtre... Il n'y a que les Français qui se trouvent gênés...

La Tatare Anna fait sa promenade dans notre dortoir, en blouse blanche décolletée... Cet après-midi, elle revient, tout en noir, chapeau, voilette, tenue de ville... Demain, elle nous adressera la parole...

« Fabiano » se montre quelquefois, ses cheveux blonds frisés de chaque côté des tempes... On voit aussi Gennia, une jeune veuve à qui un Algérien apprit quelques mots de français, notamment la formule d'invitation des péripatéticiennes... Gennia répète, sans savoir, à tous ceux qui lui plaisent, cette phrase magique... Elle rôde, la nuit, sous les acacias, au coin de l'avenue, et, lorsqu'un Français rentre tard, les oreilles encore emplies du parler en crécelle des Arméniennes et des Russes, il a la surprise d'entendre une jupe qui lui insinue :

— Viens chez moi, joli blond. N'y a du feu...

VI

Vassily m'a envoyé un mot d'adieu. Il me demande — toujours au même endroit — un dernier rendez-vous. Cela tourne à la grosse plaisanterie ce chassé-croisé de départs et de rencontres toujours ajournés... J'en profiterai pour aller fumer un cigare au Jardin du Palais, ce soir, en attendant ce fantasque compagnon. Déjà les lampes s'allument sous les arbres, mais naturellement, ni au concert, ni au café, ni le long de l'allée principale, je ne puis découvrir le jeune praporchick.

En descendant vers la porte de sortie où d'astucieux soldats russes vendent aux promeneurs des brochures révolutionnaires, j'entends, derrière un faisceau de thuyas, « le doux langage français ». C'est une femme qui parle, avec un petit accent guttural. Les Russes qui s'expriment en notre langue sont nombreux. Pour beaucoup de personnes, le français est devenu une seconde langue maternelle. Le mot qu'elles ne peuvent exprimer ou qu'elles ne trouvent pas tout de suite, elles s'amusent à le dire en russe ou en français, et cela forme un « sabir » assez savoureux.

Deux, puis trois jeunes filles, de blanc habillées, débouchent d'une allée, puis disparaissent... Mais je connais cette démarche vive, ces pas rapides. La plus souple de ces dames, c'est Nina, que je n'ai pas vue depuis une dizaine de jours, depuis ce soir exactement où, sortant d'une représentation d'*Evguény Oniéguine*, j'accompagnai la jeune femme jusqu'à sa petite rue plantée d'acacias... Nous avions oublié de nous fixer un rendez-vous. Je n'y pensais plus, du reste, ou du moins, je m'y efforçais... Ces demoiselles ont choisi le même chemin que moi, et Nina m'a déjà reconnu. Elle est accompagnée d'une jolie fille à robe courte et d'une mince personne au visage endormi. Nina s'avance aussitôt la main tendue :

— Je savais bien que je vous retrouverais... Que faisiez-vous?... Voulez-vous visiter ce jardin?...

A travers un labyrinthe de feuillages, sous les arbustes étagés dans les sentiers, nous remontons, ces dames et moi, dans ce parc que la nuit agrandit. Une première station devant un bassin entouré de grilles. On devine à peine la blanche tache d'un cygne solitaire sur les eaux verdâtres.

— Qui a pris les autres cygnes, car beaucoup d'autres il y avait?...

Silence. Ni la jolie fille aux jupons courts, ni la dame maigre à qui Nina omit de me présenter, ne répondent... Nina le sait peut-être, et nous aussi nous n'ignorons pas que les révolutionnaires ont mangé les autres cygnes comme de vulgaires canards.

— Allons maintenant au tombeau du chien.

Des allées encore, des branches qui nous arrêtent au passage. Nouvelle pause devant les murs du jardin tapissés de lierre. Sur le sol, une pierre formant boîte sur quoi l'on a gravé deux dates.

— Ici repose le chien du grand-duc Nicolas Nicolaïevitch.

Mais la jeune personne aux yeux bleus se redresse et, d'une voix pointue.

— Non, Monsieur... Nicolas Nicolaïevitch ne s'occupait pas de ces futilités...

Elle est très digne, très Russe aristocrate et vraiment très jolie avec ses yeux bleus qui brillent, si grands qu'ils paraissent noirs.

— Le chien appartenait aux Woronzoff, qui furent vice-rois du Caucase avant le Grand-Duc. C'est à eux également que l'on doit le tombeau d'un lapin à l'autre extrémité du parc.

Nous reprenons notre route, dans les allées. Nous descendons par de petits sentiers perdus. De nombreux couples sont ensevelis sous les branches. Les globes électriques suspendus tous les cinquante mètres les dénoncent parfois, mais ces lumières ne les dérangent pas plus que notre passage.

En sortant du jardin, cher aux mélancoliques monarques du Caucase, Nina me demande, au moment de prendre congé :

— Voulez-vous demain soir... Nous prendrons le thé... A huit heures. C'est convenu ?...

Huit heures à la russe ? A quelle heure cela peut-il bien correspondre ?...

*
* *

C'est ainsi que les recherches que je ne voulais pas commencer pour découvrir la maison de Nina, il me faudra les entreprendre demain... La rue, si j'ai bonne mémoire, est parallèle à la Golovinsky. Il y a, en face, une grande bâtisse en briques rouges et un jardin où des cyprès poussent comme dans un cimetière.

Par la fenêtre ouverte sur la nuit, on aperçoit les grands arbres du parc. Dans la pièce voisine, un homme chante d'une voix de basse. Un piano l'accompagne en sourdine, puis une mélopée pleurarde qu'entonne une femme...

— Le vieux couple occupe ses soirées...

Une lourde chaleur dans la petite chambre où Nina m'a introduit. Des photos d'acteurs tapissent les murs, comme dans l'appartement d'un commis voyageur ou d'un sergent fourrier, des chromos disposés en losange, en carré, dans tous les coins. Quelques livres sur des tables, et des boîtes de cigarettes, des bonbonnières. Nina fume, grignote des gâteaux, des amandes, des pois chiches ou des graines de soleil. Un paravent cache le lit et forme alcôve... Le thé est servi dans les tasses, un thé léger, couleur de bière blonde.

— Vous ne prenez rien? Vous vous ennuyez?...

Non, je ne m'ennuie point, je n'ai pas encore eu le temps. Au reste, Nina parle sans arrêt. Elle adore le théâtre, elle me cite des noms : les comédiens de Moscou et de Tiflis.

En feuilletant un album de photos placé devant moi, quelques pages de manuscrit se détachent.

— Laissez... ce sont des vers...

— Comment? vous... en français encore?...

Je replace les stances qui sont dédiées à M. César, jeune premier du Grand Théâtre, ou à M. Rognka, artiste, etc.

— Oui, quand on a lu beaucoup de vers, — m'explique Nina pour s'excuser, — c'est facile : on les écrit tout naturellement.

Voilà bien le secret du génie lyrique de tant de poétesses. Nina connaît à peu près le français, c'est-à-dire assez pour le parler. Elle l'écrit mal. Cependant les poèmes que je demande la permission de lire ne sont ni meilleurs ni pires que ceux que l'on imprime chaque jour, en France. Nina y célèbre naturellement l'automne, les fleurs, la jeunesse, l'amour, l'inquiétude de son âme, et le temps qui fuit...

Le voisin continue sa romance mélancolique; mais on a sonné à la porte cochère, et le soldat russe qui tient lieu d'ordonnance et de planton au général de la maison est descendu. On entend une voix de femme, des bruits de pas et deux coups frappés à l'appartement de Nina.

— Voilà Sophia, dit mon amie en se levant.

Non, ce n'est pas Sophia. C'est la mince et brune jeune femme que j'ai rencontrée hier, au Jardin du Palais. A ma vue, elle semble hésiter, bafouille quelques mots russes, mais Nina la fait asseoir.

— Vous ne connaissez pas?... Mademoiselle Tatiana.

Mlle Tatiana s'incline à peine, me dévisage, puis commence à bavarder dans sa langue avec cette bonne Nina, qui, pour me mêler à la réunion, mélange le français et le slave. Je prends congé.

— Vous reviendrez?... Demain? Ce n'est pas Tatiana qui vous fait partir... Vous verrez : elle est comme ça; mais ça ne dure pas. Elle est seulement humble.

Je ne comprends pas très bien; mais avec de la patience et de l'application, j'arriverai peut-être.

*
* *

Vassily vient me chercher ce soir à l'hôpital. Son prochain départ le trouble... Il a dépensé jusqu'à son dernier rouble, comme il dit, et veut bien que je l'emmène à l' « International », ce lieu de délices. Je n'irai donc point au thé de Nina...

Nous sommes assis depuis cinq minutes à une petite table. Deux Circassiennes, plus une dame blonde, se sont approchées pour nous demander ce que nous désirions. Elles sont parties ensuite et ne reviennent plus, lorsqu'un « tavarisch », un de ceux qui montrent leur tête curieuse à la porte du café, interpelle un vieux général russe dont nous ne voyons que le dos voûté et la casquette.

— Tu ne peux pas me saluer? demande le général cependant que le soldat continue d'invectiver contre l'officier.

Celui-ci, alors, sans se lever, retire sa coiffure et découvre ses cheveux blancs :

— Si tu ne respectes pas mon grade, respecte au moins mon grand âge...

Le soldat interdit s'éloigne. Quelques Français haussent les épaules. Cette scène, que Vassily a traduite, les déconcerte un peu; mais notre praporchick, si calme à son ordinaire, prend la parole.

— Oh! si vous aviez vu « avant » (la Révolution). Ils sont excusables. La discipline était plus terrible qu'en Allemagne. Un soldat n'avait pas le droit de sortir de la caserne, même le soir...

Nous nous regardons, incrédules... Son départ prochain transformerait-il notre Vassily?

— 102 —

— Le soldat devait rester dans la petite cour, devant la caserne où il avait tout loisir de saluer ces messieurs qui passaient... Des permissions?... On ne sortait que pour le service... Des patrouilles, des officiers arrêtent continuellement les soldats qu'ils rencontrent... Et quand le soldat voit un officier, il doit commencer de saluer à quatre pas. Aucune fantaisie dans le costume...

— Cela ressemble au beau temps de la guerre de garnison, dans un pays que je connais.

— Il y avait, à Tiflis, un général qui se promenait avec un couteau dans sa poche. Il coupait les pantalons retaillés des cavaliers. C'était sa spécialité... Tenez, il était interdit aux soldats d'entrer dans les cafés, de monter dans les tramways, de s'asseoir au théâtre, de se promener sur les boulevards... Dans un tramway, un officier tue à bout portant un soldat à qui il a, deux fois, donné l'ordre de descendre. Personne n'a protesté dans le tramway. L'officier aurait fait arrêter tous les voyageurs!...

« Les punitions : une heure d'immobilité au soleil, la prison, la cellule. Les pauvres seuls sont soldats. On les gifle, on les cravache, on les bat comme des domestiques. Quand on aura besoin de renfort pour cette guerre, il suffira d'appeler les bourgeois et les riches...

Vassily s'arrête, boit, puis repart :

— Et si vous saviez la haine de tous ces gens pour ceux qui sont instruits, pour ceux qui instruisent... Après la révolution ratée de 1905, les cadets, les élèves-officiers de l'école que l'on a transformée en hôpital, où vous êtes, ces cadets-là, portant les icones du Christ et du Tsar, s'en allaient dans les écoles et fusillaient les petits enfants parce que l'instruction était la cause de cette révolte et représentait l'ennemie la plus grande de l'autocratie... Il faut savoir tout cela pour comprendre l'ivresse de liberté qui grise les « tavarischy » maintenant... Ils redoutent par-dessus tout le retour des anciens maîtres. L'Allemand, ils ne le connaissent pas. Du moins, pour eux, c'est un ennemi de leur ancien empereur, et ce leur est une raison, pour eux, de fraterniser avec lui...

Mais Vassily se dresse tout d'un coup. Un jeune lieutenant à petites moustaches vient d'entrer. C'est un de ses amis. Les deux jeunes gens se reconnaissent. Poignées de mains, baisers sur la bouche, à trois reprises seulement.

Vassily me présente, ainsi que quelques Français attablés comme nous.

— Mon presque-frère qui vient de passer l'examen de sortie de l'école des officiers.

— Difficile, cet examen ?

C'est pour dire quelque chose que je parle.

— Très difficile, répond le jeune officier d'un air important.

Maurice Jammes qui m'a souvent fait part de l'inconcevable naïveté des soldats russes, m'a aussi prévenu de la déconcertante prétention des officiers.

— On m'a interrogé, poursuit le petit ami de Vassily. En géographie, on m'a demandé : « Quelle est la plus grande ville d'Angleterre ? »

— Et vous avez répondu ?

— Paris, parbleu...

Nous nous taisons, un peu surpris quand même. Mais non, il ne plaisante pas.

— Et,... vous avez été reçu ?

— Évidemment.

VII

LA LÉGENDE DU MOINE RASPOUTINE

Il y avait une fois un moujick, un simple moujichock de Sibérie — comme l'appelait le tsar Nicolas, — un petit paysan qui voulait pénétrer à la Cour pour chasser les mauvais esprits de la chambre de l'Empereur...

C'est ainsi qu'un soir Nina commence de me conter l'histoire du moine fameux, du moins ce qu'elle en sait, car tout le monde en parle en Russie et quelques-uns en écrivent. Plusieurs versions circulent. Nina m'apporte celle qui a cours dans certains milieux cultivés.

— Vous savez, poursuit Nina, que le Tsar abusait de l'alcool et des concombres... On l'enivrait avec des herbes du Thibet fermentées. Il tombait dans la mélancolie. Il devenait taciturne... Les courtisans mettaient cette ivresse à profit pour faire leurs affaires avec celles de l'État. Pendant ces trois dernières années, le Tsar était donc devenu méconnaissable... Or, Gregory Effimovitch Nowyck, dit Raspoutine (le débauché), avait pris sur le Tsar une grande influence. Il entrait chez Nicolas, quand cela lui plaisait, l'interpellait, coupait la conversation. Le Tsar essayait de renvoyer Raspoutine : « Tu viendras tout à l'heure... » Mais le moine, qui tutoyait tout le monde, s'asseyait et délibérait...

« Le Tsar aimait beaucoup Raspoutine. Le Tsar se méfiait de tous les gens de sa cour; il détestait les spécialistes et les diplomates. Il préférait demander conseil à des hommes peu cultivés. Toutes les nominations bizarres que fit ces dernières années le Tsar s'expliquent par cette crainte d'être dupé. Ainsi il prit comme conseiller des affaires intérieures l'accoucheur Rein et comme conseiller privé, Raspoutine.

« Si le moine adjurait le Tsar de faire la paix avec les Allemands, « hommes adroits qu'il ne faut pas avoir pour ennemis », il assurait à l'Impératrice, — Sana, comme il la nommait dans l'intimité, — qu'elle jouerait pour la Russie le grand rôle de Catherine II...

Nous sommes là, sur le balcon de bois, dans le calme de la chaude nuit d'Asie que soulignent parfois les coups de feu de quelque lointaine patrouille ou des déserteurs tapis dans les bois Mouchtaïd. Tout près de moi, les blanches toilettes, visibles encore dans l'ombre, de Tatiana et de Sophia. Les deux amies complètent d'ailleurs le récit de Nina, ajoutent une anecdote à la galanterie de Gregory ou le nom de quelque grande dame russe à la liste de ses amours...

— La Douma trouva un jour que le scandale avait duré assez longtemps. Des courtisans déclaraient qu'il y allait de l'honneur de Nicolas, car Raspoutine était un paysan... Cela devait prendre fin... Un journal annonça un jour : « Il y a quelqu'un qui a tué un chien... » D'abord, on ne comprit pas, puis on apprit que Gricha Raspoutine avait été tué...

J'ai l'impression d'assister à la déformation de l'histoire du moine Gricha, ou, pour mieux dire, à la création d'une de ses légendes...

— De nombreuses complaintes, des brochures ont été publiées depuis cette mort. Elles sont obscènes. On raille Raspoutine, on l'appelle le Saint-Père, et les complaintes ne sont que l'Évangile parodié... Enfin, on a enseveli Raspoutine dans le jardin royal de Tsarkoié-Selo et, sur sa tombe, on a gravé une inscription qui se traduit ainsi, en français, simplement : « Ci-gît un membre de la famille impériale qui ne se relèvera plus... »

La nuit parfumée, les arbres qui tremblent sous le vent rendent plus prenante encore cette extraordinaire histoire, luxurieuse comme un conte d'Orient, — que gazouille naïvement la petite Nina — et qui, dès maintenant, confine à la légende que l'on se transmettra dans les veillées de Russie : l'aventure du solide moine qu'une Impératrice aima et qui fut la cause première de la chute d'un immense Empire.

*
* *

Tatiana semble en prendre l'habitude.

Les soirs où je viens bavarder avec Nina, je dois reconduire Tatiana jusque chez elle. Ce n'est heureusement pas très loin. Et puis, cela n'a rien d'éternel. C'est l'époque délicieuse où les nuits sont agréables, claires encore, où l'on bavarde en mangeant des fruits du Caucase, où l'on fume des cigarettes sur les balcons... C'est l'époque aussi où les communiqués russes publient sans tricherie de terribles nouvelles, dans un style sec et précis.

Lorsque Nina est parmi nous, elle traduit en français les dépêches russes et les lit de sa belle voix chantante, comme elle ferait valoir une page héroïque ou l'un de ses sensuels poèmes. J'ai encore dans l'oreille le ronronnement de certaines phrases :

— Le soir du 12 juillet 1917, nos troupes ont commencé de reculer des bords de la rivière Sereth, se dirigeant vers l'est. Des régiments abandonnent toujours volontairement leurs positions. Par contre, quelques régiments, malgré leur petit nombre, continuent de combattre... La percée des Austro-Allemands sur le front russe atteint maintenant cent vingt verstes. Les régiments traîtres s'enfuient avec des drapeaux où l'on peut lire : « A bas la guerre ! Vive l'Allemagne ! Mort aux bourgeois ! » Entre les régiments traîtres et les régiments restés fidèles, ont lieu des combats... L'offensive allemande est conduite par un petit nombre de forces, très inférieures aux nôtres. A Tarnapol, l'ennemi a trouvé un riche butin. Les soldats russes affamés dévalisent les habitants... Dans le recul de Galicie, plusieurs de nos généraux, par leur manque d'énergie, leur défectueuse organisation, n'ont pas su maintenir la discipline parmi les troupes...

Je revois le groupe des femmes : Tatiana rêveuse sur son divan, Sophia dans l'ombre qu'elle aime et Nina qui lit en scandant les mots, le visage dans la lumière :

— Moscou, 20 juillet. Le comité de l'Université vient d'envoyer un télégramme à Kerensky : « La Russie périt. Ne donnez pas à l'Histoire le droit d'écrire que la Russie a été perdue par sa Révolution. »

* * *

— Ah ! cette Révolution, elle ressemble continuellement à la vôtre !

Je l'ai déjà remarqué. Les Russes pleins de souvenirs de lectures, cherchent continuellement des analogies entre la Révolution française et celle qui commence chez eux.

— Vous ne trouvez pas que c'est la même chose ? demande Nina. Tenez, il y a le citoyen Capet et le colonel Nicolas Romanoff... L'autrichienne Marie-Antoinette, c'est la Germaine Alexandra. Le Dauphin, c'est le petit tsarévitch. Cagliostro, le collier de la Reine, c'est Raspoutine...

Passe-temps divertissant... De même pour leurs grands personnages du moment, ils les affublent des noms de la grande époque : le pitoyable Kerensky devient Danton et Terechenko se rencontre avec Saint-Just, Lénine se change en Marat, etc... Leurs « delegates » des ouvriers et soldats qui sont tous des bolscheviky, ce sont les commissaires aux armées de la République. Ils nous plagient ingénument; ils sont heureux de nous imiter. On dirait qu'ils ne font pas une révolution, mais qu'ils jouent à la révolution.

Une différence cependant qu'ils relèvent et Nina comme les autres :

— Notre révolution s'est accomplie sans répandre de sang...

— Attendez, ce n'est pas fini...

Mais Tatiana pense qu'il surgira un Napoléon, comme en France. Sophia prononce en souriant le nom de Korniloff. Nina, pour faire diversion, nous conte qu'un comédien qu'elle connaît — elle les connaît tous — est arrivé très fatigué de Nijni-Novgorod. Les trains bondés sont assiégés et pris d'assaut par les déserteurs. Ce comédien avait pu se coucher sur une haute banquette. Il dormait, lorsqu'il fut éveillé par un « tavarisch » qui, le bousculant, s'étendit à ses côtés, et s'empara, pour se couvrir lui-même, de la moitié des couvertures que possédait l'artiste. A toutes les protestations du comédien, un républicain du reste, mais peu fier de partager son lit de fortune avec un homme plein de vermine, le soldat répliquait sans se déranger : « Liberté ! Égalité !... »

Et Nina, indignée, de conclure :

— Voilà ce qu'ils appellent la Révolution !

*

C'est Tiflis qu'il faut regarder ces nuits de mauvaises nouvelles. Les meetings dans les squares, les cinémas et les concerts dans les clubs continuent. Rien n'est changé. Les fusillades de Pétrograde, les troubles de Moscou, le recul de Galicie, tout cela est bien loin du Caucase. La même foule alanguie se promène le long des avenues. Les femmes, en toilettes blanches, fortement parfumées, laissent une odeur d'eau de rose dans le sillage de leurs jupes. De nombreuses sœurs de charité, en gris, la tête prise dans une guimpe noire, se retournent pour sourire à ceux qui leur plaisent. Quelques curieux s'attardent devant les télégrammes qu'affiche le journal *Respoublca*. Ils répètent avec sérénité : « Nous sommes perdus... »

Les monarchistes se réjouissent. Ils ne nous aiment pas, du reste, parce que nous sommes des républicains. Quant aux révolutionnaires, ils se détournent de nous. On leur a dit, et ils le croient, que nous sommes des impérialistes...

Cependant, que vont devenir les cinquante Français, — dont je suis — égarés dans ce pays en « mission de propagande ». On les a pris tour à tour pour des Autrichiens, des Allemands ou des Anglais. On n'est pas loin maintenant de les tenir pour « suspects », car ils veulent aller sur ce qu'ils appellent le « front du Caucase ».

— Sur quel point ? Trébizonde ? Erzeroum ? Kermanschah ? Le lac de Van ?

Les vieux généraux russes qui se pavanent en pantalons à bandes rouges offrent gentiment des postes de tout repos.

— Voulez-vous installer un hôpital ici ?

Ils insistent, non sans apparence de raison.

— Les cosaques fidèles ne tarderont pas à déserter, comme en Galicie. Que ferez-vous là-bas ?

On ne peut pas leur répondre qu'une « mission de propagande » n'a sa raison d'être qu'à l'avant. Sinon, elle n'a plus qu'à reprendre le train. Toutefois, ce serait la seule solution logique... Mais il y a des choses qu'on ne peut pas avouer.

VIII

NINA est amoureuse d'un comédien. Je le sais. Elle m'a pris, depuis hier, pour confident, exactement depuis ce jour où elle a su que j'accompagnais Tatiana, à trois rues d'ici, chaque matin... Comme cet artiste est d'origine française, elle lui écrit des lettres incendiaires en français, et me demande mon avis...

Il n'est pas rare de voir, à Tiflis et dans toute la Russie, des fillettes de sept à quatorze ans sortir seules, le soir se rendre au théâtre, assiéger d'œillades et de missives les jeunes premiers et avouer hautement leurs préférences pour tel qui sut leur plaire.

Nina me lit ses lettres comme des communiqués, lorsque nous sommes seuls, avant l'arrivée de Tatiana ou de Sophia. Il n'y a pas grand'chose à corriger dans son écriture, à moins de tout détruire. Elle scande en chantant un peu :

— « Oh! poser ma tête sur la vôtre épaule!... »

— ... Sur votre épaule...

— Oui... « et demeurer ainsi dans le silence de la débutante nuit à goûter le fruit de la joie et de l'oubli... Vous souvenez-vous? Je suis comme un jardin fleuri, enclos de toutes parts, où vous ne viendrez pas respirer les fleurs...

Ne me laissez pas!... Si vous saviez comme j'ai besoin de vous et de votre souvenir!... Vous me connaissez peu; vous ne me connaissez pas; mais peut-être vous me comprendriez. Vos yeux me le disaient... »

Cela se suit, sans espoir. Elle égrène ce chapelet de mots choisis, composé pour un autre. A côté de cette jolie fille, aux bras et à la gorge nus, qui lit avec flamme, j'ai beau me rappeler que je suis un ancien zouave, je me trouve quand même un brin « C-O-A-pantoufles ».

Et puis voici des vers qui se dévident. J'ai toujours été surpris, pour ma part, de la facilité de cette étrangère à manier notre alexandrin. Elle écrit et parle un français souvent laborieux, mais ses poèmes ne sont ni meilleurs ni pires que ceux de nos poétesses les plus vantées. Elle chante « le crépuscule amer avant la grande nuit », la « douleur qui gonfle les poitrines », « les adieux éternels et les bonheurs perdus ». Rien ne l'embarrasse, ni les images qui se bousculent, ni les épithètes qui se suivent dans un hasard heureux...

Les femmes possèdent décidément un génie particulier pour exprimer en vers des sentiments qu'elles ont souvent de la peine à traduire d'une façon précise en prose. Il est sage de prévoir le jour où la poésie ne sera plus qu'un art d'agrément, qui appartiendra à l'éternel féminin comme l'aquarelle et la broderie...

— Maintenant, je vais vous quitter parce que je dois « le » voir tout de suite, à la sortie du théâtre. Cette lettre est bonne?... Je vous lirai demain sa réponse...

Elle me laisse seul, dans la petite chambre tapissée de photos... Je pense à cette amoureuse toquée du Roumain qui joue du violon à l'orchestre de l'*International*...

Maurice Jammes me la fit remarquer. Elle s'asseoit chaque soir, près de l'estrade, et, les yeux fixés sur son idole, indifférente au monde extérieur, mâche des fleurs en buvant du thé.

Tatiana ne se presse pas de venir. Sophia reste chez elle. Je demeure là, tête à tête avec le grand portrait d'un comédien, l'air romantique, devant qui brûle une veilleuse... Et je cherche à me rappeler où j'ai bien pu, déjà, rencontrer ce visage de Lamartine pour café-concert.

Cette nuit encore, j'accompagne Tatiana jusque chez elle. Comme je prends congé, devant sa porte, elle me dit :

— Vous ne venez pas avec moi?...

Évidemment, ce n'est point parce que je connais depuis trois semaines trois personnes de certaine éducation, et qui sont russes d'origine, que je puis prétendre à connaître toutes les habitudes russes. Mais j'ai pris le parti de ne m'étonner de rien, ou plutôt d'en avoir l'air...

La chambre de Tatiana, au premier sur la rue, est la chambre classique de l'étudiante. Des livres, contre les murs, quelques portraits. Pas de photos d'acteurs, mais le nez court de Maxime Gorki, sa tête de tâcheron, la barbe de Léon Tolstoï et ses yeux perçants...

Tatiana m'offre des fruits du Caucase, des amandes, du thé, du sirop de framboise, du sirop de cerise, des noisettes grillées et du caviar, absolument comme chez Nina, mais nous ne sommes pas « camarades »... Tatiana m'appelle : « Monsieur l'ennemi de la paix ».

— Et pourquoi?...

— Parce que vous êtes Français.

Je me souviens des arguments d'Yvan le maximaliste.

Ils sont quand même plus amusants dans la bouche d'une jolie femme.

Je pense à tout cela en touchant les pêches et les petits abricots, sans grande saveur... Dois-je rester un long temps avec cette étrange fille?... Parce que j'ai oublié de la remarquer et que seule Nina m'occupait, peut-être se croit-elle obligée de faire les premières avances. C'est possible, et les hommes sont si bêtes que c'est à cette hypothèse d'abord que je m'arrête.

Je regarde cette chambre paisible où Tatiana se promène, en robe légère. Elle a retiré son chapeau, elle secoue sa petite tête ébouriffée et tient fixés sur moi ses yeux longs, pareils aux yeux des Arméniennes. Pour elle, je raccommode quelques compliments déjà usagés et je commence, comme tout Français qui se respecte, un brin de cour. Une Française ne s'en étonnerait point, mais Tatiana, qui d'abord se gardait de répondre, s'arrête... J'avais cette illusion de croire que les femmes ne variaient pas trop selon les latitudes et se ressemblaient toutes par quelque point. Je me trompais grossièrement... Tout d'un coup :

— Je sais où vous allez arriver... Je vous dis : arrêtez! arrêtez!

Je me lève pour prendre congé. Une retraite rapide, c'est encore ce qu'il y a de mieux en pareil cas. Tous les stratèges assermentés de cette guerre ne me contrediront point.

— Ne partez pas! s'écrie-t-elle, impérieuse... Il faut... Je dois dire...

Un silence, puis elle reprend, après une marche accélérée à travers la pièce, en faisant de ses deux mains bouffer ses cheveux bruns :

— Jamais ! Vous entendez ! Jamais !... Je me suis juré. Tant qu'il y aurait un esclave sur cette terre et un tyran pour l'opprimer...

Il n'y a qu'à se rasseoir, mais par terre, ce que je fais, doucement, avec une lenteur savante. Elle poursuit :

— Tant que... vous m'entendez...

Puis, revenant à des pensées plus terre à terre, si je puis justement dire :

— Mais asseyez-vous donc seulement sur la chaise.

— Non, merci. Tant qu'il y aura sur cette terre un pauvre diable qui n'aura rien à se mettre sous le derrière, je me suis juré que...

Elle me regarde. La surprise et l'enthousiasme envahissent ses yeux... Alors, vraiment, j'eus peur de voir à quel point les Russes sont rebelles à l'ironie. Et, sans rire une seconde, je me dirigeai vers la porte et gagnai la rue, emplie d'une nuit rassurante...

*
* *

Je tâche de rencontrer Nina le moins souvent possible, car il est sage de laisser une femme à sa folie. Le grand rire saccadé de cette ingénue m'inquiète, et ses yeux clignotants me donnent froid. Les histoires qu'elle me conte sur ses rendez-vous avec le comédien de l'*Oniéguine*, les lettres qu'elle reçoit et déclame, en plaçant la voix dans le masque, ont pour moi perdu tout intérêt. Il lui arrive, au cours d'une causerie, de nous quitter pour se rendre au théâtre, et nous ne la revoyons plus...

Une nuit, comme je revenais de chez Tatiana, et descendais la Godovinsky, je fus arrêté par le jeune Maurice

Jammes, interprète à ses heures. Il voulut bien m'entraîner dans un petit bar où l'on débitait de la narzan (eau minérale du Caucase).

— Très curieux ! m'assurait-il.

Je connais, comme par hasard, ce café « très curieux », dont la seule originalité est de rester ouvert jusqu'à une heure du matin. On consomme devant le comptoir. Un jeu de glaces permet de voir jusque dans la pièce du fond. Trois officiers y sont attablés, et, me tournant le dos, seule, près d'un guéridon, une jeune personne qui évente avec un journal sa gorge demi-nue. Elle boit à petits coups et regarde fixement devant elle. Jammes cherche à découvrir le visage de cette personne.

— Le garçon vient de dire à l'instant au gérant qui nous sert, en parlant de cette dame : « Cette nuit encore, elle ne s'en ira pas avant la fermeture... »

— Il y a longtemps qu'elle est là ?...

— D'après ce que j'ai compris, elle vient ici très souvent et reste immobile, seule, pendant des heures... C'est normal ici, vous savez. Cela ne surprend personne...

Je n'insiste pas, mais, dans la jeune femme assise, j'ai reconnu ma douce folle... Le lendemain, en effet, Nina me détaille son heureuse soirée, l'*Oniéguine* était charmant. Elle parle d'une voix rapide, bousculant les phrases... Au petit jour, le jeune homme a reconduit la jeune fille, etc... Nina, devant moi, continue de vivre son rêve intérieur.

Tout arrive dans la vie, surtout ce que l'on a oublié de prévoir. Un soir, en revenant d'une de ces longues causeries chez Nina que je n'évite pas aussi facilement que je

veux bien le dire, comme j'accompagne, par habitude,
Tatiana jusque chez elle, la fantasque enfant me demande
au moment de prendre congé :

— Pourquoi ne venez-vous plus?

C'est une question après quoi l'on reste habituellement
sans répondre... surtout dans les circonstances où nous
nous trouvons l'un et l'autre. A-t-elle déjà oublié ce qu'elle
m'a proclamé, huit jours auparavant? « Jamais, tant qu'il
y aura... etc... » Après tout, elle me prouve également
qu'elle ne me garde pas rancune. Mes compliments consti-
tuaient un hommage à quoi les femmes ne sont jamais
insensibles. Cela les fatigue peut-être quand le sujet
insiste trop; mais c'est pour elles, quand même, une indication aussi précieuse que l'opinion du petit ramoneur
cher à Mme Récamier.

J'accompagne donc Tatiana dans sa chambre d'étudiante. Les inévitables fruits du Caucase, des graines de
tournesol séchées, du maïs, des pois chiches grillés, des
gâteaux à la russe, un thé encore chaud m'attendent,
comme par hasard.

Tatiana va et vient, picorant dans les assiettes un raisin
sec ou une amande au sucre, comme si je n'étais pas là.
Elle retire son chapeau, retape son visage devant une
glace, puis elle commence de fumer ces longues cigarettes
en carton au bout de quoi les fabricants russes poussent
la complaisance jusqu'à cacher un peu de tabac... Elle
s'arrête pour boire et grignoter un petit four au fromage,
au lait caillé et aux choux...

Cette situation peut durer longtemps... Tatiana se tait,
elle attend quelqu'un ou quelque chose... Pour parler, je
me plains de maux de tête, de mon envie de dormir, du

long chemin que je dois encore faire pour me rendre à l'hôpital des Cadets...

— Si vous êtes fatigué, me dit l'aimable fillette, vous n'avez qu'à dormir ici... Non... Vous ne me dérangez pas... Il faut que je travaille jusqu'à demain...

Elle ne plaisante pas. Au reste, rien ne lui est plus étranger que la plaisanterie. Elle l'a en profond mépris, comme une chose qui abaisse et démolit, et Tatiana a pour habitude et coutume de vivre dans les domaines élevés, quelque chose comme les Himalayas du rêve...

Il fait une chaleur lourde. Un peu d'air nous parvient par la fenêtre ouverte...

A la réflexion, c'est sans arrière-pensée que Tatiana m'offre l'hospitalité dans sa chambre d'étudiante. Sur le balcon fermé par de hautes palissades, un lit a été dressé. C'est là que Tatiana ira dormir, seule, tout naturellement, lorsqu'elle aura fini d'écrire... Les Russes et les étudiantes ne vivent-ils pas, à Paris, ensemble, sans avoir entre eux autre chose que des relations de politesse? Il est vrai que les femmes russes, si supérieures aux hommes par leur finesse et leur intelligence, imposent un grand respect aux Slaves, qui peuvent se considérer toujours un peu comme des parents pauvres...

Tatiana, ainsi que la plupart des femmes russes, a une étrange façon de s'habiller. Elle prend un corsage et enfile les deux manches à la fois, en agitant les bras, jusqu'à ce que le corsage lui retombe sur le dos, comme une blouse. Elle porte des chemisettes à la russe, à fleurs peintes, qui se boutonnent à droite. Par-dessus cette chemise, elle met facilement une jaquette. La chemise apparaît sous la jaquette, parce que plus longue. Tatiana s'en moque. Ses bottines, elle les boutonne à la diable, comme un collégien pressé. Ses bas tirebouchonnent un peu, pas trop. Ses talons, par hasard, ne sont pas déformés. Elle utilise tous les boutons de ses chaussures, ce qui est encore plus rare : les dames russes aiment que leurs pieds soient à l'aise dans des bottines qui bâillent...

Tatiana se lave le bout du nez, un peu du visage. Mais elle se poudre beaucoup, mange des gâteaux, des graines de tournesol, allume des cigarettes tout en s'habillant et n'en finit pas de se parfumer dans toutes les directions. Quand elle a fini, elle se retourne vers moi, me regarde tranquillement, et constate :

— Ce que vous pouvez être en lenteur !...

IX

LA PETITE CADIA

C'EST une curieuse petite personne que Claudia Alek-
seievna, Cadia, comme on l'appelle habituellement,
car les Russes aiment donner à leurs amis et à leurs
intimes des diminutifs[1]. Je l'avais déjà rencontrée, d'aventure, au Jardin du Palais, avec Tatiana et, si j'ai bien
compris les explications confuses de Nina, Mlle Cadia
est native de Pétersbourg, comme elle se plaît à le dire.
Ses parents, depuis la guerre, habitent le Caucase. Ils
connaissent Tatiana et sa famille. Tatiana est naturellement issue d'un officier supérieur ou de quelque digni-
taire à épaulettes. Cadia parle le français, couramment,
avec un amusant petit accent qui roule les *r*. Elle prononce aussi souvent *ich* là où il y a un *t*... Ce qu'elle dit est
un écho des opinions de ses parents, aristocrates ancien
régime, restés fidèles à l'Empire. C'est par là que sa causerie prend quelque valeur.

---

1. Ces diminutifs sont parfois tout aussi longs, même plus longs que
les noms propres d'où ils sont tirés. C'est ainsi que Maria devient Maroussia ou Moussia ou Mania; Anna : Aniouta ou Anioucha; Natalia :
Natacha; Valintina : Valia; Antonietta : Tonia; Catherina : Catia ou
Catioucha; Elisavetha : Lisa; Zinoïda : Zina ou Xinia ou Sonia; Tatiana : Tata, etc.

Ai-je accordé trop d'attention aux opinions de cette enfant? Peut-être... Aussi, Tatiana m'envoie cette remarque, non ironique, mais plutôt agressive :

— N'ayez pas la naïveté de croire, parce que vous avez rencontré deux ou trois demoiselles de Pétrograde ou de Moscou, que vous connaissez toutes les jeunes filles du Caucase et, avec quelques échantillons, n'allez pas toutes les juger.

— Je m'en garderai bien.

— Vous n'êtes qu'un Français devant des Slaves. Tâchez de les comprendre. Tâchez aussi plus tard de dire exactement ce que vous avez vu.

— C'est déjà assez difficile...

— Ce serait aussi fou, poursuit Tatiana, que si moi je jugeais tous les Français d'après vous et ce « Captain Treuleuleu », le gros réjoui, toujours content, que vous m'avez montré...

— Vous pourriez choisir de plus mauvais spécimens que le « Captain »...

Ce soir, en allant chez Nina, je me trouve face à face avec Mlles Cadia et Tatiana.

— Ces dames ne sont pas chez elles... Que devenez-vous? Même en plein jour, avec des chiens et de la lumière, on ne peut pas vous trouver? Et Nina n'est plus visible, le soir, maintenant...

Ce « maintenant » me semble lourd du secret d'une histoire... Je m'excuse, péniblement :

— Presque tous les jours, vous pourriez me rencontrer...

— Oui, le jeudi, après la pluie...

Expression russe qui correspond à notre « semaine des

quatre jeudis ». Tatiana s'amuse à me chercher querelle. Nous suivons les larges trottoirs de l'éternelle Golovinsky. Cadia a mis, pour la nuit, un léger manteau noir. Des groupes de soldats nous obligent souvent à des détours. Le galop d'un cheval retentit sur les pavés. Des tramways tournent en criant, longuement.

— Si nous nous arrêtions au Jardin Alexandre? propose Tatiana.

Au Jardin Alexandre, c'est l'habituel meeting sous les lampes électriques. Un orateur mince en veston noir, visage pâle et fin, des yeux ardents, harangue les soldats massés contre l'estrade... Cadia traduit ce qu'elle entend.

— Il dit : *Mort aux bourgeois!...* Il dit que l'on doit reprendre les propriétés... Il dit... Ah! ils applaudissent!

Elle est toute blanche, la jolie Cadia, et se serre instinctivement contre Tatiana, qui la rassure, puis se tournant vers moi, triomphante :

— Celui qui parle, c'est un prisonnier allemand. Il est socialiste révolutionnaire. On l'a mis en liberté, puisque c'est la liberté pour tous. Alors il s'est habillé en civil, et, comme il connaît bien le russe, il prêche partout la bonne parole comme il la prêchera dans son pays, quand il pourra y retourner...

Mais Cadia murmure :

— Il ne faudra rien dire... Il ne faudra pas inquiéter « mamoucha » (diminutif de maman).

Cadia, malgré qu'elle en ait quelque frayeur, continue de s'exprimer en français; on lui a recommandé de parler le plus possible notre langage...

— Oh! dit-elle avec un accent douloureux, il y a quelqu'un à qui je pense et on ne sait où il est!...

Elle fait sans doute allusion au tsarévitch, dont le nom revient souvent dans sa conversation et qu'elle aime à comparer, comme tous les Russes monarchistes, au Dauphin, fils de Louis XVI. Cadia fait preuve, à l'égard des agitateurs, du plus grand mépris. Elle se plaît à conter cette histoire exemplaire : sa grand-mère possède un château près de Moscou. Des moujicks envahirent la maison pour piller. Ils pénétrèrent jusque dans le grand salon où la vieille dame les reçut. Ce troupeau hurlant menaçait de lui faire un mauvais parti.

— Lorsque je les ai vus chez moi, dit la vieille dame russe, je me suis mise en colère. Je les ai interpellés comme avant la Révolution, oubliant que je parlais à des *citoyens libres...* Et, à ma grande surprise, ils sont tous partis comme des chiens fouettés...

Mais il faut rentrer. Mme Térentieff attend ces demoiselles pour le thé. Tatiana, au visage plus mince que de coutume, semble-t-il, laisse à regret ces orateurs qui la passionnent.

— Il dit qu'il faut finir la guerre...

Et elle continue, la tête bourdonnante encore des périodes entendues.

L'étrange fille ! Un peu de son mystère m'est expliqué le lendemain par Sophia.

— Vous autres, Français, vous n'accordez pas d'importance à l'Amour. Vous jouez avec des choses graves : la Religion, l'Amour, la Mort... Pour nous, c'est quelque chose de sérieux. C'est vrai même pour Nina. Elle a de grandes douleurs. Elle ne pense qu'à consoler son amant rêvé, qu'à pleurer avec lui. Nina ne conçoit pas l'Amour sans la Douleur. Vous dites, vous : « c'est une folle ». Elle est folle, mais pas comme vous croyez. Elle a de grandes souffrances à cause de cet homme qui incarne des héros. Et elle le croit. A son amour, à « ce sentiment le plus éphémère », comme vous dites, Nina associe Dieu, l'Éternité et toute la misère humaine. Et votre Tatiana !... Elle ne sépare pas de l'Amour la pitié grande qu'elle ressent pour tous les déshérités, pour tous les malheureux, pour tous les pauvres, elle qui est d'un sang aristocrate...

« Il ne faut pas jouer avec l'Amour. Ce n'est pas bien... Je sais des femmes qui en mourraient... Vous ? pas ?... Quoi faire ?...

Sophia hausse les épaules. Même chez elle est ancrée cette idée : les Français sont superficiels, frivoles, inconstants. Et cependant Sophia sait que notre raison ne nous abandonne pas toujours quand nous aimons. C'est cela qui l'irrite. Pour elle, la raison n'a rien à voir avec la passion. En amour, on plane, on ne touche pas terre...

Et comme je la complimente sur la jeunesse vibrante de Tatiana...

— Elle a son idée, voyez-vous... Cela l'occupe... Et l'on vieillit sitôt que l'on n'est plus heureux.

Toutes les crèmes de beauté ne prévaudront pas contre cette simple remarque.

X

AVEC MISS SOPHIA

La raisonnable Sophia, — celle que j'appelle en plaisantant miss Sophia — est également fille unique d'un général qui commandait en Pologne. En Russie, on doit naître général. J'en trouve des quantités autour de moi, et tous les officiers qui n'ont que trente à trente-cinq ans sont au moins capitaines ou colonels...

Sophia habitait Pétrograde au moment de la première Révolution, celle qui suivit l'abdication de Nicolas. Pendant les tragiques journées des 23, 24, 25 mars 1917, elle préparait ses examens.

— Je lisais les lettres de votre Mme de Sévigné, me dit-elle. Tout d'un coup, de grands cris dans la perspective... Des gens qui tirent dans la rue, des autos-mitrailleuses qui bondissent sur les avenues... Nous pensons : ce sont des grèves comme il y en a tant...

— Et les coups de feu?...

— A l'ordre qu'on rétablissait... Ce n'est que le lendemain, lorsque les cris, — de longs cris déchirants, savez-vous, — et ces détonations qui ne cessent pas, que nous sommes étonnées...

— Étonnées?... Et pourquoi?...

— Étonnées, oui, que l'ordre n'ait pas été rétabli le

premier jour. Nous ne savions rien. On ne sortait pas. Personne... Un de mes cousins qui revenait du front a été tué par hasard, en traversant une rue. Nous avons appris plus tard...

« Ce sont des ouvriers qui ont commencé. Ils étaient ivres... Qui les avait saoulés?... Et puis des soldats ensuite entraînés par les ouvriers... Des matelots de Cronstadt, on a dit, prirent grande part aussi. Les images populaires où l'on représente cette révolution de fin mars montrent les soldats en bonnets qui tournent des mitrailleuses. Par terre il y a du sang et de la neige...

— Que faisiez-vous pendant que les coups de fusil se répondaient dans les rues?...

— J'étudiais... on ne savait ce qui se passait. J'ai fini les lettres de la dame de Sévigné... Ce sont des brutes, conclut Sophia, sans y mettre de rancune. Ils ne comprennent rien... Mon père est bien avec eux, mais on ne peut pas savoir. Aujourd'hui : oui; demain, ils auront changé... ça dépend de qui leur aura parlé...

** **

— Un soldat est venu.

Ce sont les premiers mots de miss Sophia pour saluer mon arrivée.

— Ah!...

— Oui. Il a regretté beaucoup de ne pas vous trouver.

— Comment s'appelle-t-il?

— Je ne sais plus.

— Comment est-il?

— Jeune, très jeune de visage. Praporchick il est.

— Il n'y a pas de soldats français praporchick.

— Je ne vous ai pas dit que c'était un Français. C'est un Russe. Il a pour vous laissé une lettre. Voici...

Je lis, avec quelque peine :

« C'est à peine croyable, mais c'est... Votre ami Vassily vous dit adieu car il s'en va rejoindre son régiment. Il songeait au Caucase. On le transporte à Pétrograde ou à Moscou. C'est là qu'est le vrai danger. Il vous salue. Il a honte, devant vous, des Russes et de leur défaillance. Il pense à vous. Il vous dit adieu et souhaite... »

Cependant Sophia chante :

> Sama sadick possadila,
> Sama boudou polivate,
> Sama milavo lioubila,
> Sama boudou tselavate...

ou quelque chose dans ce genre, qu'elle me traduit ainsi :

> C'est moi-même qui ai planté le petit jardin,
> C'est moi-même qui vais l'arroser,
> C'est moi-même qui aime l'adoré,
> C'est moi-même qui le vais embrasser...

Mais, soudain de violents coups frappés à la porte... Et Nina, les cheveux en broussaille, entre aussitôt :

— Oh! chère âme, taisez-vous! crie-t-elle. Taisez-vous, Sophia! Cette chanson du peuple porte malheur dans les maisons où elle est chantée... On le dit à Moscou...

Puis, s'apercevant de ma présence, Nina me vient tendre sa petite main.

— Vous rentrez?...

— Oui... Figurez-vous que j'ai perdu ma bague à tête

de mort... celle qui me porte malheur... C'est la cinquième fois que je la perds, et toujours je la retrouve et, chaque fois que je l'ai retrouvée, un malheur est entré chez moi... Elle me fut donnée par une amie qui est morte dix jours après dans un incendie... Je perds la bague... Elle ne tient pas à mon doigt... Vous l'avez remarquée avec sa tête de mort?... On me la rapporte... Quinze jours après, ma mère meurt... Chaque fois... chaque fois... Oh ! je tremble, j'ai peur de la retrouver maintenant, et, quand je l'ai, si vous saviez comme je crains de la perdre... Je ne dors jamais tranquille... Et vous qui chantiez cette chanson maudite...

— Vous êtes bien superstitieuse, Nina?...

— Ne plaisantez pas, Français qui ne croit à rien... Il y a des choses et des gens qui apportent le deuil.

— Des gens aussi !... Et quels gens?

— Oui, des personnes... Le tsar Nicolas, tenez, apportait le malheur. Je ne pouvais pas le voir à cause de ça. Je l'ai rencontré plusieurs fois, saluant et arrangeant sa moustache tout en parlant...

Nina fait allusion à un tic bien connu chez l'ancien empereur. On raconte qu'à la suite d'un attentat dont il fut victime au cours d'un voyage au Japon, Nicolas Romanoff, qui portait une cicatrice sur la tête, était devenu un peu « timbré ». Il saluait, parlait vite et frisait sa moustache, continuellement.

— Pour son couronnement à Moscou, sur la place Klodynka, où il y avait eu exposition... on avait bouché les trous... Quand le tsar vint, il y eut une bousculade, des personnes tombèrent dans les trous recouverts de planches et beaucoup de morts... Le tsar portait la malchance, c'est connu... Et quand il se rendit à Tiflis... aussitôt après son départ, il y eut un grand recul général sur tout le front, ce qui n'étonna personne.

D'une façon générale, les Russes sont assez superstitieux. Les cartes, les présages des songes, le marc de café, les mauvaises rencontres, la bonne aventure, autant de choses à quoi ils ajoutent crédit.

— Simples coïncidences, vos histoires sur Nicolas.

— Coïncidences ! s'écrie-t-elle. Et ce qui arrive au comte Alexandre Nicolaïevitch, petit-cousin de l'écrivain. C'est un homme qui doit partir comme chef de troupes quelque part. Il sait qu'il n'y restera pas. On le lui a prédit. Déjà, des choses se sont accomplies qu'on lui avait annoncées. Lorsqu'il était gouverneur de Vilna il fut chassé par des troubles. Une sibylle l'avait prévenu : une révolte vous obligera à fuir.

« Maintenant, on lui a dit qu'il serait emprisonné. Il le sait qu'il sera arrêté, car il est graf (comte) et peu aimé. Il sera condamné à mort, mais il mourra en prison de maladie... Il parle de sa destinée avec indifférence et calme. Nous vivrons peut-être encore assez de jours pour voir accomplie la vie d'Alexandre Nicolaïevitch... Je ne dis pas son nom de famille ici. Car il engendre aussitôt le malheur...

Sur ce sujet, Nina est intarissable. Varions vite :

— Puisque miss Sophia ne peut pas chanter, permettez-moi de vous poser une question.

— Une devinette? demande Nina.

— Peut-être. Pourquoi tous les officiers portent-ils des décorations si nombreuses?

— Je sais, dit Sophia. C'est parce qu'un décret de la

Révolution les a toutes effacées. Il faut vous expliquer qu'en Russie, « avant », tout était motif à décoration. On avait le droit d'arborer un insigne parce qu'on avait étudié dans une école, achevé ses études dans un corps de cadets. Chaque centre d'instruction avait son ornement. Un séjour sur le front, une tournée, comportait une décoration et, pour chaque front, un insigne différent.

« Aujourd'hui, on ne s'y reconnaît plus. Mais voulez-vous être décoré ?

— Non, merci.

— Si c'était « oui, merci », il faudrait d'abord ne pas quitter Tiflis ou la grande ville, car c'est ici que se tiennent les stocks. Et puis, être officier.

— Quelle décoration peut-on espérer ?

— Toutes ! Pensez donc ! Les clubs aussi donnent des croix, les groupements, les associations, les concours de tirs et de gymnastique... Elles sont plus ou moins riches, plus ou moins ornées ; mais il n'y a pas d'homme à épaulettes, si maltraité par la fortune, qui n'ait le droit de griffer sur son sein une plaque ronde.

« Aujourd'hui, en principe, on ne distribue plus de décorations ; mais on porte celles qui furent données. Il y a celle de Saint-Vladimir, qui correspondrait à votre Légion d'honneur, celle de Saint-Georges, qui tient de votre médaille militaire et de la croix de guerre. Ceux qui la gagnèrent en combattant la soulignent parfois d'une faveur rouge. Laquelle désirez-vous ? Il faut vous presser de choisir, parce que bientôt, les réserves seront épuisées...

* * *

Pourquoi donc Tatiana est-elle si enthousiaste, ce matin où je la rencontre en sortant de l'hôpital des Cadets?... Elle aurait cependant quelques motifs de rancune ou de bouderie... Ne cherchons pas... C'est peut-être parce qu'elle est heureuse d'inaugurer un nouveau corsage ou que son costume tailleur aujourd'hui lui va bien et qu'elle le sait, que Tatiana m'aborde si gentiment... Quand on trouve des raisons comme celle-là, on est bien près de la véritable raison avec les femmes.

Je lui fais compliment de sa toilette, et ce sont de petites choses qui surprennent toujours une femme russe.

— Vous êtes Français, dit-elle en souriant. Et c'est un compliment aussi.

« Vous allez voir Sophia... Non?... Oh! vous devriez... Elle a un grand chagrin, oui, très grand... Ce garçon qui l'adorait, qui était en photographie avec nous, une main sur l'épaule de Sophia... Vous vous souvenez?... Il est mort pour elle...

Un mouchah (portefaix) passe, courbé en deux sous le poids d'une caisse en forme de cercueil. Des malades se promènent dans leurs capotes flottantes d'hôpital, devant les fenêtres de leur chambre... Il fait grand soleil ce matin.

— Il l'aimait, continue Tatiana... Alexis s'est tué parce qu'il aimait trop Sophia... Elle en est bouleversée... Elle tremblait déjà en recevant la lettre où il écrivait le dernier adieu... Elle a brûlé des cierges à l'icone et elle a prié pour lui...

— Et Sophia? Elle ne l'aimait pas?

Tatiana regarde devant elle ce grand Tcherkesse en manteau gris, ou bien cette troupe d'ânes chargés de pastèques... Enfin elle répond un mystérieux :

— On ne sait pas...

On peut toujours affirmer pour soi-même : « Rien ne me surprend plus des Russes ni de leurs caractères... » A la réflexion, on arrive à se dire, avec quelque logique : « Tout cela n'a rien de mystérieux ni de déraisonnable. Une femme tourmentée par le suicide qu'elle a causé, sans le vouloir, alors que sa pensée était aux antipodes des sentiments de ce malheureux, peut finir par se croire responsable... »

C'est possible, en somme, mais alors je ne sais plus ce qui est inquiet chez moi, de mon cœur ou de mon besoin de comprendre...

Je reconnais ce crâne rasé, ces yeux sans couleur dans un visage rond. J'ai déjà rencontré ce personnage, un jour que je me promenais avec Tatiana. Il est médecin dans un hôpital à Tiflis. Tatiana lui avait annoncé que les Français allaient partir pour le lac de Van ou le lac d'Ourmiah.

— Ce n'est rien, dit-il... J'ai vu plus terrible... C'est un paradis là-bas et vous n'y serez pas mal... Ah! si vous faisiez les montagnes du Caucase!...

Aujourd'hui, je le retrouve par hasard. Il est furieux...

— On m'envoie comme docteur militaire au pays des épidémies, du typhus, de la peste, du choléra...

— Par ordre... Et où donc?...

— Oui, par ordre... C'est scandaleux. Je suis comme un officier et obligé d'obéir. Un soldat peut refuser; moi, pas. On peut me couper le traitement... Et l'on m'envoie dans ce désert d'Ourmiah!...

— Ils sont ainsi, presque tous, me dit ce charmant Maurice Jammes. Inconscients, ils se contredisent du jour au lendemain et très égoïstes... Les déserteurs que l'on rencontre ont des chefs qui sont dignes de les commander...

XI

QUELQUES LUEURS SUR SOPHIA

SOPHIA a sa légende comme tout le monde... C'est Tatiana qui me la confie cet après-midi, aux Cadets où elle eut la gentille pensée de venir m'attendre, une Tatiana tout de noir habillée et plus fragile que jamais... J'ai dû maladroitement, devant elle, plaisanter sur les uniformes toilettes blanches des Arméniennes et des dames de Tiflis pour qu'elle arbore un costume si sévère qui n'est pas à son avantage...

Nous descendons vers les jardins du Mouchtaïd, qui étaient jadis le rendez-vous des élégances et ne sont plus hantés maintenant que par des déserteurs qui couchent, mangent et dorment sous ces arbres. La journée, ils jouent aux cartes; la nuit, ils dévalisent les promeneurs imprudents... Nous longeons l'avenue Michaïlowsky, pleine de cinémas, de cafés, de clubs et de concerts...

— Cette Sophia qui vous intéresse beaucoup est aimée par un jeune homme que vous avez déjà rencontré.

— C'est bien possible...

— Vous ne croyez pas?... Vous le connaissez... J'ai photo...

Elle tire de son sac, article de Paris, une carte postale qu'elle me place dans la main. Je suis d'avance ennuyé par ce que me raconte Tatiana. Lorsqu'on nous détaille l'histoire d'une personne que nous croyons connaître, il arrive souvent qu'elle marche à l'encontre de celle que nous avions inconsciemment construite.

Sur cette carte postale, je reconnais les yeux fixes de Nina, le sévère visage de Sophia, trop sévère même, et Tatiana penchée sur la droite comme si elle craignait de ne pouvoir entrer dans le cadre de l'objectif. Au milieu de ces dames, souriant, un paroutchick (lieutenant) blond, au regard très doux... La main droite de cet officier est posée sur l'épaule de Sophia, comme s'il voulait bien marquer sa prise de possession. Tatiana devine que je m'arrête à ce détail...

— Oui, elle ne voulait pas... Quand on a fait la photo, Alexis avait mis la main sur elle. Sophia avait secoué. Alexis retira. Le photographe dit : « Ne remuez pas. » Alors, il reposa la main. Elle gronda très fort. Il retira la main, mais pas assez vite...

« Ce garçon adore Sophia, il lui écrit souvent, très souvent... il « a voulu se fiancer, » il lui envoie des bagues et des souvenirs que Sophia ne porte point ; enfin il a juré qu'il ne pourrait pas vivre sans la jeune fille...

Nous remontons l'avenue ombragée, à l'heure où les lampes filantes des tramways descendent de la gare à toute vitesse... J'écoute, sans y paraître, cet éternel roman, cette humble et tragique histoire de l'homme au faible caractère qui poursuit de ses assiduités maladroites une femme pas méchante cependant, mais dénuée, comme ses pareilles, de toute pitié sentimentale et dont le cœur, pour lui, selon l'expression du poète, « sera toujours plus dur que la pierre. »

J'apprends peu à peu à mieux connaître Sophia. Je n'y ai pas grand mérite. Souvent Nina me dit :

— Vous viendrez demain... oui, j'y serai.

Je vais la voir, car je voudrais qu'elle me terminât quelques anecdotes qu'elle possède sur la Révolution de mars 1917. Bien entendu, chez elle, il n'y a personne. Sophia, qui demeure sur le même palier, a pris doucement l'habitude de me recevoir dans ses appartements.

Tatiana susceptible n'ose venir nous rejoindre, si ce n'est très tard. C'est une politesse dédaigneuse qu'elle croit nous faire.

Le soir, il n'est pas rare, alors que du balcon où nous sommes assis l'on voit Tiflis tout bleu qui s'allume, le quartier de la gare, quelques cimes d'arbres qui cachent de tremblantes clartés, l'arsenal, il n'est pas rare, dis-je, d'entendre brusquement une salve de coups de feu... Cela vient de la Koura, ou des rues désertes qui montent vers la colline...

Le lendemain, on apprend que l'on a retiré du fleuve — la Koura — quelques cadavres ou que des déserteurs, dans le bois Mouchtaïd, invités par la milice à se disperser, ont répondu en déchargeant leurs fusils...

Sophia, hier, se trouvait sur la perspective Mikhaï-lowsky, en tramway, lorsque passe une auto... Des hommes debout, crient en levant les bras... Aussitôt, les devantures des magasins se ferment et les passants fuient dans toutes les directions. Le tramway reste en panne, au milieu de la chaussée, cependant qu'une fusil-lade crépite et se rapproche... Cet incident se renouvelle plusieurs fois par jour, en divers endroits.

Et cette nuit, des coups de feu se précipitent dans les

ruelles voisines. Sophia, très calme, décroche la petite lanterne du balcon qui dénoncerait notre présence et revient, toujours naturelle, à sa place, cependant que la fusillade augmente et menace de durer...

Comme toutes les femmes, Sophia aime à disserter sur l'amour. Si j'oublie d'en parler, elle aborde le sujet la première, directement, sans précautions oratoires.

— Vous me demandiez pourquoi les femmes russes aiment les Français... Oh! parce qu'ils se tiennent mieux, parce qu'ils sont toujours polis... trop polis même avec des femmes qui se promènent toute la journée et la nuit sur les perspectives. On m'a raconté que certaines de ces femmes adorent les Français parce qu'ils sont toujours corrects et les traitent convenablement sans marquer de différence entre elles et les femmes sérieuses.

« ... Et puis, les Français savent s'habiller... Un millionnaire russe sort en ville, coiffé de sa casquette noire, habillé de sa chemise blanche, et il met une ceinture par-dessus comme un moujick. Les Français ont la politesse de s'habiller bien. Ils s'intéressent à la femme avec qui ils se promènent, ils lui donnent la main, ils lui font traverser la chaussée, ils lui offrent des bouquets de fleurs et des tasses de thé. Ils ne disent pas de brutalités grossières. Les Russes, au contraire, ne savent que faire claquer leurs éperons ; au café, ils s'étalent dans leurs chaises, ils fument, ils boivent... Oh! ils boivent, ils ne parlent que lorsque ça leur fait plaisir et comptent même sur « Maroussia » pour les reconduire chez eux, s'ils sont trop ivres...

« Cependant, depuis votre Révolution, vous avez perdu

de jolies habitudes... Vous n'embrassez plus la main des dames, comme les Russes le font, dans la rue, partout, à toute occasion... Nina en était surprise les premiers jours...

Elle rit et conclut par un mot de Tatiana qu'elle me rapporte.

— Quand on a une fois été embrassée par un Français, on ne veut plus se laisser embrasser par un Russe...

Puis elle ajoute :

— Vous saviez, vous, que Tatiana avait été embrassée . par un Français ?

Ainsi s'écoulent les soirées chez Sophia. On fume, on parle, elle lit, elle rêve, reste silencieuse à son gré... Vers dix heures, selon les habitudes du pays, on prend le thé et des gâteaux. Arrivent Tatiana ou Nina qui conte des histoires, tard dans la nuit. Ces dames aiment à se coucher quand les ombres blanchissent au petit matin...

Les globes s'allument sous les branches. Il fait bleu... Huit heures déjà... Une trompette sonne dans le lointain, mélancolique.

— Le thé des cosaques...

Le bruit nous parvient de la caserne, en face du Palais, s'élargit dans l'air crépusculaire et meurt brusquement.

— Je crois que vous vous trompez, vous savez... en France, comme certains trop ou mal zélés, quand vous dites que Lénine et les grands « bolscheviky » sont des agents de l'Allemagne. Ils sont des agents sans le savoir. Ils prennent l'argent, mais c'est pour la propagande... Ils travaillent pour la grande cause... On n'achète pas ces gens-là qui vont jusqu'au bout de leurs raisonnements. Ils sont d'une logique implacable. Ils n'admettent rien de vos raisonnements équilibrés, ni de vos concessions latines. Vous, vous ne quittez jamais le sol où nous sommes forcés de vivre... Aussi, devant eux, vous êtes désorientés... Alors vous dites : « Ce sont des traîtres, des espions... des vendus... » Et cela vous satisfait, car vous croyez avoir compris.

C'est Sophia qui me tient ce discours. Et, malgré moi, je me rappelle Yvan Yvanovitch, le civil révolutionnaire que j'ai rencontré sur le bateau qui me portait vers la Russie...

— Ce qu'on vous a dit des grands leaders maximalistes est faux... Tenez, ils sont comme Tatiana, fille d'un général, qui renonce à tous ses avantages pour suivre ce qu'elle dit la Vérité, la Justice, le Droit, le Bonheur du moujick... Tatania ne redoute pas plus Wilhelm que le roi George ou votre impérialisme pour la liberté du peuple. Elle les craint tous également. Alors que vous qui tenez à votre patrie, vous redoutez seulement Wilhelm; mais la Patrie de Tatiana, c'est la liberté du peuple... Tatiana a vécu dans l'aristocratie russe; elle sait comment on parle des pauvres et comment on traite les moujicks sur ses terres à elle et les soldats dans les régiments de son père... Alors, elle n'a qu'un grand, qu'un absolu désir de vouloir leur donner ce qu'elle estime être leur bonheur... C'est une âme haute, Tatiana, vous savez... Mais vous, Français, vous ne pouvez comprendre cela...

Elle se tait, un moment, puis sans intention malicieuse, j'aime à le croire :

— Vous savez qu'elle avait entrepris votre conversion... Elle nous l'avait dit... Elle y a renoncé sans doute...

Je regarde Sophia, mais elle ne modifie pas son visage grave.

Nous restons là, sur ce banc, dans l'allée que la nuit épaissit. Des fillettes en nattes, des « tavarischy » appuyés sur un bâton, traînent leurs bottes en accordéon, courbés comme des juifs errants. Des officiers, la taille serrée, passent... Une femme sans corset laisse derrière elle une forte odeur de musc ou d'essence, et l'on entend soudain son rire nerveux, au détour des buis argentés. Elle joue de l'éventail et tient fixés sur nous ses yeux qu'elle sait très beaux. Une trompette lance son appel déchirant dans le lointain Tiflis, et, de temps à autre, on entend le coup de sifflet des miliciens qui font les cent pas dans le jardin de la Liberté.

*
* *

Voici près de six semaines que nous sommes à Tiflis, et c'est toujours, autour de nous, la même existence de noctambule ahuri... Officiers, civils, soldats « permissionnaires de leur propre autorité » ou malades hospitalisés dans les lazarets encombrent les jardins et les perspectives. Le matin, des files de ménagères font queue pour avoir du lait ou du pain; l'après-midi, des meetings dans les squares, des funérailles solennelles de « victimes de la bourgeoisie »; le soir, concerts, cinémas et théâtres. C'est la vie des clubs qui commence avec la nuit. Ces jardins fermés tiennent du music-hall en plein air et de la guinguette. On y boit, on y mange, on y joue, on s'y promène. Les clubs sont nombreux à Tiflis, dispersés sur la Golovinsky, la Mikhaïlovsky et les bords de la Koura. Les Arméniens ont le leur, les Géorgiens également. Chaque classe de la société fréquente celui-ci, plus coté, de préférence, à cet autre, rendez-vous du commun. Rien ne change, en vérité, à l'arrière du front de Caucase, pendant ces journées d'agonie d'un empire en révolution... Les officiers russes se promènent en grande tenue. Personne ne les salue. Ils y sont si bien habitués qu'ils ne nous répondent même pas... Quant aux « tavarischy », c'est un fait : ils ne saluent ni leurs officiers ni leurs camarades ; quelquefois, cependant, ils injurient une épaulette un peu gourmée, mais le gradé passe, sans insister...

Et très tard, dans la nuit, on rencontre encore des jeunes femmes et des promeneurs qui n'ont peut-être pas de domicile... Au loin, du côté du fleuve, les habituelles fusillades de soldats aux prises avec la milice...

XII

ON a souvent blâmé, sans la comprendre, la sévérité
des mœurs orientales à l'égard des femmes, mais,
quand on a longtemps croisé au long des perspectives, ces
Arméniennes aux longs yeux provocants, qui se retournent
sur le passage d'un homme, de n'importe quel homme,
on conçoit qu'il est nécessaire de veiller sur ces femmes,
trop voisines de la nature...

C'est Sophia qui s'exprime avec sa gravité coutumière,
et je l'approuve doucement, parce que c'est plus simple
d'approuver une femme quand elle parle.

— A Tiflis, déjà, au mois de juillet, les femmes, on ne
peut pas les tenir. Vous comprenez bien que ces personnes
folles qui rient au nez du passant, les Orientaux ont raison
de les mettre sous voiles et sous clefs...

Quand une jeune personne comme Sophia aborde les
idées générales, c'est pour en arriver à des exemples particuliers. J'attends sans impatience :

— Ils les traitent comme des enfants voluptueuses et
inconscientes... C'est Nina qui ne peut rester en place et
court les aventures ; c'est cette infirmière des Cadets dont
vous me parliez qui s'accroche aux soldats français et leur
demande le cinéma ; c'est cette « siestra » que vous

nommez « Fabiano » qui prend des poses pour montrer ses jambes aux bas tombants; c'est la jeune Turque qui se plaît aux lavabos et regarde les infirmiers qui se lavent; c'est la jeune Aniouta qui offrait des fleurs dans la rue à un de vos amis qui lui plaisait; ce sont toutes ces libertines ingénieuses qui vont d'un banc sous les acacias jusqu'à la plus proche maison de rendez-vous pour satisfaire à leur insatiable désir. Et, en évoquant leurs yeux brûlants où passe un reflet d'or, leur démarche inquiétante, je comprends que vous vous rappeliez tout naturellement le vers de votre grand misogyne :

Toujours ce compagnon dont le cœur n'est pas sûr...

*
* *

Les chemisettes blanches et les casquettes des hommes, les corsages crème des Juives et des Arméniennes civilisées, les bonnets d'astrakhan des Tcherkesses, les mouchahs pliés en deux sous leurs fardeaux, les petits ânes trottinant par la ville et les Kurdesses en haillons qui offrent en mendiant des fleurs de magnolias, tout ce pittoresque nous est désormais familier. Les ponts de bois tremblants lorsque passe un phaéton à deux chevaux, l'immonde odeur de la Koura, ces enfants complètement nus qui plongent dans le courant, en faisant un signe de croix, retiennent encore un peu notre curiosité. Mais les toitures de tôles peintes en vert et en bleu, les coins d'ombre sous les arbres, garnis de couples, la nuit, et qu'illuminent les étoiles filantes des tramways, les églises aux dômes byzantins, tout ce qui fait le charme de Tiflis nous est connu... Et même et surtout les corsages légers des femmes...

Voici venir les premiers froids dès la chute du crépuscule. Les dames s'habillent de noir... Quelques toilettes sombres apparaissent, portées par des jeunes filles. Les femmes ne nous donnent plus cette impression si jolie, policée et libertine des premiers jours et une autre image nous envahit... Fraîcheurs des soirs et des nuits !... Garderons-nous longtemps intacts nos souvenirs de l'asiatique Tiflis d'été ?...

Nous devons abandonner cette ville bientôt. Nous regardons toutes choses avec des yeux de voyageurs pressés... Et pour que nul regret trop cuisant ne persiste, on me conte cette dernière histoire :

Un général russe ayant rencontré deux des nôtres leur parle longuement. Un Arménien qui accompagne les Français sert d'interprète. Lorsque le Russe est parti, et alors seulement, l'Arménien traduit :

— Vous savez ce que demandait le général ?... Il vous disait : « Que venez-vous faire ici ?... Nous espionner ?...
« Voir comment nous faisons la guerre ?... Nous n'avons
« pas besoin de vous ici... Vous vous dites Croix-Rouge...
« Nous n'en savons rien... Laissez-nous arranger nos
« affaires comme nous voulons... »

Et hier, 12 août 1917, au cours d'une rixe, dans un club, près de la Koura, un praporchik assassine un Français d'un coup de revolver... [1].

1. La quantité de meurtres restés impunis à Tiflis, comme dans les autres grandes villes de Russie, pendant la révolution, est considérable. Des bandits isolés, ou par bandes, assassinent et volent, dès la chute du jour, dans les couloirs du fameux tunnel creusé dans le roc qui conduit

Les propos du général russe,... ce meurtre,... il est temps pour nous de partir et d'aller là où ces guerriers à épaulettes ne veulent plus séjourner : sur le front du Caucase...

* * *

Le temps passait, le jour où nous devions quitter Tiflis approchait. Sophia était prévenue de mon exil prochain. Je ne voyais plus Nina, ou si rarement... Quant à Tatiana, invisible depuis qu'elle m'avait conté la douleur causée à mon amie par la mort soudaine d'un lointain soupirant... Je négligeais un peu Sophia... Cependant, comme l'heure était fixée où nous devions prendre le train pour aller avec les soldats russes, à Ourmiah (Perse), je lui écrivis quelques lignes... Dans la même journée, la dernière, je déposai ma carte avec deux mots chez Tatiana. Elle ne se trouvait pas chez elle. Je me présentai chez Nina, qui, en dehors de sa folie, était, somme toute, un « bon garçon » de fille. On me répondit qu'elle devait se trouver au théâtre. Je me dirigeai donc vers la maison de miss Sophia.

au Jardin botanique. Les rives de la Koura, le bois Mouchtaïd ne sont pas sûrs. A Moscou, les mêmes désordres se produisent. Des hommes masqués et armés que l'on dit être des « bolscheviky », mais qui ne voient dans la Révolution que l'exemple des Bonnot et Garnier à imiter, pénètrent chez les particuliers, revolver au poing, et les dévalisent.

A Tiflis, des maris jaloux, des amants tuent leurs femmes ou leurs maîtresses ; de prudents anonymes font disparaître les ennemis qui les gênent. Un soir, des inconnus dérobent la caisse du Grand-Théâtre de Tiflis. La direction fait paraître une note dans les journaux, « priant MM. les voleurs de vouloir bien remettre la recette volée aux bureaux du théâtre, cette recette étant destinée aux artistes pauvres ». Une courte note dans la presse, c'est en effet la seule punition qu'une police inexistante peut infliger aux coupables.

— 150 —

— Ainsi, vous partez! me dit-elle, dès les premières paroles.

Et je vois bien que jusqu'ici elle n'a pas attaché une grande importance à cet embarquement pour le front. Elle connaît les Russes; ingénument, elle me l'avoue.

— Les Russes aussi disent toujours qu'ils vont s'en aller et ne partent jamais... Les Français, ce n'est donc pas la même chose?

Je juge inutile de lui dire que je sais des Français qui, en France, sur ce point, sont pareils à ces Russes. Elle se tait un moment. Elle a oublié de m'offrir un siège. Nous restons là, face à face... Elle est droite, ses larges yeux fixés sur moi. Elle a son grand air grave, un peu triste, trop grave, sans doute... Si j'avais un fils, oui, je voudrais qu'il épousât une femme comme celle-là. Je la réserverais, si je pouvais : « Pour mon fils, quand il aura vingt ans, » comme l'écrivait l'auteur de *Sapho*, dans un esprit différent du mien, peut-être... Je ne puis que la regarder longuement pour essayer de la mieux connaître. Combien de temps garderai-je d'elle un souvenir exact?...

— Vous m'écrirez... C'est loin, la Perse, et désolé... Vous ne reviendrez plus, je le sens bien... Est-ce possible que ce soit tout!... Et quand vous reviendrez, je serai loin d'ici...

Elle dit encore :

— Je sais pourquoi j'aurai de la peine...

C'est d'abord ce qu'elle conçoit de plus clair : une chose douloureuse et grave. Je regarde la pièce où je suis venu si souvent. Des cierges brûlent devant l'icone : un saint au doigt levé. On prie pour le défunt Alexis dont la photo est voilée de crêpe... Puisqu'Elle ne m'en parle pas, je suis censé l'ignorer.

Mais pourquoi prolonger cette entrevue que je sens déjà finie parce que nous avons trop de choses à nous dire?... Au moment de nous séparer, pour toujours, miss Sophia prononce, avec force :

— Il vaut mieux...

Insondable mystère du cœur féminin... Je n'insiste pas. Je n'ai que le temps de rejoindre le détachement des Français qui se dirige vers la gare...

—

TROISIÈME PARTIE

PRÈS DU LAC D'OURMIAH

La folie chez les grands ne doit
pas être laissée sans surveillance.
SHAKESPEARE.

I

> Première. Djoulfa, frontière
> persane, août 1917.

Vous aviez raison de dire et de répéter que nous ne partirions pas le lundi. « Les Russes superstitieux n'entreprennent rien ce jour-là, surtout pas de voyage », affirmiez-vous avec un demi-sourire. Notre train devait quitter Tiflis le soir à dix heures. Nous avons donc attendu pour ne pas vous contredire, à la gare militaire, car vous savez qu'en Russie le train de onze heures ne part jamais qu'à minuit exactement.

« Il fait sombre près de nos wagons sans lumière. Les phares d'une auto éclairent un amas de planches ainsi que le groupe trépidant des dames françaises qui sont venues nous dire adieu... Mais voici qu'une locomotive siffle là-bas, quelque part, comme un bateau en détresse. On va partir, les dames nous tendent des mains gantées que nous serrons au hasard de la nuit.

« Captain — le « Captain Treuleuleu » que vous connaissez au moins de vue et qui fut malade à Tiflis, car il n'avait à sa disposition que de l'eau minérale, a repris toute sa bonne humeur. Naturellement, puisqu'on voyage de nouveau. Il entonne d'une voix un peu tremblante :

« *La Victoire... nous ouvre la barrière...*

« Le train s'ébranle lentement. Il est une heure du matin. Des cahots, des heurts, de grandes secousses ; mais vous connaissez les démarrages des trains russes... On devine au loin l'arsenal et ses lumières, une route, des maisons endormies, le funiculaire et les étoiles disséminées le long de sa rampe.

« Nous nous étendons sur nos couvertures. Notre convoi s'arrête quelque part (déjà !) et, pour rythmer notre sommeil, des pigeons, sur le toit de notre wagon, imitent parfaitement le bruit écrasé des grosses gouttes d'un orage qui commence... Au petit jour, notre train est toujours bien sage, dans une gare de ravitaillement, près de Tiflis. A nos pieds, un cimetière brûlé de soleil... Des buffles attelés traînent doucement un de ces landaus où l'on s'asseoit en biais...

« En face de nous, un train sanitaire. Une jeune infirmière montre son petit visage à la portière. Elle n'est pas jolie, mais sympathique. Les Français qui sont trop aimables, — comme vous ne manquiez pas d'en faire la remarque, avec quelque surprise, — la saluent aussitôt.

« Non, ses malades ne sont pas des blessés, mais des scorbutiques... Elle nous annonce les nouvelles de la guerre.

« — On fera une offensive pour forcer Mossoul... Vous « serez sur le front tout à fait. De leur côté, les Russes « attaqueront... »

« Mais rien de ce qu'elle prédit ne se réalisera, j'en suis bien sûr. A les entendre, les Russes doivent toujours aller de l'avant, bientôt, demain, peut-être même tout de suite, *sitchias*[1]...

« La journée est longue... On se promène, on fume. Voici huit heures et son crépuscule hâtif. Il serait peut-être temps que je parte pour le Jardin du Palais, comme autrefois, ce jardin du grand-duc Nicolas, avec ses allées de cimetière, — comme vous dites, — ses bambous, ses arbres touffus et le cygne solitaire qui vieillit dans son bassin grillagé et s'attriste parce qu'il sait bien qu'il finira par ressembler à une oie, et le *vadapoï* (buvette) où la petite fille aux cheveux ras nous servait du « narzan » et des cafés glacés, laissons-le dans l'ombre qui s'épaissit...

« Neuf heures... Sans savoir pourquoi notre train secoue ses ressorts et ses chaînes. Il se décide à rouler sur ses roues qui ne sont presque plus rondes... Ce matériel n'ira pas loin. Un orage s'abat sur la campagne... Votre maison est peut-être une de celles où brille une lumière et que nous dépassons... Adieu, Madame.

« Karakliss ressemble à une ville d'eau, mais voici des dunes, des montagnes dénudées, toute une région de steppes que coupent seulement des pâturages au bord des torrents.

---

1. Les Russes, comme les Orientaux, ne semblent pas posséder exactement la notion du temps. Le *rousky sitchias* (le tout de suite russe) fait ici allusion à l'éternelle réponse des Slaves à toutes les demandes qu'on leur adresse.
— Quand viendrez-vous ?
— Sitchias...
— Oui, mais à quel moment ?
— Tout à l'heure...
En réalité, ils viennent quand cela leur plaît.

« Le temps est lourd. Nous avançons en Asie. Nous roulons cette nuit en des pays de plaines cultivées. Des montagnes au loin, à l'horizon, sous un ciel ballonné de nuages. Région de hauts plateaux. Il fait froid.

« Alexandropol, où nous nous arrêtons, étale ses bâtisses de pierre et de terre battue, de briques aussi, couvertes de tôles rouges et vertes, ses églises orthodoxes le long de l'unique voie du chemin de fer. Une gare pouilleuse qu'habite un peuple misérable. Des soldats russes, comme toujours, comme partout, sont étendus sur le sol, avec leurs théières à eau chaude, leurs capotes, et leurs multiples paquets.

« Nous restons là quelques heures, puis nous pénétrons dans un paysage de pierres, recouvertes d'un lichen verdâtre, qui s'étend à perte de vue; paysage désolé que terminent des montagnes rocheuses comme la chaîne de l'Atlas, en Afrique.

« A six heures du soir, nous apercevons le vaste dos trapu panaché de brumes du Grand Ararat et le cône massif du petit Ararat, couleur bleue... Nous accordons un souvenir ému à Noé, pilote adroit...

« Nous traversons à toute vitesse la région d'Érivan, dans un crépuscule oriental qui s'appesantit derrière nous...

« Ce matin, depuis quatre heures, nous pouvons admirer des maisons trapues, en terre. Des chiens sauvages aboient. Des femmes voilées pénètrent dans la gare nauséabonde où les mouches tourbillonnent. Nous entrons derrière elles, dans le buffet silencieux. Des hommes aux longs cheveux rouges, au nez busqué, aux grands yeux, sont assis... Ils sont tranquilles. Ils bougent à peine. Ils ne manquent pas de dignité : ce sont des Persans.

« Comment peut-on bien être Persan? Eh bien, voilà !
On porte une grande lévite à plis, et l'on boit, dans ce
buffet de gare frontière, à Djoulfa, du thé sans sucre en
contemplant les lustres emmaillotés de moustiquaires.

« Peu de femmes, si ce n'est des Chaldéennes, reconnaissables à leurs nattes, des Arméniennes ou quelques
insignifiantes dames russes qui accompagnent leurs maris
officiers. Ceux-ci regardent ces soldats que nous sommes,
vêtus de kaki, coiffés de liège, car c'est nous qui devons
être, dans ce paysage calme, de pittoresques étrangers...
Un aigle petit et noir plane et tournoie longuement contre
le vent. Nous allons à l'aventure, parmi les terres rouges
de Djoulfa... Des Persans en redingote noire, des Musulmanes voilées nous croisent sans marquer de grande
curiosité à notre endroit.

« Vers le soir, le vent ramasse la poussière en bourrasque. Une tempête blanche nous aveugle, saupoudre
nos effets et nos visages. Le train se décide à repartir. Il
traverse lentement un pont métallique jeté sur les rives
encaissées de l'Araxe, — le Phase des Anciens — fleuve
aux bords sans verdure et qui souligne la frontière. »

*
* *

Deuxième. Chez les Ziemski-Saïous, au bord
du lac d'Ourmiah, août 1917.

« Charaf-Khané, je tiens à ne pas vous le cacher plus
longtemps, est le point terminus du chemin de fer. C'est
là que nous quittons notre train. Une modeste gare
blanche, à terrasse, et puis au loin, brillantes sous le soleil,

les rives du lac et les montagnes dénudées et bleues. Sur les bords de cette eau salée, les Russes ont construit des magasins à fourrage et des hôpitaux. Non loin de l'endroit où la voie en construction reste inachevée, sous des baraques de bois recouvertes de bâches, s'élève le camp des Ziemski-Saïous, et qui sont une sorte d'intendance civile, semblable aux associations de Croix-Rouge françaises, mais beaucoup plus importantes.

« C'est sous une grande tente des Ziemski-Saïous que nous sommes logés. Le menu de nos repas est caucasien : riz au sec, aubergines à l'eau, mouton rôti, riz à la tomate, etc...

« Les prisonniers turcs, que rien, souvent, dans leur costume, ne distingue des soldats russes, si ce n'est un calot à oreillettes, se promènent à travers le camp. Ils prennent le même repas que nous et sont, du reste, servis avant nous.

« Ils paraissent très dociles, ces prisonniers turcs. Une seule sentinelle mène au travail une équipe de vingt ou trente hommes ; mais la plupart de ces Turcs rôdent à leur guise, dans le village persan, à travers le camp des fantassins russes ; ils viennent aussi nous voir et cherchent à nous vendre de menus objets de bois qu'ils ont fabriqués.

« Dans ce camp des Ziemski-Saïous, qui semble bien ordonné, circulent des gardiens sérieux, aimables, polis. Ils saluent militairement jusqu'aux médecins français, ce qui est rare, car on a vu des soldats russes saluer par camaraderie des « tavarischy » français, mais jamais un soldat russe n'a salué un officier français... Les majors se congratulent :

« — Comme ces gaillards-là diffèrent des palabreurs de

« l'arrière... Voilà des soldats! Les véritables restent sur
« le front, etc... »

« Mais la vérité est toujours plus drôle : ces vigilants
gardiens si corrects sont des prisonniers turcs, tout simplement. Au début de la guerre, les Ziemski-Saïous
prenaient des Russes comme surveillants et toutes les
marchandises disparaissaient si bien que c'en était atten-
drissant. Ils avaient trouvé le remède à la crise des trans-
ports... Les Saïous modifièrent bien des choses, jusqu'au
jour où ils eurent l'idée de remplacer le personnel russe
par des soldats turcs faits prisonniers. Ceux-ci s'acquit-
tèrent de leurs nouvelles fonctions en conscience et les
Ziemski-Saïous n'eurent plus de vols à déplorer...

« Un orage du côté de ces montagnes en carton qui
semblent témoigner d'un ancien cataclysme. Le vent
secoue la poussière, une nappe épaisse traîne à ras du sol,
cache jusqu'aux eaux du lac.

« Ce qui donne le mieux le caractère de cette ville créée
depuis la guerre, riche en soldats et en cavaliers, et que
ne mentionnent même pas les grandes cartes, c'est la gare
et ses voies d'exploitation. Des trains se baladent pour
des aiguillages compliqués. Un employé persan au crâne
rasé porte des lanternes, mais voici que passent, habillée
de blanc, une gaze violette serrée autour des cheveux,
la fille du chef de station, et puis la fille de l'Intendance,
dont les bas sont couleur crème et les chevilles épaisses,
la fille du buffet, la jeune femme du premier comptable...
Elles vont, le long des rails, parmi les locomotives pous-
sives. Elles relèvent leurs jupes blanches avec des airs de
ne rien voir, puis se retournent pour surprendre leurs
admirateurs. Mais les Russes coudoient ces dames sans

les remarquer... Il n'y a que les Français qui les regardent, et elles le savent bien...

« Il y a également au bord du lac la jetée en bois, qui, le soir, devient le rendez-vous de tous les peuples. On y rencontre des Russes à têtes d'affranchis, longs et maigres, des hommes blonds du Nord, en chemises à fleurs rouges, des Slaves au nez camard, des moujicks à cheveux longs échoués là, on ne sait comment... Et des Persans, paisibles, fument leurs grandes pipes et regardent les baigneurs immobiles qui flottent comme de gros bouchons sur les eaux épaisses et trop salées[1]... »

*
* *

Troisième. — Au camp russe,
sous Guelman-Khané.

« Ces quelques lignes pressées pour vous annoncer seulement que nous nous sommes embarqués hier soir sur un chaland que remorquait un petit vapeur. Un léger roulis nous accompagne. Qui donc prétendait que le lac d'Ourmiah ne supporte que les bateaux à voiles ?

---

1. Le pays à l'est de l'Assyrie se divise en deux régions, l'une de montagnes qui sépare le bassin du Tigre de celui de la Caspienne, l'autre de plaines qui s'en va, au sud, vers l'Océan Indien, à l'est vers l'Helmend. La partie montagneuse s'appuie contre une sorte de massif à peu près triangulaire, élevé sur les côtés, creux au centre : les eaux amassées du fond de la dépression y forment un lac sans issue, lac d'Ourmiah du N.-N.-O. au S.-S.-E., situé comme une mer Morte bien au-dessus du niveau de l'Océan et tellement saturé de sel que nul poisson n'y peut vivre (G. MASPERO, *Histoire ancienne des peuples de l'Orient*).

« Des soldats russes chantent... La lune éclaire les eaux de plomb... Nous voici, après une calme traversée, sur l'autre rive où des rochers volcaniques, couverts de lichens rougeâtres, forment une côte menaçante... Trois masures de bois et de boue, un abreuvoir, un cimetière où poussent des croix blanches et un parc à fourrages, tel est notre horizon...

« Les pierres de la montagne rendent le son creux du coke et les herbes, comme le thym, sont si desséchées par le soleil qu'elles déchirent les doigts. L'air sent la pourriture, toujours, et la mer, une écœurante odeur salée...

« Le soir, très tard, nous dînons sur les pierres de la plage, à la lueur blanche d'une lune d'été; puis nous allons dormir dans les péniches attachées près du ponton de bois et qui grincent à la marée... »

II

Nous sommes depuis une dizaine de jours — depuis le 12 septembre 1917 — installés dans une grande maison persane qui comporte deux petites cours, dont l'une avec un bassin et deux jardins. Pas de fenêtre sur la rue, naturellement. Une seule ouverture : la porte d'entrée que l'on ferme la nuit, à grand renfort de verrous, de poutres et de barres de fer.

Toutes les chambres ou cellules de l'ancien harem transformé en ambulance, prennent jour sur les couloirs ou jardins intérieurs. Deux étages. Les salles du haut sont réservées aux malades et aux blessés — à venir. Dans des pièces basses, à demi souterraines, comme des caves mal aérées, les Français sont entassés. Il a fallu, du reste, louer une seconde maison, près de l'hôpital pour loger deux escouades de sanitaires. C'est là que j'habite, en compagnie de Captain, de Gaston Desprès, de Marcel Benoit, dans une écurie désaffectée, près d'une grange où l'on a installé quatre chevaux de trait, sous la surveillance d'un détachement de tringlots.

Le jour, l'occupation aux « travaux ennuyeux et faciles » est presque salutaire, mais lorsque le soir approche, on s'aperçoit du vide de ces journées inutilement employées. De vastes perspectives d'ennui et de cafard s'étendent alors devant nous. Un besoin d'agitation saisit les plus calmes et les plus pondérés.

Il ne faut pas espérer sortir. Dehors, c'est l'obscurité absolue. Les Persans qui s'aventurent d'une maison à une autre, se font précéder par un serviteur, armé d'un fusil et qui s'avance portant à bout de bras, une grosse lanterne enveloppée de toile. Nuit qui nous rejette en arrière, dans le temps, vers un Moyen Age que l'on a tout loisir d'imaginer.

En outre — est-ce par hasard, intention du gouverneur d'Ourmiah ou négligence ? — nous sommes logés dans le quartier mulsulman de Yurdischah, séparé des quartiers chrétiens où se tiennent les Chaldéens, les Assyriens, la maison des Pères Lazaristes et des Sœurs de Saint-Vincent-de-Paul[1] par un vaste cimetière chiite et son horizon de saules...

Que faire ? Comme tous les autres. Écrire. Miss Sophia recevra-t-elle mes lettres ?... Est-ce qu'on sait ?

*
* *

Quatrième lettre à Sophia.
Ourmiah, octobre.

« Ces mots à tout hasard.

« Non. Nous ne vivons pas au bord du lac d'Ourmiah

---

1. Une mission catholique française de Lazaristes est établie à Ourmiah depuis 1840, dans le quartier chaldéen, à côté du couvent des Religieuses de Saint-Vincent-de-Paul, qui ont ouvert un dispensaire. La mission tient une école où l'on enseigne le français. Les enfants des

comme vous pourriez le croire. Des rives de cette mer intérieure, par un chemin qui grimpe dans la montagne, piste creusée d'ornières avec combinaisons de fossés, selon les caprices des collines, nous sommes arrivés jusqu'à la ville. Des jardins, des vignes, des bois de saules entourent les murs de glaise séchée de cette cité qui se permet avec ses hautes portes gardées de prendre des airs de forteresse.

« On nous a désigné la demeure d'un notable persan, Mahamed-Khan, personnage qui est coiffé d'une calotte noire, qui se drape dans un manteau noir, porte des lorgnons d'or et fait tinter à chaque pas les boules d'ambre de son chapelet.

« Notre grande distraction, c'est le soir, sitôt que le soleil descend, d'aller fumer sur les terrasses de terre battue qui forment le toit des maisons. Déjà, la chaleur est moins lourde. On papote, on commente les nouvelles les plus disparates que nous apporte un télégraphe affolé : le recul des Russes devant Riga, leur fuite à soixante verstes de cette ville, l'abandon des canons et des vivres.

« Les Caucasiens qui sont ici ne s'émeuvent pas pour si peu. Leur ennemi, c'est le Turc et le Turc n'avance pas. Les communiqués de Riga, de Moscou, d'Archangel les laissent indifférents. Leur sentiment de la patrie ne s'étend pas jusque-là...

« Le crépuscule violet se glisse parmi les platanes géants. Ils sont feuillus dans leurs sommets seulement, où

chrétiens chaldéens et des Persans aisés fréquentent les cours. Monseigneur Sontag, vicaire apostolique, dirige cette mission, entouré de nombreux pères lazaristes et du clergé de la région.

ils abritent de pépiantes colonies d'étourneaux..Les montagnes déboisées et les nuages se confondent dans une vapeur bleue...

« Avec les premiers froids d'octobre, les lits de bois ont déserté les toitures. Quelques rares lumières aux fenêtres voisines et puis toujours ces terrasses grisâtres, d'inégale hauteur, inclinées pour l'écoulement des eaux, sans fleurs ni verdure, jardins déserts où l'on ne cultive que de minuscules cheminées...

« De la rue que la nuit épaissit, des voix d'enfants, lointaines...

« Comme Tiflis paraît loin! Et Tatiana? Et Nina? Je pense à elles souvent. A vous aussi. Que deviennent-elles? Et la petite Cadia? Écrivez-moi si vous en avez le temps... »

III

ACTIONS D'ÉCLAIREURS

UN homme a été assassiné dans la montagne. On ne sait pas pourquoi... Quelque vieille rancune, un Kurde à l'affût ou un tireur qui voulut mettre son adresse à l'épreuve... Les Chaldéens montagnards ont placé la victime sur une planche et l'ont transportée ainsi, à travers les rudes descentes, jusqu'à l'ambulance des Français. Devant la porte, des Persans attroupés regardent l'homme couché et la planche rouge de sang. Ils fument leurs longues pipes, sans rien dire... Les Chaldéens se reposent. Ils sont bronzés; leurs pantalons sont larges, ils portent un petit feutre pointu et une veste courte...

Le médecin de service s'approche du Chaldéen inerte et ne peut que constater la mort survenue en cours de route.

On dispose le cadavre dans la chambre mortuaire, où des couvre-pieds réglementaires remplacent les draperies noires. Les montagnards se retirent pour annoncer la nouvelle dans leur village.

Le lendemain soir, ils reviennent: ils ont acheté au caravansérail de la ville un cercueil de bois blanc. Ils y placent le corps de leur ami, recouvrent la bière avec une housse verte et l'emportent à la Maison des Pères Lazaristes. Près de l'église, dans la cour, ils déposent leur fardeau et se retirent, car leur tâche est finie. La mère du défunt, une vieille ridée et maigre, sa veuve, sa fille aînée qui se ressemblent par la jupe et le visage, le fils âgé de trois ans, veilleront le corps toute la nuit, jusqu'à la messe du lendemain.

A tour de rôle, une des femmes se lamente. Les deux bras écartés, les yeux rouges, elle pousse des cris, se renverse, prend le ciel à témoin dans une langue gutturale, se couche sur le cercueil en proie à des convulsions qui nous surprennent et nous inquiètent étrangement. Les autres femmes sanglotent, la tête dans leurs mains. L'enfant, dont nul ne s'occupe, joue avec la housse verte et découvre le bois blanc de la boîte...

Nous retrouvons les trois femmes, le lendemain matin, à la même place, dans la même position. Je ne sais si l'enfant a dormi près d'elles. Le cercueil ne pénètre pas dans l'église; mais, après l'absoute, les femmes gémissent de nouveau, en poussant de grands cris jusqu'à ce qu'une charrette à quatre roues vienne charger la bière pour l'emporter au village où auront lieu les funérailles.

*
* *

Rébecca, la Chaldéenne aux longues tresses noires, écosse des piments rouges sur son balcon de bois. Je l'aperçois, le matin, de ma fenêtre. Son travail ne l'absorbe pas au point qu'elle ne puisse parfois lever les yeux... Si nos regards se rencontrent, elle dit :

— Bonjour, monsieur...

Et s'en tient là. C'est probablement tout ce qu'elle connaît de notre langue.

Rébecca habite près d'ici, au village de Gulfachan; mais depuis que son homme, un montagnard bruni, s'en est allé, avec les volontaires chaldéens, chasser le Kurde, elle reste à Ourmiah. Son visage épais, aux grands yeux de brebis, ne réfléchit rien d'autre que le souci de son travail, et, toujours du même geste tranquille, elle ouvre les poivrons et les étale au soleil, où ils répandent, en séchant, leur odeur de poivre...

Il y a déjà plus d'une semaine que les Chaldéens sont partis, habillés comme tous les jours du vaste pantalon et de la veste courte. Ils ont emporté un fusil en bandoulière, des ceintures de cartouches et, comme vivres, de l'orge au fond d'un sac. Les montagnes arides, toutes en rocs et en ravins, où ils vont traquer l'ennemi héréditaire, ne produisent rien qu'un filet d'eau entre des saules... Les volontaires comptent sur le butin...

Or, ce matin, on apprend qu'ils ont capturé soixante prisonniers, qu'ils ramènent des tapis, des étoffes, des moutons, des ânes pris à l'ennemi. Ils ont également délivré les Chrétiens captifs chez les Kurdes.

Mar-Schoumoun, le patriarche des Chaldéens nestoriens, assistera au partage de ces richesses et tâchera que chacun soit payé selon ses mérites...

Je vais voir Rébecca. Elle est toujours sur son balcon, comme la veille... Les petits piments gisent sur le sol, leur ventre blanc ouvert. Rébecca lève la tête parce que je fais du bruit, et le « bonjour » qu'elle m'envoie a quelque chose de victorieux... Mais non, elle ne pense qu'à la jupe qu'elle se taillera dans la part de son époux, et son attitude ne change pas ; elle est aussi simple que le communiqué russe qui va suivre et résumera ces exploits d'aventuriers de la sèche formule habituelle : « Hier, fusillade et actions d'éclaireurs... »

IV

Ce matin, au bazar d'Ourmiah, à la suite d'une discussion entre Chaldéens et Persans, des Chaldéens ont été blessés. La patrouille russe rétablit l'ordre à coups de fusil. Aussitôt, désertant les impasses voûtées du caravansérail, des Musulmans envahissent les étroites ruelles de la ville, cependant que les marchands ferment en hâte leurs boutiques. Les fuyards arrivent par bandes de quinze ou de vingt, puis se dispersent. Un temps d'arrêt. Personne dans la rue, puis, de nouveau, des groupes apparaissent... Les sabots d'un cheval résonnent sur le pavé... On apprend qu'un Musulman vient d'être tué, qu'il y a des chrétiens blessés... Devant l'ambulance française, des soldats russes défilent qui vont prendre la garde au bazar.

Ils sont les frères de ceux que nous avons déjà vus : des blouses sales, des pantalons rapiécés, quelques-uns ont des bottes, mais si vieilles... La plupart portent des molletières qu'ils enroulent autour de leurs jambes comme des foulards. Et la même question se pose à leur sujet.

— On ne leur change jamais leurs costumes ?

— Si, mais ils vendent tout de suite les effets qu'on leur distribue et gardent les vieux.

Les Russes sont embarrassés d'un fusil qu'ils tiennent comme un parapluie sous le bras ou sur l'épaule, au choix. Ils passent, sans ordre, le long des maisons fermées. Quelques femmes, dans leurs voiles de soie noire, se hâtent...

Ils n'ont pas l'air terrible, ces soldats russes que nous sommes allés voir, dans leurs camps, près des portes de la ville et qui nous saluaient :

— *Sdravz, tavarisch...* (Bonjour, camarade!)

Ils nous regardent avec de grands yeux naïfs. On leur parle. Ils nous répondent des choses sans nom, et tout de suite se mettent à rire devant la gaîté communicative des Français. Quelques-uns s'enhardissent, nous entourent.

Ce qui les intéresse se résume dans les demandes qu'ils nous font :

— Combien gagne un soldat français? Et un officier?

— Que mange-t-il chaque jour?

— Pourquoi n'ont-ils pas de bottes comme nous?

Et ils tâtent la qualité de nos capotes, admirent le cuir de nos chaussures...

L'un prend la pipe que fume un Français, l'examine, l'essaie avant de la rendre. Cet autre demande à acheter des souliers. Il offre des roubles. Ils ont tous des coupures de cinq, de dix roubles, par dizaine. On ne sait où ils les prennent...

En dehors de leurs danses, de leurs jeux, de leurs chants, ils ne connaissent rien. Des malades russes en traitement à l'ambulance se penchent, visiblement perdus, sur une carte d'Europe. Il ne savent où trouver Kiew, ni Odessa, ni Moscou, ni le lac d'Ourmiah.

— Où est Paris?... Oh! c'est loin!...

Beaucoup de ces soldats ne sont pas encore allés au

front... Ils n'ignorent pas, cependant, qu'ils sont en guerre contre les Germains.

Ils ne connaissent rien, ces pauvres Russes. La plupart sont illettrés. Les rares qui savent lire ne découvrent pas de journaux, à Ourmiah, sur le front. Ils répètent : *Svaboda, tavarisch!* (Liberté, camarade!) et s'en tiennent là. On leur a dit, en effet :

— Vous êtes libres !

Et, s'ils ne combattent plus, c'est parce qu'ils sont fatigués de combattre et qu'ils ont pris le droit de choisir. Ils préfèrent le repos à la guerre.

A les interroger, on recueille des réponses de ce genre :

— Qui donc vous gouverne, maintenant que vous n'avez plus le tsar Nicolas?

— C'est l'autre...

— Quel autre?...

— Le tsar Révolution...

*
* *

Aux malades russes — il n'y a pas de blessés en traitement à l'ambulance — on dit et l'on répète :

— Ne sortez pas de la cour.

Ils ne sortent pas. On leur dit encore :

— Ne crachez pas, ne vous mouchez pas n'importe où... sur le parquet...

C'est dur pour eux, cela contrarie toutes leurs habitudes, mais enfin ils font attention, comme les enfants quand ils vous sentent auprès d'eux, le regard sévère, prêts à réprimer leurs incartades.

Dans les hôpitaux russes, les malades s'accroupissent

sur le seuil de la porte d'entrée ; ils font la causette avec les passants, ils se baladent à petits pas, avec ce dandinement du buste, qui leur est propre ; ils agissent comme ils veulent, crachent où il leur plaît. Quelquefois même, sans prévenir personne, ils vont faire un tour en ville, respirer un petit air de meeting pour se changer les idées. Les anciens dirigeants laissent faire :

— Nitchevo... Ça n'a pas d'importance, vous disent-ils, lorsqu'on leur en fait la remarque. Et quoi dire ?... Rien à dire...

Et ils haussent les épaules. Ils ne se sentent ni le désir ni le courage de réprimer ces écarts de liberté.

Sans doute aussi, ont-ils perdu toute confiance en eux-mêmes. Ils ne réagissent pas... Peut-être obscurément, se reconnaissent-ils coupables de n'avoir pas jadis, lorsqu'ils faisaient partie du clan des Maîtres, accompli tout leur devoir.

A présent, quand ils ne détournent point la tête pour ne pas voir, ils sourient, comme des gens trop raffinés devant les maladresses d'un profane...

Les soldats de ce front, chez qui, à première vue, l'on ne remarque pas de différence, parce qu'ils se traînent tous aussi lourdement le long des ruelles mal pavées, sont venus de tous les pays de la vaste Russie... Voici de petits Sibériens, quelques graves Géorgiens, des Moscovites aux faces rondes, des Cosaques chevelus, de bruns Israélites, des Arméniens au long visage bronzé[1]...

---

1. Plus tard, les soldats furent envoyés sur les fronts de leur province : les Ukrainiens en Ukraine, les Polonais en Pologne, etc.

Ils paraissent calmes, assez indifférents à ce qui les entoure, pas pressés... Jusqu'ici, je ne les ai jamais vus accélérer leur démarche que pour se rendre à la distribution de la soupe ou courir aux bouilleurs d'eau chaude, dans les gares... Or, ce matin, sur la route de Dighala, près des collines de cendre édifiées par les adorateurs du feu, trois « tavarischy » viennent vers nous, de toute la vitesse de leurs jambes courtes. Ils fuient... Au loin, des coups de feu... C'est un Persan qui tire sur les voleurs de raisins...

Les Russes de tout temps ont aimé la maraude — pour ne pas dire plus... Leur distraction, dans cette oasis d'Ourmiah, est de grapiller dans les vignes, en compagnie de sœurs de charité ou de filles de l'Intendance...

Cependant, sous les larges feuilles des figuiers, — si larges que l'on comprend qu'Adam ait pu se cacher derrière une de ces feuilles, — un Persan nous apporte une corbeille de raisins. Nous nous asseyons sur les rives d'un canal souterrain, creusé de larges trous avec pente rapide, par où, comme il est dit dans la Bible, les troupeaux peuvent descendre jusqu'au puits...

Le Persan nous regarde. Il hoche sa tête ornée du haut bonnet de feutre :

— Rousky, iaman ! chantonne-t-il... (Les Russes mauvais !) Et il attend, patiemment, le pourboire dû à sa gracieuse hospitalité.

*
* *

La guerre, dans ce pays persan, est une question de ravitaillement. L'armée qui peut faire parvenir des vivres aux postes du front a tout loisir d'occuper les territoires qui lui plaisent. Mais, comme l'avouait un officier russe :

— Pourquoi avancer quand on a déjà tant de peine à garder ses positions?

Une zone neutre de quarante à cinquante kilomètres sépare les belligérants. Quelques fusillades, parfois, au petit bonheur. Malgré tout, ce front ne s'est guère modifié. Il est même assez tranquille et la vie n'y est pas désagréable. Les officiers turcs expédient parfois aux états-majors russes de jeunes esclaves voilées, parce que ces petits cadeaux entretiennent l'amitié. Il n'y a que ces pillards de Kurdes qui coupent les communications et ces incorrigibles Cosaques qui patrouillent et brouillent les cartes des âmes tranquilles.

La guerre, la véritable, se poursuit à l'arrière. Les Russes pillent les Persans, saccagent les vignes et les jardins, non sans quelques risques. Un soir, on apporte un soldat à demi mort. Il a reçu une balle près du cœur, comme il dérobait des raisins aux environs de la ville. Coup de feu anonyme... Déjà, à Tiflis, il était notoire que la plupart des déserteurs que l'on croisait en ville vivaient largement des dépouilles opérées sur les Persans de ce front.

Les rixes aussi sont nombreuses, au marché surtout, où les Russes choisissent ce qui leur convient et oublient de payer. Souvent un soldat débarrasse un Chaldéen ou un Musulman soit d'un fusil, d'un cheval ou de quelques moutons.

Outre les rixes et les vols, il y a le « commerce ». Les soldats russes arrêtent les petits vendeurs, les âniers qui transportent du lait, des légumes, du bois, leur dérobent leurs ânes et leurs marchandises, sous prétexte d'espionnage, ou même sans raison.

Il y a aussi la vente de l'eau... De petits canaux courent le long de la ville, de jardins en vergers, mais ils sont presque toujours à sec. Les Russes accordent ou retirent l'eau d'arrosage, quand cela leur chante et suivant les pourboires qu'ils reçoivent... Ils créent de cette façon, à côté des autorités militaires et du gouvernement persan de la ville, un troisième pouvoir arbitraire et capricieux.

Cet état nouveau s'organisera; il a décidé de prendre part au conseil de l'état-major. Il l'a prise du reste sans grand effort, car nul officier n'ose s'opposer aux décisions fantasques de ces grands enfants qui jouent aux « hommes libres ». Il y a trois jours, un Français était allé demander une auto à l'état-major. C'est le général russe qui le reçoit :

— Je voudrais bien : mais je ne puis pas. Depuis le meeting, ce sont les « tavarischy » qui décident de tout ; le télégraphe reçoit les nouvelles les plus absurdes, sans contrôle... Hier, j'ai voulu donner un ordre, ils m'ont insulté... Beaucoup de nos officiers se retirent à Djoulfa, dégoûtés. J'irai aussi peut-être... mais allez voir s'ils veulent vous prêter une auto... A vous, peut-être?...

Et le général conduit doucement le Français vers la salle où palabrent les membres du nouvel État-Major.

*
* *

Il est exact que nous sommes privés de nouvelles. Du moins nous n'avons que les dépêches contradictoires qu'un télégraphe ahuri nous transmet : quatre ou cinq fois par semaine la mort de Kerensky ou l'annonce d'une paix séparée. En fait, on ne sait rien d'exact.

Par contre, on voit apparaître ceux que l'on appelle les « délégués des soldats ». Ils viennent des villes, presque toujours; ce sont des étudiants en droit ou des avocats, pour la plupart. Ils sont habillés comme les soldats, un peu plus proprement quand même. Ils affichent sur le bras gauche un brassard rouge où l'on peut lire : « Délégate ».

C'est grâce à eux que nous apprenons quelque chose. La chute de Kerensky est certaine. Les bolcheviky s'installent à sa place et appliquent leur programme.

Mais que sont ces « délégués » si bien renseignés?

— Choisis par les soldats eux-mêmes, me répond l'interprète Maurice Jammes, ils organisent des réunions, surveillent les officiers, examinent les ordres transmis et décident si l'on doit les exécuter. Leur règne est proche...

V

Des lettres de Tiflis annoncent que décidément voici l'automne et les premières pluies... J'ai pensé, Sophia, à nos causeries sous les arbres du Jardin du Palais, à votre balcon de bois dont l'eau grignote la toiture...

« Notre vie s'établit doucement dans ce pays persan. Le mollah, qui est notre voisin, arrose les verveines et les pétunias du petit jardin de l'hôpital. En ville, des hommes accroupis dans leurs échoppes vendent des pastèques, des raisins, des piments rouges et du pain sans levain, comme des galettes. Il y a un petit cimetière sous les saules, qui est perdu au coin d'une ancienne place publique. Les pierres tombales servent maintenant à retenir des piles de bois. Des chiens errants courent à notre rencontre.

« L'air sent le melon frais, la poussière et la pourriture. Les mouches sont nombreuses...

« Le soir, sur les terrasses des maisons, les Musulmans font leurs dévotions, face au couchant. Le ciel est rose sur les montagnes en carton gris. On aperçoit des arbres dans les jardins toujours fermés. Des bandes d'étourneaux assiègent les cimes touffues des peupliers géants. Les inévitables femmes voilées traînent leurs savates sur les pavés des petites rues silencieuses où des ânes trottinent, en baissant les oreilles. A la nuit tombante, toutes les portes des maisons se ferment, la ville semble morte... Le pas d'une patrouille russe, quelques coups de feu qui se prolongent dans le silence...

« Mais si je vous parlais de l'ambulance... Justement deux malades en capotes grisaille, accompagnés de l'interprète s'avancent en boitillant dans la petite cour fleurie de pétunias : un grand Russe couleur filasse, coiffé du bonnet à poils blancs; un autre, blond, petit, la casquette sur le sommet de la tête.

« — Deux entrants à habiller !... Lits 45 et 52!...

« Les vieux malades de l'hôpital viennent rendre visite à ces nouveaux camarades. Il y a là celui que les Français appellent « 42 à l'ombre », un client du régiment des éclaireurs de la frontière et qui semble rire toujours. Il y a Serge, le cosaque du Kouban, qui apparaît une seconde et se défile aussitôt depuis qu'un docteur féru de règlement lui fit couper sa belle mèche de cheveux... Il y a tous ceux qui savent se promener lentement, qui se balancent d'un banc à l'autre, tous ceux qui peuvent rester sans parler, pendant des heures, tous ceux aussi qui tiennent des causeries sans fin sur les marches du grand escalier. Ils ne demandent rien de plus... Ils ne lisent pas, ils fument... Quelques-uns, qui ont mal au poignet ou au bras, trouvent cependant le courage de rester couchés toute la journée et la nuit. Ils ne se lèvent que pour leurs repas.

« Les deux entrants seront bientôt aussi élégants que leurs aînés : ils apprendront l'art de mettre, malgré les observations des infirmiers, leur chemise par-dessus leur caleçon. Ils sauront se promener à petits pas en crachant à droite et à gauche.

« Mais, d'abord, on les envoie à la douche, puis chez le coiffeur ; enfin, comme ils viennent à l'ambulance pour se faire opérer d'une hernie ou de quelques hémorroïdes, on les conduira auprès du chirurgien. Là, ils protestent, ils ne veulent pas. Alors on les met « sortants » pour le lendemain, avec la mention : *Refuse l'opération*, ce qui fait dire à Benoit, votre ami Benoit, l'infirmier modèle :

« — Ces bougres-là, ils viennent pour se faire raser et « prendre un bain... Se figurent que nous sommes dans « une piscine...

« Cette petite comédie se répète plusieurs fois par semaine.

« On a, en effet, établi des règlements sévères — les règlements militaires français — pour l'admission des malades à l'ambulance : cheveux coupés à la tondeuse, d'abord.

« Ainsi, on a fauché la grande mèche d'un cosaque qui s'en lamente encore et rasé la toison d'un Persan, blessé dans une rixe, qui répète :

« — Comment serai-je maintenant enlevé par Maho- « met?

« Il y a ensuite le bain, puis la désinfection des effets. Tous les nouveaux venus sont exposés à ce régime. Ce qu'ils redoutent cependant, ce n'est ni la tondeuse, ni le savon, ni la baignoire. C'est l'opération. Ils aiment mieux se retirer.

« Ces jours-ci, émotion. L'interprète russe Maurice Jammes annonce :

« — Une dame est là qui demande à entrer à l'ambu-
« lance.

« — Une dame? Comme infirmière?

« — Non, comme malade.

« — Et pourquoi?

« — Elle est sœur. Sœur de charité.

« — Jammes, habituez-vous donc à ne pas vous expri-
« mer en russe quand vous parlez français, observe un
« major à l'accent toulousain.

« C'est une sœur de charité? Dites donc tout de suite
« que c'est une infirmière.

« — Oui. Elle est militarisée.

« — Où la loger? Faites-la entrer...

« C'est une petite femme brune, dans un manteau très
long, avec un bonnet de fourrure et des bottes. De grosses
lunettes. Un visage délicat. Lorsqu'elle retire ses lunettes,
on aperçoit de beaux yeux vifs et interrogateurs. Les
Français saluent et se taisent. Le capitaine Bobbyck vient
à leur aide. Répliques échangées.

« — Elle a mal aux yeux, résume Bobbyck. Elle vou-
« drait voir un spécialiste.

« — Conduisez-la au spécialiste. Elle parle français.

« — Non. Pas du tout. Elle connaît le russe, le polo-
« nais, l'allemand, l'italien. Pas le français...

« Lorsqu'elle est partie avec Maurice Jammes.

« — Qui est-ce?

« — Lentina, une « siestra » qui est aussi actrice du
« Théâtre aux armées. Maintenant, elle est sauvée. Et
« elle va apprendre le français, déclare Bobbyck.

« — Avec qui?

« — Avec Maurice Jammes, d'abord.

« C'est ainsi qu'une jeune personne se promène dans les couloirs et les jardins de l'ambulance. Elle loge près du salon des médecins. Elle téléphone souvent. Elle use d'un étrange langage où il y a du russe et de l'allemand.

« *Pajalouista... Téléphonierl?*

« Elle a besoin d'un grand papier pour écrire.

« — *Bitte,* dit-elle à l'un de nous, *geben sie mir, Signor, eine grosse poumagre.*

« Elle ne s'ennuie guère. Tous ceux qui ont quelque loisir vont lui tenir compagnie. Elle ne compte que des amis et des admirateurs.

« — Elle fait beaucoup de progrès, assure le capitaine « Bobbyck. Elle sait déjà dire : « Promenade. Jolie. « Aimer. Amour. Baiser et rendez-vous. »

« Au fait, miss Sophia, vous la connaissez peut-être. Elle a épousé un Français qui est mort et elle a joué un temps, paraît-il, au grand Théâtre de Tiflis. »

VI

LE CAPITAINE RUSSE BOBBYCK

Un homme délicieux, ce capitaine russe, avec ses yeux bleu clair, sa moustache courte et sa blouse marron qu'un caoutchouc lui plisse à la taille. Il a nom Bobbyck, il habite Pétrograde, où sa femme est restée. Officier de carrière, il est entré dans l'administration quelques mois avant la guerre, et, comme il sait lire, écrire et compter, — ce sont des choses qui se rencontrent, même en Russie, — il accomplit consciencieusement son nouveau métier. Il travaille, par caprice, deux jours et deux nuits de suite, se débarrasse de tous ses comptes, puis il se repose ; il fume, il se promène, il s'ennuie parce qu'il n'a plus rien à faire.

Un rien l'amuse cependant : un Bordelais qui parle en faisant de grands gestes, un Persan qui manque de tomber, un enfant qui chante... Une capote jetée sur ses épaules, il flemmarde de son lit jusqu'à sa chaise, pendant le jour et, la nuit, vadrouille un peu... Il va prendre le thé chez des « sœurs de charité » (c'est ainsi qu'on nomme les infirmières russes) qui sont militarisées à l'hôpital des épidémiques ou à l'hôpital des vénériens.

— M'avez-vous apporté des lettres ? demande-t-il au vaguemestre. Depuis que je suis ici, j'ai reçu douze lettres de mes maîtresses et pas une de ma femme... Voilà... Mariez-vous !...

Et il rit, car il aime à rire, surtout pendant le travail : c'est une chose qu'il est nécessaire d'égayer. Après avoir terminé la traduction d'un long rapport en termes techniques concernant un décès des suites d'une opération chirurgicale, il secoue sa plume et conclut :

— Et maintenant, dès demain, nous nous habillerons de blanc et nous irons passer la visite.

Les nouvelles de la guerre ne sauraient l'émouvoir. Il lit dans son journal que les compagnies d'assurances de Moscou donnent soixante roubles pour mille roubles sur les immeubles situés en pays envahis par les Allemands et quarante roubles pour mille sur les immeubles qui se trouvent dans la zone des armées russes. Il commente cette nouvelle dans un éclat de rire.

— C'est que, nous explique-t-il, les compagnies d'assurances savent bien que les maisons où sont les soldats russes seront complètement nettoyées...

Mais quelquefois il s'attriste, il regarde devant lui et reste sans rien dire. Devant sa table de travail, il regrette Pétrograd la ville cosmopolite, Moscou, pittoresque comme un grand village disparate, et Tiflis, où les femmes se réunissent, les nuits tièdes, sur les balcons de bois...

— Il y a beaucoup de comptables, nous confesse-t-il, beaucoup dans l'Administration, mais on n'a trouvé qu'un imbécile pour l'expédier à Ourmiah.

***

Ce jour-là, nous allons au « Stabs » (état-major général russe) avec Bobbyck. On nous apprend que tous les télégrammes particuliers sont arrêtés. De graves événements se produisent en Russie. Les officiers ne veulent pas nous montrer le communiqué.

— Faut-il qu'il soit mauvais ! constate le capitaine Bobbyck.

Près d'une porte, on entend une voix téléphoner : « Crise grave... » puis, plus rien... Un officier, l'air furieux, — parce que les nouvelles reçues sont « tendancieuses », ou parce que son thé est trop chaud, — veut bien nous confier :

— Nous formons un coude avancé. Quelques cosaques seulement nous gardent aux avants-postes. S'il prend fantaisie aux Turcs de nous surprendre, je ne sais pas comment nous pourrons nous échapper.

Cet homme complaisant ne parle pas de résistance. Il envisage tout de suite la retraite. Il commande, du reste, une compagnie à Ourmiah... Il poursuit :

— Oui, la percée serait même facile et notre retraite coupée, car les Turcs nous entoureraient. Oui, je ne sais vraiment pas du tout comment nous pourrions fuir...

— La situation est très critique, conclut sans rire, le capitaine Bobbyck.

— J'allais le dire, réplique l'officier du « Stabs ».

* *
*

Une quinzaine de personnages sont venus à Ourmiah, détachés des divers secteurs pour prendre part à une conférence sur les services de santé. Bobbyck, officier-comptable de la Société des Ziemski-Saïous, est chargé de les recevoir. Précieuse diversion à l'ennui quotidien.

Glabres, presque tous, quelques-uns à moustaches

courtes, ces docteurs militaires portent une ceinture qui les serre à la taille et des éperons sonnants (spécialité pour cavaliers sans monture). Parmi eux, trois femmes, des doctoresses mobilisées. Elles n'ont pas toutes les lunettes classiques, mais cela ne modifierait guère leur genre de beauté. L'une d'elles, qui a le grade de capitaine, s'affuble par-dessus son corsage d'une veste grise à épaulettes qui lui va aussi bien qu'un tapis.

Ces messieurs et dames prennent chambre et pension à l'ambulance française. Ils annoncent qu'ils resteront cinq ou six jours, peut-être plus, en conférence. Tant de discours ne les effraient pas.

Bobbyck qui ne déteste pas la causerie, nous conte :

— Les médecins se réunissent le matin jusqu'à onze heures; l'après-midi, jusqu'à cinq ou six heures, et la soirée, ils la passent à la russe, entre eux, devant des tasses de thé.

— Qu'est-ce qu'ils disent ?

— Ils parlent. Chacun son tour. Puis ils boivent.

— Quand ont-ils fini ?

— Quand ils ont sommeil. Ils rentrent à deux heures du matin, assez régulièrement.

C'est vrai. A cette heure-là, on entend le rire puéril des doctoresses dans les couloirs de l'hôpital et l'infirmier de garde se lève pour voir défiler ces étrangères, parce qu'un Français, comme le dit Bobbyck, ne peut pas ne point regarder une femme qui passe...

Mais ces conférences sanitaires n'intéressent guère le capitaine-comptable des Ziemski-Saïous. Aussi, lorsqu'elles sont terminées, il nous annonce :

— Ils s'en vont contents. Les docteurs ont obtenu certains avantages au détriment des officiers comptables. Ils s'en réjouissent; mais, je sais que dans quelques jours, les comptables et les infirmières tiendront de grands meetings; ils y prononceront de nombreuses palabres et remporteront de grandes victoires sur leurs ennemis les médecins...

Les docteurs russes et les doctoresses se décident, en effet, à rejoindre leurs hôpitaux. Toutefois, ils se plaignent de ne plus recevoir d'argent de l'Administration. Une grosse, décolletée, et qui oublie de la farine sur ses seins, explique que, depuis sept mois, elle n'a pas touché un rouble...

— Comment vivent-ils?

— On peut toujours vendre les drogues de l'hôpital, répond Bobbyck.

Cependant, tous se félicitent des résultats obtenus. Ces dames doctoresses, notamment, ont décidé que les « sœurs de charité » (infirmières civiles) seraient mobilisées et n'auraient plus faculté de changer d'hôpital.

— C'est incroyable, dit une petite blonde. Il y en a qui se promènent en vingt lazarets, elles voyagent en « premières », s'amusent avec qui leur plaît. Elles restent trois jours dans leur nouveau poste et le quittent, parce que la ville ne leur plaît plus.

— Les « sœurs de charité » sont pourtant bien utiles, remarque Bobbyck. Si elles s'en allaient, il n'y aurait bientôt plus un seul officier russe à Ourmiah...

« Et vous-même, est-ce que vous resteriez? ajoute-t-il, s'adressant à son ami, l'interprète Maurice Jammes.

— Moi, je suis obligé : je suis Français.

— Oui, je vois. Bientôt, ici il n'y aura plus que les Français avec leurs paquets de coton stérilisé.

VII

NIKADÉMOUS LE CHALDÉEN

On lui demande :

— Comment vous appelez-vous ?

— Nikadémous, c'est-à-dire Nicodème...

— Oui, c'est votre prénom, mais votre nom de famille, le nom de votre père ?

— Mon père s'appelle Israël ; moi, je me nomme Nicodème...

Tous les Chaldéens sont ainsi, fiers de leur prénom qui est leur nom propre, leur nom de baptême et de chrétien, le seul qui compte.

Cependant si l'on insiste encore :

— Nicodème, fils d'Israël... On m'appelle aussi Rabbi Nicodème du village de Tcharbache. C'est ici, monsieur, le pays de la Bible, et Rabbi est un titre que l'on donne aux instruits, aux professeurs, etc...

— Et les filles, comment les appelez-vous ?

— Leurs noms sont tirés de la Bible, comme les nôtres... Les garçons, Yonas, Israël, David, Abraham, ou des noms composés, comme Odis-chou (serviteur du Christ)... Pour les filles, il y a beaucoup de Marie, de Marthe, de Rébecca, d'Esther, de Madeleine,... oui, même Madeleine...

Et il sourit.

Nicodème est brun, l'air d'un Italien calme, sans éclats de voix ni gestes dangereux. Il parle peu. C'est un ancien séminariste qui attend une dispense. Du moins, il nous le dit souvent.

— Notre langue, c'est le français. Le chaldéen, on le parle, on l'écrit; mais il n'a pas de grammaire...

Tout ceci, du reste, ne nous y trompons point, n'est qu'une flatterie à l'adresse des Français.

Il nous annonce, avec un petit ton supérieur :

— Les prêtres catholiques chaldéens peuvent se marier...

— Les catholiques romains?

— Oui monsieur, avant d'être prêtres, ils se marient; mais, veufs, — ils ne peuvent reprendre femme.

Puis il se tait. Il n'aime pas parler longtemps. Il ne cherche ni l'effet ni l'esprit. Il est sensible cependant aux plaisanteries des Français. Il est souvent surpris aussi de leur façon de railler et de critiquer. Évidemment, il ne les imaginait pas ainsi...

— Les Chaldéens, reprend Nicodème, se disent descendants des Assyriens et des Syriens, les Suryaï, de ceux qui émigrèrent de la vallée du Tigre pour se fixer dans la plaine d'Ourmiah!

Ses yeux longs et noirs brillent comme il commence de nous citer les noms des rois légendaires :

— Il y eut Sargon, Sémiramis, Assourbanipal, Nabouchodonosor...

Un peu de la gloire fabuleuse de ces personnages semble rejaillir sur lui...

— Les Chaldéens, — dit-il encore, sur nos instances, — sont divisés entre eux, à cause de leurs religions... Il y a des catholiques romains et des protestants. Il y a des Nestoriens et des Jacobites... Les Nestoriens sont quelques milliers, ils ont des prêtres et un patriarche...

Et Nicodème ajoute :

— Vous savez que l'hérésiarque Nestorius, patriarche de Constantinople en 428 fut déposé par le concile d'Éphèse parce que sa doctrine tombait dans l'erreur et distinguait deux personnes en Notre-Seigneur...

Puis, non sans quelque fierté :

— C'est un des plus anciens schismes de l'Église qui a persisté dans notre nation.

Yonas ou Jonas, un autre Chaldéen, joue à l'ambulance le rôle d'interprète pour les langues turque et persane. Il a vingt-trois ans, il en paraît trente-huit. Il ne parle que lorsqu'on l'interroge, comme Nicodème, du reste. Il répond presque toujours à côté de la question. Il méprise les Musulmans, parce qu'ils sont d'une autre religion que la sienne. Il n'aime pas le mollah, qui module des incantations au faîte de la mosquée; il dédaigne d'expliquer les mœurs des Persans.

— C'est de la bêtise..., dit-il.

Et, pour lui, cette réponse résume tout.

— Jésus-Christ prêchait en chaldéen, nous affirme, en roulant de gros yeux l'interprète Nicodème.

C'est une langue rauque, dure et chantonnante, qui se rapproche de l'arabe et de l'hébreu...

Il dit encore :

— Les Chaldéens sont les ancêtres des Juifs. Abraham était Chaldéen...

Il parle de la Bible comme de sa propre histoire et des prophètes comme s'il les avait connus.

Le ton de mépris que prennent les sœurs de Saint-Vincent-de-Paul, — elles ne s'en rendent peut-être pas très bien compte, — pour dire de certains Chaldéens, notamment de Nicodème et de Yonas :

— Lorsque les Turcs furent annoncés, ils prirent la fuite sans hésiter...

D'une façon générale, ces Chaldéens de la plaine, craintifs et méfiants, se montrent durs pour ceux qui ne partagent pas leurs idées religieuses... Leur langage est souvent d'un rigorisme puritain, — leur langage seulement. Pour expliquer l'accident survenu à cette Géorgienne que l'on apporte à l'hôpital, sur un brancard, le ventre ouvert, Yonas me dit :

— C'est un soldat (qui l'a blessée) parce qu'elle ne voulait pas faire avec lui l'œuvre de chair...

Ils se font une bizarre idée, ces Chaldéens, de ce que peuvent être des médecins français...

Une femme vient voir son mari, un montagnard, en traitement à l'ambulance et que l'on doit opérer de quelque hernie... Est-ce bien utile, cette opération ? C'est ce que demande à l'interprète, un peu surpris, la curieuse Chaldéenne.

— Enfin, s'il reste ici, vous lui ouvrez le ventre ?...

Puis, s'adressant au médecin qui assiste à cette discussion :
— Je veux bien vous le laisser, dit-elle ; mais vous me donnerez dix krans.

Les Chaldéens de la ville, les civilisés, marchands, usuriers, semblent avoir perdu leurs anciennes qualités de résistance. Un jeune banquier nous apporte les bruits les plus terrifiants qui circulent à Ourmiah :
— Les Russes s'apprêtent à partir... Ils ramassent leurs fils de fer[1]. Les Kurdes vont revenir... Le rouble est descendu à huit kopecks... Les maximalistes ont repris le pouvoir...
— Si les Kurdes viennent ici, nous nous défendrons.
— Que voulez-vous faire ? Ils massacrent tout le monde ! Et si les Russes se retirent sans combattre...
— Alors, vous vous laisserez égorger sans rien essayer.
— Pourquoi se défendre ?... On en tue quelques-uns : mais il en vient toujours... Ils sont nombreux.

Le même banquier nous parle des vols nocturnes, du danger qu'il y a de se promener seul, la nuit, dans les rues, aux environs d'Ourmiah...
— Il faut toujours sortir armé, dit Maurice Jammes.
— Pourquoi armé ?
— Pour se défendre...
— Puisque je vous dis que les voleurs vous dépouillent de tout ce que vous avez sur vous ?
— Alors vous ne portez jamais de revolver sur vous ?
— Un revolver, ça coûte quatre cents roubles ici... Ce serait autant de perdu.

1. Fils téléphoniques.

— Vous aimez les Russes, Nicodème?

— Non. Mais avec eux, on peut s'entendre.

— C'est vrai. Depuis le temps qu'ils sont en Perse.

— Pas à cause de cela, monsieur. Mais ils sont préférables aux Turcs ou aux Kurdes.

Nous les regardons vivre.

Ces Chaldéens de la plaine sont d'abord des Orientaux. Leur religion — qu'ils soient nestoriens, chrétiens protestants ou catholiques — ne les embarrasse pas. D'ailleurs, ils en changent facilement, suivant la libéralité des missionnaires allemands, américains ou lazaristes qui s'intéressent à leur avenir céleste. Leur religion, c'est un ensemble de rites qu'ils observent comme les Musulmans accomplissent ceux qui leur sont prescrits. Ils n'en tirent pas, ainsi que les Occidentaux, une morale, un mode de vivre. C'est quelque chose d'à côté, à quoi ils ne conforment rien de leur existence, un pavillon qui doit protéger leurs louches manières.

Aussi il faut voir l'air avantageux que prend Rabbi Odischou, petit commerçant d'Ourmiah, quand des Français s'amusent à mettre ses doctrines en contradiction avec ses actes. Il sourit, l'air malin. Il se croit supérieur, bien plus fort que les Français et les Russes, à qui il vend, très cher, avec mille compliments, le mauvais vin blanc qu'il fabrique...

— Entrez, monsieur... entrez, je vous prie. Ma maison est la vôtre. Tout ce que je possède est à vous... J'aime beaucoup les Français.

Par ses humbles manières, il acquiert petitement d'illicites bénéfices... Il sait que la vente du vin est interdite par les autorités militaires russes; mais enfreindre un ordre d'étrangers, voler un musulman, un orthodoxe, ce n'est pas grave. Ainsi, il ne perd rien de sa réputation.

— Je suis fournisseur de la Mission catholique, monsieur, depuis que je la connais.

Sitôt en effet qu'on doute de leur bonne foi, dans les marchés qu'ils traitent, les Chaldéens jettent dans la balance :

— Je suis catholique romain. Je fournis la Mission.

Du ton, sans doute, que devaient prendre les affranchis de Rome quand ils s'affirmaient « citoyens de la Ville. »

Rabbi Odischou auprès de ses pareils, passe pour un adroit compère... Et, de même, puisqu'il accomplit tous les simulacres ordonnés pour le Carême et les Pâques, il est sûr de gagner les félicités éternelles, par fraude, avec la même facilité et les mêmes procédés qu'il sut acquérir ses biens terrestres...

Si les Chaldéens de la plaine sont peureux et sournois, ceux de la montagne au contraire, les Djilos, sont braves et audacieux. La plupart, sujets turcs, des environs de Mossoul, déserteurs des armées de Turquie, organisent des expéditions contre les Kurdes. Grâce à leur connaissance du pays, ils forment, pour les Russes, des patrouilleurs adroits. De temps à autre, les Djilos s'aventurent dans les montagnes, mais comme les Russes ne veulent plus combattre, ils reviennent à Ourmiah, avec des prisonniers et du butin, sans essayer de garder les positions prises.

Nous sommes allés voir les Kurdes que les Chaldéens ramenèrent de leur dernière expédition. On nous avait annoncé des femmes, des enfants, des vieillards, des hommes valides en grand nombre... Nous ne trouvons que des misérables, une quarantaine peut-être, sordides, le turban lourd, crevant de faim... Un soldat surveille ces captifs.

— Oui, il n'y en a pas beaucoup... Vous ne voyez que les otages, nous explique posément Nicodème... Les autres, ils étaient encombrants; aussi tous les jours, le long du chemin, à chaque étape, on en sacrifiait quelques-uns à coups de « kindjar » (poignard).

Ce dimanche-là, un Chaldéen nestorien vient de la montagne où il habite, voir son frère, blessé grièvement par les Kurdes et que l'on soigne à l'ambulance...

On s'informe :

— Ah! oui. C'est celui qui est mort ce matin... Il est resté trop longtemps sans soins... Déjà, quand il est arrivé ici, il n'y avait plus d'espoir... etc.

Et cent autres bonnes raisons que l'on trouve toujours. Les infirmiers parlent ainsi devant le Chaldéen qui n'entend rien à notre langue et nous regarde l'un après l'autre.

Marcel Benoit, l'infirmier modèle, très calme, comme d'habitude, s'adresse à l'interprète Yonas, et désignant le Chaldéen.

— Eh bien, il faut l'avertir doucement de ce décès...

Yonas se décide et, à mesure, nous suivons sur le visage du montagnard l'effet des paroles gutturales. L'homme tient un bâton à la main, il porte une besace derrière le dos, lourde de raisins secs et de piments qu'il apportait au frère blessé. Lentement, il s'appuie sur sa canne, puis se laisse glisser et coule par terre, contre le mur... Il vient d'« apprendre »... Il baisse la tête et des larmes gonflent ses paupières bronzées...

Un silence, puis l'infirmier demande :

— Où est le cadavre?... Dans la petite chambre?...

— Oui,... recouvert d'un drap...

— Demandez-lui, Yonas, demandez-lui s'il désire le voir?...

Yonas parle de nouveau :

— Demandez-lui quel jour il veut qu'on l'enterre?... Comment?... Avec quel prêtre?...

Nouveaux pourparlers de Yonas qui racle un langage rocailleux. Des infirmiers de la salle d'opération, l'air affairé, circulent paisiblement. Deux dames en noir, l'une brune, col marin, béret bleu, l'autre d'un blond léger, passent près de nous, sans rien comprendre. Ce sont deux doctoresses de l'Hôpital Cinq qui viennent visiter l'ambulance.

— Il dit, traduit Yonas, de faire comme vous voudrez.

— Eh bien, demain, s'il veut...

— Oui, demain. — Il dit encore : « Traitez-le comme votre propre fils. »

VIII

« L'HOMME-QUI-DOIT-MOURIR »

CES coups de feu isolés que l'on entend, chaque nuit, comme dans un « secteur tranquille » sur le front, ajoutent quelque chose de mystérieux à notre exil dans cette ville où, le soir venu, dans les ruelles sans lumière, on ne rencontre personne... Parfois, un falot qui se balance au loin, à ras du sol... Ce sont deux riches Persans, dans leurs manteaux, qui rentrent chez eux, précédés d'un domestique...

— Votre ville n'est pas très sûre, Nicodème... Vous feriez bien de ne pas sortir si souvent, après neuf heures...

A ce conseil de prudence, Nicodème sourit.

— Ce n'est pas dangereux, dit-il enfin. Moi je sais. Je ne crains rien... Ce ne sont pas des coups de feu au hasard, des balles perdues comme vous le croyez. Ce sont des Chaldéens qui se vengent... Il y a un livre où il est écrit tout ce qu'ont fait les Kurdes (il prononce : « Kourdes ») — pendant l'occupation des Turcs... Avec des Persans d'Ourmiah, qui indiquaient les maisons des Chrétiens, ils ont pillé, ils ont assassiné plus de mille Chaldéens ; ils ont enlevé les femmes et les jeunes filles jusque sur les autels et emmené les plus jeunes en captivité. Aujourd'hui, les Chaldéens revenus d'Amérique...

— Comment? d'Amérique?...

— Oui, il y en a beaucoup en Amérique. On les a avertis, et ils reviennent chez eux. Et ils trouvent leurs biens disparus, leurs maisons détruites... On leur dit : « C'est tel musulman qui a pris ta fortune, ta femme, tué « ta mère et donné ta fille captive aux Kourdes... » Alors, il n'a plus personne, il est fou, et la nuit, avec son fusil, il se met à l'affût. Les balles qu'il tire, c'est à coup sûr, et il sait sur qui il doit tirer...

Et le sourire de Nicodème s'élargit.

— Moi, j'ai fui, avoue-t-il très posément, mais d'autres qui sont restés ont vu tous les leurs massacrés. Ainsi Yonas qui a hérité de tous ses oncles d'un seul coup...

« Les meurtriers seront punis. Il y a aussi des Persans que tous les Chaldéens veulent faire disparaître, ceux qui ont dénoncé les Chaldéens riches, les femmes qu'il fallait prendre... Mahamed-Khan, celui qui est propriétaire de l'ambulance, est un de ceux-là (et son beau-frère aussi). C'est un homme qui doit mourir de mort violente...

Vers les cinq heures du soir, les bras croisés sous son manteau noir, des lorgnons sur le nez, Mahamed entre à l'ambulance, fait le tour du propriétaire, s'arrête chez le pharmacien, où il pénètre sans frapper, sourit niaisement, se retire pour aller contempler le moteur que l'on va mettre en marche, s'égare dans la deuxième cour, et rentre chez lui, du même pas tranquille. Le matin, vers les neuf heures, et l'après-midi, il recommence cette petite excursion, la seule qu'il puisse faire en toute sécurité, sa maison touchant à celle des Français. Telle est la grande distraction de Mahamed, l'homme qui doit mourir.

Le reste du temps, Mahamed le passe chez lui, parmi ses femmes ou chez son beau-frère... On le rencontre rarement seul dans les rues. Il ne s'y aventure jamais après la tombée de la nuit...

— Alors, vous croyez, Nicodème, que ce Mahamed sera un jour des clients de la salle d'opération?

— Pas forcément... Il peut aller directement au cimetière.

« Les Chaldéens, poursuit Nicodème, sont des gens plus loyaux que ne le disent les Persans. De temps à autre, ils font savoir à Mahamed que ses jours sont comptés et s'arrangent pour lui rappeler qu'il doit mourir comme il en fit mourir tant d'autres. Et ce n'est pas sans effroi que Mahamed lit des billets dont il goûte peu la concision :

« Celui qui par ta faute est seul au monde est revenu « d'Amérique... »

« Tenez, on le « cherchait » hier, avouait Nicodème, mais on ne l'a pas trouvé... Il a dû être prévenu...

Nous sourions un peu du terrible récit de Nicodème, nous tâchons de laisser à l'imagination orientale une grosse part de grossissement, — la plus grosse, — cependant, lorsque Mahamed passe auréolé de son air stupide, nous nous surprenons à regarder cet homme que guettent tant d'ennemis anonymes et qui serait promis à une mort prochaine et inattendue...

IX

Depuis plusieurs semaines, je me demande : « Miss Sophia a-t-elle reçu mes lettres ? »

Son silence m'inquiète à la longue. Et j'ai appris que des courriers en route pour la Russie étaient attaqués et pillés dans les déserts de Djoulfa.

Or, ce matin, on me remet une lettre. C'est Sophia qui répond. Quelques lignes seulement, datées de « Tiflis, 4/17 septembre 1917 ».

« Vous êtes tout de suite parti, et Nina aussi est partie, et Tatiana donc est retournée à Moscou... Tout est fini de ce qui était... La vie est un conte si infiniment beau !

« Dieu que je prie et la grande icone qui est droite dans le coin du grand tapis et qui vous a vu veilleront sur vous, je le sais. Allez, mon ami grand. Pour moi, il est ceci : un garçon n'est plus qui m'a aimée, et il faut, a dit la Mystérieuse Voix, racheter ce péché.

« Je m'en vais dans un couvent retiré.

« Ce n'est pas lui que j'aimais, mais un autre que je ne peux plus dire et que je ne saurais oublier dans ma glacée solitude...

« Adieu donc. Quand vous serez sur vos boulevards de Paris, pensez à moi quelquefois, ami, à la dame aux blanches toilettes qui adorait les crépuscules du Jardin du Palais. »

***

Ainsi, cette Sophia que je tenais pour un esprit pondéré, calme, sensible, qui représentait pour moi cette sagesse raisonnable que nous aimons de trouver chez une femme française, se révélait déconcertante autant que les autres. C'est assurément parce que je la connaissais mal et n'avais jamais eu l'avantage de toucher jusqu'au profond de son cœur.

Je me rappelle, maintenant. Certains détails qui, de près, demeuraient au troisième plan, grossissent et se placent selon leur importance. Comme miss Sophia habitait une chambre à part dans le logement de Tiflis, elle se trouvait rarement présente à nos réunions du soir. De ne l'avoir rencontrée que par hasard, auprès de Nina et de Tatiana, et très souvent seule, si aimable et spirituelle, j'avais fini sans doute par la croire différente des autres.

Je perdais toutefois, avec elle, une dernière illusion. C'est une chose qui me fut sensible, mais cette lettre que je venais de recevoir terminait si bien ma correspondance datée d'Ourmiah que je l'ai mise là, en conclusion...

Quant à Sophia, ma jolie folle, comme les autres, je ne l'ai jamais revue, mais j'écris ici son nom, pour la dernière fois sans doute, afin que, par sa grâce, ce récit parvienne, — et nul ne le souhaite plus que moi, — à cette notoriété passagère qui sera, peut-être, son plus heureux apanage.

X

INDIGÈNES D'OURMIAH ET D'ALENTOUR

Dans les couloirs de l'ambulance, on rencontre d'abord Mahamed-Khan, des mollahs de toute catégorie, des saïds à la ceinture verte, mais aussi, mais surtout, le musulman Yadoullah-Khan (la main de Dieu), un maigre jeune homme à lunettes, et le mollah de la mosquée voisine, Persan, ancien style, qui porte la robe et le turban. Sa barbe et ses mains sont roussies au henné... Il semble toujours surpris de voir des Européens qui ne brutalisent pas les habitants du pays. A vrai dire, jusqu'à ce jour, les Français sont bien vus à Ourmiah. Les marchands du bazar, si méfiants d'ordinaire, habitués à être volés par les soldats russes, nous laissent choisir les objets qu'ils mettent en vente. Ils nous prient même de pénétrer dans leurs étroites boutiques.

— Vous n'êtes pas comme les autres, dit un de ces revendeurs. On nous l'a dit dans les mosquées...

L'interprète Yadoullah-Khan a voyagé, — du moins il nous l'assure, — en Allemagne et en Suisse. Aussi a-t-il rapporté quelques habitudes occidentales. Il est habillé à la moderne : calotte noire, longue redingote-jupe aux nombreux plis, le pantalon et le gilet à l'européenne... Mais il a gardé sa sottise naturelle et son énorme prétention.

14

On lui parle des fameuses confitures de roses persanes, que chacun connaît de réputation...

— Oh! oui, monsieur... Avant la guerre, nous avions ici de très bonnes confitures, vous savez... Elles venaient en boîtes de Guermany.

A l'un de nous, il demande :

— Est-ce que cela existe aussi chez vous, que les chiens, ils deviennent fous après avoir mangé du cadavre d'homme?

Et il ouvre de grands yeux ahuris pour entendre :

— Mais, Yadoullah-Khan, les chiens, chez nous, ne se nourrissent pas de cadavres humains...

Si les musulmans des villages de la plaine sont de secte chiite, ceux des montagnes, les Kurdes notamment, sont sunnites, et cela complique encore les haines de religion.

On rencontre peu de Kurdes dans Ourmiah, bien qu'il y en ait, disséminés à travers la ville. Ils s'habillent comme les montagnards chaldéens : la veste courte, la ceinture à poignards, les cartouchières, le bonnet de feutre avec turban à franges et les larges pantalons.

De nombreux mendiants, des mendiantes aussi de race kurde se traînent dans les rues, le jour. La nuit, ce peuple se retire dans son quartier : des bâtisses incendiées, abandonnées, et vit là, pêle-mêle, dans la misère et la vermine.

On trouve des mendiants dans tous les coins des ruelles, devant toutes les portes. Ils attendent, sans bouger. Les enfants pleurent, les femmes gémissent, et lorsqu'on passe près d'elles, vous disent en petit nègre :

— *Gardache, clebo malinky!* «Frère, du pain pour mon

petit ! ») désignant, sur leur dos, une figurine gelée, enfouie dans des haillons.

Une misérable femme regarde devant l'hôpital, les Français qui plaisantent et jouent avec l'énorme épagneul de la mission. Soudain, la mendiante s'éloigne, en nous maudissant.

— Que dit-elle ?

— Elle dit, explique l'interprète Israël, en riant, elle dit : « Je vois que les Français sont impurs, comme les Russes. Ils touchent les chiens. » Et vous voyez, elle s'en va sans même attendre l'aumône qu'elle a demandée.

Il y a de jolies Kurdesses parmi ces femmes : brunes, le nez busqué, les lèvres fortes, le visage racé ; les Persanes que l'on voit habituellement ont de grands yeux et des pommettes rouges comme les Chaldéennes de la campagne. Les Chaldéennes de la ville sont plus fines et d'une beauté qui ne fait pas oublier les Juives...

Au bazar, lorsqu'on s'égare dans le quartier réservé, on rencontre de nombreuses formes voilées de noir qui jacassent et nous suivent du regard... Ces mêmes personnes, on les retrouve dans les cimetières, dans certaines ruelles aussi, mais ce sont là des courtisanes de basse catégorie. Il en est de plus élégantes que l'on envoie chercher à domicile par un de ces nombreux enfants qui rôdent dans les rues avec les chiens errants.

Yadoullah-Khan adore les romans d'aventures et les récits policiers qui le font frémir.

— New-York et Paris, c'est plus terrible que ce qu'on peut trouver en Perse...

Il a lu toutes sortes de livres inconnus qu'il cite de

travers, persuadé qu'ils sont célèbres puisqu'il les connaît.

Il fume de petites cigarettes qu'il roule lui-même, se promène lentement, s'assied, erre de nouveau le long des couloirs, écoute, sans en avoir l'air, les conversations des Français et introduit « les grands personnages » persans à l'hôpital. C'est là son rôle officiel; à la vérité, il est espion à la solde du gouvernement persan auprès des Français.

Pour ce métier, il ne reçoit que deux cents krans par mois. Yadoullah ajoute à ses revenus comme il peut. C'est lui qui présente les malades musulmans à la consultation gratuite. Aux uns, il promet la guérison, des remèdes, le droit de revenir auprès des médecins, suivant le taux des générosités qu'il encaisse, car rien ne se fait que par sa grâce et moyennant pourboire. Aux curieux qui ne veulent que visiter l'hôpital, il demande une gratification et leur fait voir pour ce prix les lampes électriques et le moteur qui fournit la lumière...

Si « Mahamed qui doit mourir », Yadoullah, et quelques autres sont vêtus à la moderne, c'est-à-dire s'ils portent un col, une chemise, des bottines et un parapluie, le mollah a gardé les traditions : barbe au henné, cheveux ras, le turban du pèlerin et sa robe longue... Le mollah nous salue, une main posée sur son cœur; il cite souvent des versets arabes... Il ne connaît pas le français.

Ces Persans anciens et modernes, différents en apparence, ont une même pensée : ils redoutent les Russes et méprisent tous les chrétiens indigènes. On peut assurer qu'ils n'ont pas changé et sont pareils à leurs ancêtres décrits par les anciens voyageurs.

Des Persans se sont assemblés devant la porte de l'ambulance. Soudain surgissent les policiers du gouverneur et le chef de la police lui-même, un petit homme à lunettes rondes... Ils s'avancent avec des fouets et dispersent les curieux, en frappant à droite et à gauche. Des chevaux à grande allure débouchent du tournant de la rue, une voiture les suit, où des femmes voilées de noir sont assises. Ce sont les dames d'un riche Persan qui accomplissent leur promenade quotidienne.

Le mollah s'est lié d'amitié avec quelques Français. Il a bien voulu nous montrer l'intérieur de sa mosquée, une haute pièce tapissée de nattes. Nous avons tourné dans l'étroit escalier du minaret qui conduit à la plateforme où le mollah, le visage tourné du côté de la Mecque, psalmodie les prières rituelles, trois fois par jour. On voit les terrasses de la ville, quelques intérieurs de jardins, l'intimité des maisons musulmanes : trois femmes dévoilées qui se baignent dans les canaux, sous les arbres, les toits arrondis du caravansérail, des vergers, des vignes, les saules qui bordent l'horizon et les lignes bleues du lac, au loin...

Comme nous descendons, une foule de Persans assiègent la mosquée. Nicodème nous conte qu'il y a en ville une grande rumeur : on a vu des Français sur le minaret, et les Musulmans craignent on ne sait quel danger pour leurs femmes. Le mollah fournit des explications.

— C'est bien fait, dit Nicodème, jaloux peut-être de notre commerce avec un Infidèle, il n'avait pas besoin de vous faire grimper là-haut...

Dans le courant d'octobre, les Musulmans chiites célèbrent leur grand deuil annuel[1] : la mort des imans et d'Ali. Des processions de pénitents parcourent la ville, matin et soir. Des croyants, vêtus d'une seule chemise noire, se flagellent les épaules en cadence, avec des chaînes. D'autres se frappent la poitrine à coups de poing. Des enfants chantent des chœurs monotones. On promène des drapeaux verts et noirs, des bannières avec des plumes, ornées de mains de métal... Des Persans, la tête basse, conduisent des chevaux drapés de noir... Une ronde sauvage circule, la nuit, dans les ruelles, en agitant des sabres, des couteaux, des piques. Ils crient d'une voix essoufflée, mais sur un même rythme, quelque chose comme : *Chahossé! Vakhossé!*

Les Français regardent curieusement, avec un certain malaise, ces manifestations... Mais les Russes éclatent de rire, et les chrétiens chaldéens plaisantent, avec une colère méprisante. Des Arméniens qui passent, à la tombée de la nuit, et qui fuient aussitôt, déchargent leurs revolvers sur de jeunes enfants, devant la mosquée. Des tués. De nombreux blessés.

---

1. Le nom de *chiites* s'appliqua à tous les partisans d'Ali (gendre de Mohammed) quelles que fussent leurs tendances. Une partie considérable d'entre eux honoraient dans Ali et sa famille les dépositaires d'un droit légitime au califat. Les Alides, par malheur, se montrèrent incapables de jouer ce beau rôle de prétendants. Le fils aîné d'Ali, Hassan, se désista presque immédiatement de ses droits au bénéfice de l'Omeyyade Mo'awiya. Le plus jeune, Hosaïn, trouva la mort des martyrs, en 680, dans une folle équipée vers Koufa (P.-D. Chantepie de la Saussaye, *Manuel d'histoire des religions*).

XI

« LES SOIRÉES D'OURMIAH »

UNE nuit, en rentrant à l'écurie qui nous tient lieu de dortoir, nous apercevons, Marcel Benoit, Maurice Jammes et moi, non loin de la porte d'entrée, quelque chose qui se traîne par terre.

— Encore un coup des Arméniens, dit Benoit.

Nous nous approchons curieusement. Nous reconnaissons l'un des nôtres : Captain.

— Ce qu'il a dû boire pour arriver à se mettre dans cet état! remarque Benoit, plein d'admiration.

— Laissez-moi, implore Captain. Je regagne mon quartier général.

— Comme ça? A quatre pattes? demande Jammes.

— Chut!... Oui, à cause des espions...

Il est indéniable que Captain ne peut ni marcher, ni se traîner. En dépit de ses protestations, nous le portons jusque sur son lit.

— « Captain Treuleuleu! » observe Marcel Benoit. Quelle belle signature pour des articles sur la guerre, en délayant le communiqué, comme...

— Pourquoi ne pas faire un journal?...

Le fait est que l'on s'ennuie sans limite dans cette ville d'argile mal cuit. Pas de lettres. Et tout est merveilleusement prévu et organisé pour qu'on n'en reçoive jamais.

Le courrier est, la plupart du temps, confié à des Russes évacués sur Tiflis qui sèment ce supplément de bagages dans les gorges de l'Araxe. Ou bien, se laissent piller.

Un journal, c'est un dérivatif tout indiqué. Sur-le-champ, nous décidons de nous mettre à l'œuvre. Ainsi prennent naissance, par sympathie avec les « Soirées de Paris » de Guillaume Apollinaire, les « Soirées d'Our-miah ». Ce titre eut la faveur de plaire tout de suite, parce qu'il prêtait à la rêverie, aux veillées sous la lampe, à la vie en famille, des choses oubliées, en somme.

— Voici la manchette, dit Benoit : « Journal français du front du Caucase ».

— Tout simplement ?

— Puis, les indications habituelles : « Rédaction, quartier de Yurdischah. Les manuscrits non insérés ne sont pas rendus. La Direction les utilise. »

— A quoi ? interroge Maurice Jammes.

— Tu le verras bien.

— Il faut prévenir le public qu'il doit s'adresser pour toutes communications au garçon de bureau Benoit...

— Avant de lui parler, ajoute Jammes, se rendre compte s'il est à jeun.

Ce Marcel Benoit, quand j'y pense, représente l'un des plus beaux échantillons d'humanité que la grande tourmente promène à travers le monde. Pour la semence, sans doute... Bien qu'il soit apprenti médecin, Benoit ne manque pas d'intelligence. Il a de l'esprit et tâche de comprendre ce qu'il apprend. Aussi, à l'ambulance, le génie administratif l'emploie au balayage des cours et à l'arrosage des jardins, de malheureux pétunias qu'il inonde en conscience.

Cependant, Benoit veut bien, au nouveau journal, cumuler les fonctions de garçon de bureau et de critique dramatique. Aucune ironie dans ce rapprochement. Le hasard...

— Le quotidien est fondé puisque nous avons déjà un garçon de bureau, annonce Maurice Jammes.

— Le premier numéro s'ouvrira sur un grand manifeste.

— Entendu : « Nous sommes ici pour représenter le Droit ». Mais occupons-nous des rédacteurs, intervient Benoit.

« Si l'on demandait à Baudat, le maître d'armes, une chronique sur les sports?

— Tu iras le trouver dans la cabane qu'il s'est construite : « Au Petit Creusot », où il répare si artistiquement avec des boîtes de conserve les fusils des Chaldéens. Ce qui est fort dangereux, du reste...

— Pour les Chaldéens qui se servent de l'outil réparé. Mais Captain l'affirme : « Les morts ne réclament jamais. »

— Et Captain?

— Il sera chargé de la chronique militaire.

— Si c'est pour parler de l'avance des armées russes, autant supprimer la rubrique tout de suite, assure Maurice Jammes.

— Avez-vous pensé à la publicité?

— Elle viendra toute seule, affirme Benoit. Pour commencer, nous inscrirons des placards comme ceux-ci : « Si vous aviez placé ici une annonce sur votre produit, vous l'auriez vue, et vous en auriez fait une commande à votre maison. »

— Beaucoup de choses se perdent ou s'égarent, disparaissent enfin, déclare Jammes. Une colonne pour les « recherches et réclamations ».

— Entendu. Nous mettrons : « Le Monsieur qui au vestiaire du Grand Théâtre russe, du quartier de Dilkoushah, a reçu un pantalon de dentelle et un éventail au lieu et place de sa capote réglementaire, est prié de rapporter ces objets à la Direction. »

— Et la chronique médicale ?

— Nous n'avons que l'embarras du choix : trop de compétences.

Mais Benoit demande la parole :

— Cette rubrique exige des connaissances sérieuses, des études spéciales et de la pratique. Pourquoi ne pas la confier au « Captain ». Son passé — ancien prisonnier de guerre, évadé d'Allemagne, ancien matelot, ancien boucher sur un paquebot — le désigne suffisamment pour cet emploi.

« Vous savez que, dans le civil, Captain met sur ses cartes de visite : « Ex-interne de la Villette ». Ce qui ne manque pas de produire une grande impression sur sa clientèle.

« Et puis, il ne faut pas oublier, ajoute Benoit, comme Captain le reconnaît lui-même, qu'il n'a pas plus de décès qu'un chirurgien.

— On pourrait encore ouvrir un cours, très utile, sur la transcription en français, des noms russes et persans. Doit-on écrire le « Stabs » ou le « Schtabs » ? (État-Major). Doit-on écrire « Younker » ou « junker » à l'allemande, pour désigner un officier ? Doit-on énoncer « Pojalouista » (pour : s'il vous plaît) quand tous les Slaves disent : « Pajaste » ?

— Je crois bien que le journal est prêt, conclut Jammes. D'ailleurs, je viens de trouver la devise qu'il portera en manchette. En manière de protestation contre la nourriture qui est assez restreinte comme vous savez et l'obligation où nous sommes de ne consommer que du thé, le vin étant défendu par les autorités russes...

— Alors, c'est en buvant du thé que Captain s'est mis dans l'état où nous l'avons trouvé ?

— Non. C'est parce qu'il verse trop d'ersatz de vodka dans son thé.

— En manière de protestation, poursuit Jammes, Captain a composé un refrain sans façon qui est devenu le refrain de la formation :

> De l'ambulance alpine,
> J'en ai plein le dos :
> On n'y bouffe que des briques,
> On n'y boit que de l'eau.

— Et la chronique des modes et de l'élégance ?

— On priera Maurice Jammes d'aller la demander à la comédienne Lentina, répond Benoit.

XII

Deux fois par semaine, il y a consultation médicale. Ce sont toujours les mêmes clients qui se présentent : indigènes, chaldéens, musulmans et des soldats russes de toutes les armes, des femmes employées à la Trésorerie, aux Intendances, des « sœurs de charité... »

Les premiers soldats qui viennent n'ont pas de papiers... Ils ont lu, par hasard, sur les murs de la maison, l'écriteau racoleur. Alors ils sont entrés... Mais, comme ils ne possèdent pas d'autorisation écrite, on les renvoie. Cette formalité les étonne... Et les civils musulmans qui attendent, où prennent-ils leurs papiers?

Quelques soldats, cependant, sont revenus, puis d'autres, par curiosité. Ils montrent un bout de chiffon sur quoi une « siestra » indulgente griffonna quelques lignes et sa signature : « Pour le Médecin-chef du régiment ou de l'hôpital... La sœur : Anna, etc... »

Les sœurs de charité, qui sont souvent plus lettrées que les docteurs et officiers russes, tiennent en effet les écritures que ces messieurs affectent de dédaigner. Le billet s'orne du timbre humide où les aigles impériales déploient leurs ailes... Miracle du cachet, sortilège de la paperasse que nul ne cherche à déchiffrer!... La forme est sauvée, et les porteurs de papiers sont dignes d'entrer...

Comme ils s'ennuient à faire antichambre près de la porte que referme avec bruit un tablier blanc pressé, les Russes commencent une longue discussion. On les entend crier :

— *Davolna !* (assez !) *Volia !... Svaboda !... Bourgeouaisie !...*

Soudain, une bousculade. Un sarrau maculé de sang... C'est l'étudiant de service qui prie ces messieurs de faire silence. Sur un banc, à l'écart, des officiers russes sont assis. Une « siestra » en robe crème et jupons courts se penche auprès d'un, brancard. De nouveau, la porte s'ouvre. Et apparaît l'interprète Pawel Alexandrovitch, un Russe né à Paris, qui a l'avantage de connaître ses compatriotes. Avant même qu'il ait parlé, tous les « tavarischy » se pressent autour de lui. Pawel les calme, du geste. Puis il appelle un des officiers qui, trouvant dans ce nouveau venu une aide inespérée, se redresse, et, dans un grand salut militaire, fait sonner ses éperons.

Un soldat s'étonne que les officiers bénéficient d'un tour de faveur. Il posera la question au Comité, mais, devant le silence de Pawel, les autres se taisent : ils se retrouvent les dociles serviteurs de l'ancien tsar...

Barine Pawel, très digne, cherche un étui d'argent niellé. Il le présente aux officiers russes qui s'inclinent. Pawel lui-même prend une cigarette et, avec les grâces et les petites façons d'une pensionnaire en peignoir, roule sa cigarette sur la boîte, tasse le tabac d'un côté, puis de l'autre, tord le bout cartonné. Le Russe expose son cas.

La « siestra », aussitôt, plaide la cause de son malade, qui, du reste, se croit déjà perdu et cherche sur les murs les habituelles icones. Mais il ne voit que des tableaux de service, emplois du temps, courbes des fièvres, etc. Le malade du brancard appelle un pope, un petit père...

— Batiouchka !...

Et le « batiouchka » paraît.

Il y a là, précisément, un grand feutre mou bleu-ciel qui porte l'ample robe grise à fourrures des popes. Sa main grasse se ferme sur une tabatière d'or enrichie de rubis. Il a l'air très doux, ce pope. Il s'accroupit près du brancard. Il parle avec douceur et se bourre le nez d'un doigt délicat. La « siestra » attend, la tête penchée. Elle est blonde, naturellement, des yeux bleus... Elle ressemble à la plupart des infirmières qui sont venues dans les hôpitaux du front, pour distraire les officiers, disent les simples, pour faire de l'espionnage, affirment les initiés. De mystérieuses histoires ont cours, en effet, sur le compte de ces dames. Prisonnières des Turcs, elles furent remises en liberté, comme « Croix-Rouge », après une charmante captivité. Presque toutes parlent l'allemand, et c'est en cette langue qu'elles s'expriment souvent avec les Français peu familiers avec le russe.

La jolie « siestra » a rejeté son manteau d'astrakan et détaillé d'un regard tranquille, les hommes et les choses qui l'entourent... Des « camarades » se succèdent. Ils sont atteints des habituelles maladies que réservent aux imprudents les faciles chrétiennes de cet Orient et les voiles noirs qui rôdent dans les cimetières. L'un expose à Pawel, dont il remarque les mains ornées de bagues, que la sorcière de son village, lorsqu'il partit pour la guerre, lui annonça que, s'il était épargné et repassait la frontière du Caucase, il resterait stérile. Cela l'inquiète pour la Natacha, qui lui est fidèle dans la steppe profonde...

C'est un grand garçon au nez ingénu. Sa tête disparaît sous un énorme bonnet à poils blancs ; ses pieds s'enfoncent en de lourdes bottes de feutre.

Pawel, sans rire, car il connaît ceux de sa race :

— Camarade, ton esprit est affranchi de l'esclavage et de l'erreur... Pas plus que le tsar n'était notre Père, la radoteuse... etc...

Une Arménienne lourde, vêtue d'une blouse qui flotte jusque sur ses chevilles, pas plus grosses que les mollets d'une Française, et un paysan habillé avec les défroques que les soldats russes abandonnèrent, parlementent longtemps... Il y a là, encore, des Persans de la dernière classe, reconnaissables au sillon qu'une tondeuse a tracé au milieu de leur épaisse chevelure et trois graves mollahs... Ces derniers s'informent d'abord si les « savants » qui doivent les examiner sont musulmans. La valeur de la consultation dépend de la réponse... Et puis une Persane, en noir. Son mari, une lévite en bonnet rond, l'accompagne. Il dit que sa dame est malade : une plaie sur les lèvres. Il veut que l'interprète ordonne les remèdes, tout de suite, sans regarder la Persane, qui se refuse, même pour un moment, à montrer son visage.

Mais Pawel conte fleurette à la « siestra ». Il se tient sur une jambe, puis sur l'autre, de façon que la visiteuse puisse admirer à loisir ses jambières en cuir jaune. Il agite les mains, et c'est pour lui faire voir sa bague où bleuit une énorme turquoise...

Un vieil homme, habillé comme un soldat russe s'approche de l'interprète. Celui-ci, délaissant pour un instant la « sœur de charité » demande :

— Soldat ?

— Oui, dit le Russe.

— Quel âge as-tu donc?

Pas de réponse. Pawel insiste :

— Voyons, quelle année ? Quel mois ? Quel jour es-tu né?

— Nizenaï... (je ne sais pas) déclare une voix endormie.

— Comment? Tu ne sais pas! Rappelle-toi...

La grosse tête ronde semble réfléchir un moment, puis :

— Je me souviens... C'est l'année où la maison d'Yvan Yvanovitch, en face de la nôtre, a brûlé...

Comme les malades persans semblent se donner rendez-vous devant les portes de l'ambulance pour la consultation, des médecins chaldéens qui firent leurs études en Amérique, poursuivent jusque-là leur indocile clientèle. L'un d'eux examine un Musulman, le tâte en silence, puis tire d'une valise à main quatre petites fioles de teinte et de grosseur différentes. Il les range devant le malade et désigne chaque flacon :

— Voici... celle-ci coûte deux krans, celle-ci quatre krans, celle-ci huit krans, celle-ci dix krans. Qu'est-ce que tu veux?

Le malade se décide pour la fiole à deux krans.

— Tu prendras de cette potion une cuillerée toutes les heures...

Toutefois, le Musulman ne s'en va pas. Il attend les remèdes gratuits qu'on lui remettra à l'ambulance.

XIII

DEPUIS trois jours, des bandes de corbeaux tournoient très bas dans le ciel, à portée de nos fusils. Leurs croassements emplissent la cour du petit jardin de l'hôpital. Ils présagent les ondées prochaines, l'hiver, le froid... Et ce soir, voici qu'il pleut... Dans les étroites rues mal pavées de la ville, l'eau forme des mares inattendues. Le long des murailles de briques et de terre, de grands Persans passent en courbant l'échine... Quelques ânes attardés traversent le cimetière musulman, où les saules se profilent dans la brume...

Voici venir le temps où les communiqués du Caucase annoncent que « dans les montagnes, la neige est tombée, atteignant par endroits un mètre de hauteur, que dans les secteurs du sud de Kalkika, etc., le froid dépasse dix degrés ; des bourrasques de neige arrêtent les opérations... »

— C'est tout ce qu'il y a, nous dit un officier russe. C'est fini pour la saison et pour l'année... L'été, il fait trop chaud... L'hiver...

Et il sourit en approchant frileusement du petit poêle sa grande capote grise.

— Au revoir, monsieur. C'est le dernier communiqué.

A l'État-Major, au « Stabs », l'officier de service secoue la tête.

— Nous allons prendre nos quartiers d'hiver sur les positions que nous occupons. D'ailleurs, l'armistice sera vite conclu.

Il flotte dans l'air une inquiétante angoisse. Le marché est fermé et des bruits se répandent : la paix prochaine serait signée, l'écroulement et la fuite de Kerensky, l'évasion de Korniloff, l'assassinat de Lénine, etc...

La chute de Kerensky ! Tandis que la tragédie d'Hamlet se jouait en Russie avec ce mauvais acteur de Kerensky, quelques Russes et nous-mêmes, les Français, à leur contact, avions fini par croire au redressement de ce vaste pays.

C'est pourquoi la surprise fut grande lorsque les nouvelles de Moscou furent confirmées. Le 10 décembre 1917, on apprenait à Ourmiah que l'armistice était signé. Les soldats annoncent naïvement leur intention de piller le bazar. Aussi toutes les boutiques sont-elles fermées, et des cavaliers cosaques patrouillent sous les voûtes obscures des caravansérails.

« L'homme-qui-doit-mourir » relève son visage jauni. Il semble renifler d'où vient le vent. Il se promène frileusement dans son grand manteau noir qui le recouvre comme un suaire... Les montagnards parcourent la ville; des Kurdes se sont glissés parmi eux, pour espionner. Les Chaldéens, chrétiens nestoriens ou orthodoxes, se préparent à fuir, comme d'habitude.

Et nous, que faisons-nous ici, chez ce peuple persan qui veut la paix et la fin de l'occupation militaire, parmi ces Russes qui ont déclaré que la guerre était finie?

Cependant jusqu'à la décision dernière, il faut que les armées du Caucase restent sur leurs positions. Comment retenir tous ces soldats qui veulent rentrer dans leur pays? La plupart n'y sont jamais retournés depuis le début des hostilités. Et quelques officiers russes s'avisent d'un expédient : le théâtre gratuit.

A cent mètres des portes de la ville, dans un terrain abandonné, près de la rivière, on a construit une grande scène. Des « sœurs de charité », des « praporchicks » (aspirants) y jouent les principaux rôles.

— Vous viendrez me voir jouer, nous avait dit Lentina, la comédienne.

Car elle parle presque français, maintenant. Elle a pris tant de leçons! Nous y allons, Marcel Benoit, Maurice Jammes, Captain, d'autres encore...

Ce sont, d'ordinaire, d'énormes drames, sans action, tout en discours que termine un coup de revolver fatal, quand sonne l'heure de la retraite, des comédies farcies de monologues qui désorientent les Français, surpris également de voir les moujicks s'intéresser à ces déclamations sans fin... Le bon public que ces soldats de tous pays : l'Arménien bruni, le Petit-Russien blond, le cosaque à longue mèche et le type mandchou qui plisse ses petits yeux... Ils applaudissent, ils rient largement. Des délégués à fleurs rouges assurent une police relative dans la salle surchauffée, lourde d'une odeur d'étable humaine... Ils font taire les « camarades » dont le rire enfantin se prolonge et couvre la voix des artistes. De temps à autre, une voix autorisée psalmodie :

— Camarades, ne fumez pas... La fumée fait du mal à la gorge des camarades acteurs.

Les pipes disparaissent alors, mais pour mieux reparaître ensuite sous les capotes... Les « camarades » se cachent, pour fumer, comme de grands gosses...

Ceux qui m'intriguent, ce sont les acteurs. Avec Maurice Jammes, nous allons leur parler. Ce sont des jeunes gens bien rasés. Salutations. Poignées de mains. Éperons choqués à chaque présentation. Ils ont déjà ces visages particuliers aux comédiens qui empruntent du bedeau et de l'homme d'affaires. Ils sont fiers de leur nouvelle profession. Hier, ils n'étaient rien, pas même *efreiters* (instructeurs). La Révolution en fit des « praporchicks » (aspirants), et la guerre qui chôme les transforme en comédiens. La belle vie que celle qui commence par les armes et finit par les beaux-arts. Leur entrain est aussi touchant que leur jeu est sincère : au contact de quelques amateurs, ils ont acquis les manières du métier. Prétentieux, comme des professionnels, ils savent déjà occuper toute la scène au détriment de leur partenaire...

Les femmes, des « sœurs de charité », s'adaptent encore plus vite. Elles rient longuement, parlent avant le temps marqué et se pavanent comme si elles tenaient un emploi de grande coquette. La Sibérienne Kamenskaïa, — un petit visage blond ébouriffé, — s'essaie à des rôles composés. Elle a le courage de jouer des dames âgées. Elle y réussit. Angelina la Grecque, trop brune et trop mince, se trémousse comme une danseuse et la troublante Lentina songe à montrer ses bras nus. Nous la félicitons comme il convient. Elle est décidément fort jolie. Mais elle ne nous écoute guère. Le rideau va se lever et un trac terrible la travaille. Aussi elle invoque, pour se donner du courage, l'icone de la tapisserie et multiplie, avant d'entrer en scène, de rapides signes de croix... Le plus joli spectacle se donne dans les coulisses.

** **

Il y a une autre distraction pour les soldats russes : les élections. On a donc transformé en électeurs les « camarades » qui reviennent des secteurs plein de neige. Quand ils voient des sanitaires français, ils les saluent de la formule rituelle :

— Camarades, la terre et la liberté!

Comme ils descendent des montagnes, où ils vécurent durant l'été, ils ne savent pas encore qu'il y a des soldats français dans la ville. Notre uniforme jaune-moutarde, pareil à celui des troupes coloniales, pourrait leur faire croire que nous sommes des alliés anglais. Ils n'y pensent pas. Les Anglais sont loin et tous les hommes sont frères depuis la Révolution. Ils nous saluent simplement :

— *Sdraz, tavarischy Guermany!*

Ils nous prennent pour des « camarades allemands ». Les plus avertis croient que nous sommes Autrichiens et quelques-uns nous demandent avec inquiétude si, par hasard, nous ne serions pas des Japonais, de ces redoutables petits jaunes dont il fut si souvent question... Cette confusion peut s'expliquer par notre costume qui est d'un jaune-serin.

Donc un électeur russe, c'est un soldat russe, naguère discipliné, obéissant comme un automate, à qui des voix ont annoncé :

— Tu es libre désormais.

On lui a remis cinq bulletins de vote imprimés qui

représentent, chacun, une liste différente de candidats et portent un numéro. Si le nouveau citoyen ne sait pas lire, il connaît du moins les chiffres jusqu'à cinq. Et il placera dans l'urne un des billets numérotés. On lui répète :

— Le un, c'est le parti ouvrier social-démocratique de Russie ; le deux, le parti de la liberté du Peuple ; le trois, le parti social-révolutionnaire ; le quatre, le bloc des partis socialistes de l'Ukraine, socialistes-révolutionnaires et social-démocrates ; le cinq représente le parti ouvrier social démocratique (bolscheviky)... Tu choisiras...

L'électeur se redit dans sa pauvre tête habituée à obéir toutes ces grandes choses, puis, perplexe, attend la décision de son voisin, qu'il surveille du coin de l'œil. Mais il y a des orateurs dans les groupes. Ils indiquent la bonne liste...

Mikhaël est très ennuyé ; différents parleurs lui assurent tour à tour que chaque numéro est le meilleur ; le dernier qu'il entend a de bonnes raisons pour le convaincre. Il lui retire quatre bulletins de façon qu'il ne se trompe point.

Comme il se dirige vers la loterie, — je veux dire : vers l'urne, — son unique bulletin bien serré dans sa grosse main, Mikhaël est arrêté par un jeune homme blond et frisé.

— Camarade, fais voir ce que tu tiens... Non, prends celui-là... Tu allais voter contre nous, contre la terre et la liberté !...

Cependant, l'urne, sur une table, fut ouverte devant tous : elle était vide. On l'a refermée, cachetée à la cire, et de sombres « délégués » l'entourent et la protègent.

— C'est ici comme partout, constate philosophiquement Captain.

XIV

L'INTERPRÈTE chaldéen Yonas accourt à l'ambulance. Il a sa figure des grands jours, la toque de travers sur ses cheveux hérissés.

— Venez voir! Y en a des soldats russes qui ont pillé à bazar.

Dans la rue, devant l'hôpital, les passants habituels : soldats russes, portefaix, musulmans dans leurs manteaux. Au coin, sur la borne, un mendiant psalmodie les litanies du martyre des Alides. Quelques soldats s'éloignent en serrant les bras sur leurs capotes gonflées.

— Y en a qui ont pillé... dit le tremblant Israël.

Le capitaine russe Bobbyck, la cigarette au coin des lèvres, les mains dans les poches, interpelle ces fuyards prudents. A notre grande surprise, ces « citoyens libres » s'approchent...

— Pourquoi as-tu volé? demande Bobbyck.

— J'ai fait comme les autres... Je pouvais bien prendre des marchandises puisque les autres en prenaient.

Bobbyck tire sur la capote du soldat et fait tomber des babouches, des peaux de renard, des morceaux d'astrakhan, une aiguière en cuivre...

— Laisse ton butin... Tu peux t'en aller...

Et le Russe s'éloigne, sans rien dire. C'est en se jouant que Bobbyck arrête ainsi cinq pillards qui lui abandonnent sans protester les objets les plus disparates : du tabac, des ceintures de cuir, un samovar, des chaussettes de laine, de petits tapis... Et tous de fournir la même excuse...

— J'ai fait comme les autres...

Ils s'en vont ensuite, naturellement, sans même se retourner. Des Chaldéens de la plaine, transis de crainte, viennent annoncer que des soldats ivres enfoncent les portes de bois des boutiques avec des poutres... Bobbyck allume une cigarette. Il a assez travaillé pour aujourd'hui...

Que chaque officier russe fasse comme lui.

Toute la journée, on entend les habituels coups de feu. Le pillage continue jusqu'à la nuit.

Le général russe commandant le corps d'armée n'a aucune autorité. Il le reconnaît de bonne grâce. Les policiers persans que l'on rencontre quelquefois dans les rues estiment que le moment est mal choisi pour eux de se montrer. Ils sont rentrés dans leurs maisons.

Le gouverneur persan se désole... Enfin, après une nuit de vol, les rues du bazar sont désertes. Silence. Des marchandises, des étoffes traînent par terre. Sous les voûtes du bazar, devant les boutiques défoncées, on ne rencontre que des vendeurs de nougat (« khalva »).

Nous allons prendre le thé chez le marchand d'opium qui a pu sauver sa maison. Des Russes défilent, le fusil sur l'épaule. Quelques Musulmans. Il fait froid. Et voici que des ânes, au trot, s'avancent librement dans les ruelles du labyrinthe et disparaissent dans ce jour éternel de cave.

Maintenant qu'ils ont saccagé le bazar, les régiments russes s'en vont en Russie.

Le cinquième régiment de pogranichny est parti ces jours derniers. Les cosaques du Baïkal se retirent. C'est la fin... Les chrétiens de la contrée, — Chaldéens et Arméniens, — que divertissait le pillage du bazar ne rient plus.

— Nous serons massacrés quand les Russes ne seront plus là...

Les malades russes, en traitement à l'hôpital français, craignent les représailles des musulmans, quand, leurs camarades partis, il leur faudra rejoindre, par groupes isolés, les lignes russes à l'arrière. Ils demandent tous à être dès maintenant dirigés sur les lazarets de Tiflis.

L'état-major russe doit également quitter Ourmiah dans deux semaines. Il faut bien qu'il suive ses soldats puisqu'il ne peut ni les précéder ni les obliger à rester ici.

On demande aux camarades qui partent :

— Pourquoi êtes-vous si pressés de rentrer en Russie ?

— Nous faisons comme nos camarades...

Mais il faut d'abord traverser le lac d'Ourmiah. Tous courent s'entasser sur ses rives, à Guelman-Khané, où la flottille n'a pas assez de barques pour transporter ces voyageurs sur l'autre bord.

À Charaf-Khané, par contre, de l'autre côté, d'autres ennuis. Des milliers de soldats campent sur les quais. Ils attendent des trains qui ne viennent jamais. Ils vivent comme ils peuvent : de pillages, d'incendies, de meurtres. Les ravitaillements sont arrêtés.

Que devenir à Ourmiah ? Sans ordre, nous devons attendre...

La neige a pris, ce soir, sans bruit, et tombe doucement sur les hauts plateaux ; elle brouille l'horizon de saules dans la campagne et tourne dans les étroites ruelles. Les Chaldéens frileux marchent vite ; les Persans se cachent dans leurs houppelandes ; quelques officiers russes, des Arméniens se perdent dans les rues ouatées. Le ciel noir brille d'infinis flocons d'étoiles et la nuit est épaisse dans ses ténèbres mystérieuses.

Il n'y a pas eu de messe de minuit, à Ourmiah, dans la chapelle de la Mission catholique des Pères Lazaristes depuis le début de la guerre. Les rues ne sont pas sûres, et les Chaldéens préfèrent ne pas sortir après que les mollahs ont salué le soleil couchant.

Aurons-nous les trois offices de minuit, cette année ? Les Pères ne savent pas :

— Nous ferons ce que vous voudrez, nous répondent-ils, sans rire.

Ce n'est pas une plaisanterie. La présence des soldats français donnera peut-être quelque confiance aux Chaldéens qui oseront sortir de leurs profondes demeures.

On apprend au dernier moment qu'il y aura messe à minuit. La plupart de nos camarades se rendent à la maison des Pères, le revolver au ceinturon, car l'on fusille ferme, comme chaque nuit, dans tous les quartiers, depuis Mart-Mariam jusqu'à Kurdischah. Nous qui sommes de garde, nous nous installons pour le réveillon traditionnel. Il y aura des harengs et des œufs durs sur du pain gratiné, des oignons crus, des amandes grillées et du miel, le tout arrosé de vodka. Benoit rêve au gâteau de riz semé de raisins secs, baignant dans le vin cuit.

Mais voici qu'à une heure du matin, au moment où nos

verres pleins de ce lourd vin alcoolisé, que l'on conserve dans les « linas » de terre cuite, se lèvent, on nous annonce qu'une femme malade vient d'entrer à l'hôpital... Elle est petite, les yeux hagards, le visage blanc de vaseline. Elle pleure, elle crie, elle éclate de rire et se tord sur le lit où des infirmiers l'ont déposée.

— Crise d'hystérie simple, diagnostique Marcel Benoit, mécontent.

L'interprète Pawel débarbouille l'enfant dont les joues sont encore encrassées de fard et de rouge. Et nous reconnaissons Lentina, l'actrice. Elle n'a pas oublié la route de l'ambulance, ni perdu la tête autant qu'on pourrait le croire. A Maurice Jammes, qu'elle découvre près d'elle, elle recommande entre deux sanglots :

— Mon cher petit, j'ai laissé mon chapeau, mon manchon et mon sac à main dans l'auto, devant la porte...

— Elle doit abuser des stupéfiants, prononce Benoit. La... Chose-Kaïa...

— La Kamenskaïa, rectifie Maurice Jammes.

— Oui.... Elle prend de la morphine et de la coco... Lentina également.

— Peut-être, dit Jammes qui sait bien des choses.

« Mais, ajoute-t-il, elle a aussi de grandes contrariétés. Lentina revient de Tiflis où elle a appris la mort de son mari, le jeune lieutenant que vous avez vu...

— Non. Connais pas...

— N'importe. Son mari a été assassiné. Ou obligé de se tuer. Lentina revient, déjà malade, en Perse. Arrivée chez elle, de la glace sur l'estomac, des « praporchicks » sont venus la chercher pour jouer le soir même un rôle de femme. Il n'y a plus d'actrice depuis le départ de la grecque Angelica et de la Kasmenskaïa pour Dillman. Or, Lentina doit jouer un rôle de femme ivre. Par farce, les bons camarades lui remettent une bouteille de vin véritable. Lentina s'aperçoit du subterfuge lorsqu'elle a commencé sa scène. Mais, grande artiste, elle termine son jeu, achève sa bouteille, et n'évite pas la fatale crise. C'est très malin de la part des praporchicks...

Benoit, calme, caresse ses cheveux, qu'il porte hérissés comme les plumes d'un oiseau crevé. Il s'assied devant « l'omelette aux fines herbes de l'Azerbeidjan » — assure le menu. Il remplit nos verres et, comme il faut toujours, même dans ces heures de désarroi, établir une fiche pour chaque nouvel « entrant », il propose :

— On mettra donc : « Crise simple consécutive à plaisanterie stupide ».

— Les Russes ont une cosaque façon de se distraire.

XV

AVANT LA FIN

Bobbyck est revenu de Tiflis où une mission l'avait envoyé. Il s'aperçoit aujourd'hui qu'il a laissé en cours de route la plupart de ses marchandises. Ou bien on les lui a prises. Les médecins français font à ce sujet de sévères remarques :

— Ils ne s'aperçoivent donc pas que la « plaisanterie » va se terminer ! s'étonne Bobbyck.

La « plaisanterie », c'est la guerre et ses offensives. Le capitaine Bobbyck ajoute :

— Pourquoi apporter des marchandises à Ourmiah ? Les « tavarischy » s'en empareront.

Puis, pour nous :

— Cependant, j'ai pu cacher du cognac jusqu'à Charaf-Khané. Pas plus loin...

Enfoncé dans sa capote grise, il va de sa chambre jusqu'à son bureau, tout frileux d'avoir vu l'eau du petit bassin couverte de glace.

On l'interroge sur la paix prochaine... Il ne sait rien. Il rit de tout son masque d'homme qui aime à rire, en plissant les yeux. Il s'est remis au travail, méthodiquement. Il continue comme avant, à établir des factures. Il a rapporté de Tiflis deux nouveaux tampons qu'il colle un peu partout.

Maurice Jammes, l'interprète, lui annonce que « l'hôpital numéro cinq » est fermé.

— Oh ! que vont devenir les « siestry » (sœurs de charité). C'est bien dommage !...

Et il se remet à écrire, sans lever la tête. Il a juste le temps. La paix peut être signée demain. Ses comptes ne sont pas encore arrêtés.

Cependant, comme il pose la plume et sourit, Jammes lui parle de Tiflis, charmante ville où l'on peut boire, où il y a des femmes...

— A propos, vous êtes allé voir la petite Française dont je vous avais donné l'adresse ?...

Il fait « oui », en secouant la tête.

— Vous avez été sage, j'espère ?... ajoute Jammes.

— Il y avait toujours le mari... répond Bobbyck.

Et cette réponse explique sa réserve de Russe un peu noceur et bon vivant. Mais, on ne connaît jamais bien ceux avec qui l'on vit. Comme Jammes observe :

— Nous sommes bien isolés à Ourmiah.

— On est seul partout, dit-il presque sérieux.

Un peu plus et il reprendrait à son compte la réflexion célèbre de Maupassant : « Personne ne comprend personne ». Nous devinons que sous un sourire factice, Bobbyck dissimule on ne sait quelle inquiétude. Toutefois, il reprend très vite :

— Songez que dans notre isolement, le chien, la femme et la puce sont les uniques créatures qui soient spontanément vers nous venues.

— Et les « siestry », vous les avez rencontrées sur la route de Tiflis ? demande Jammes.

Le capitaine Bobbyck va répondre. Mais une personne

vient d'entrer. Elle a des cheveux très courts et un nez un peu long. Les cheveux, c'est elle qui les fit couper. Par les grands froids, son nez devient rouge. Elle est bien connue à Ourmiah, où les femmes blanches sont numérotées.

— Vous devriez nous prendre pour manger, dit-elle. Mon hôpital a fermé.

C'est aussi une « sœur de charité » russe.

— Prenez-moi !

— Elle veut signifier, traduit Bobbyck complaisant : « Prenez-moi comme dame sanitaire... »

Comme les événements semblent loin, avec Bobbyck, et comme à l'entendre, tout paraît aisé, facile, sans importance. C'est à nous qu'il demande les dernières nouvelles de Russie. Il s'amuse, à n'en pas douter. Quant à lui, il ne sait pas... On insiste :

— Voyons, vous savez bien quelque chose ?...

— Oui... oui... La grande dame brune aux mains pleines de bagues n'est plus à l' « International » et, en face des Cadets, on a ouvert un grand nouveau café...

— Il y a beaucoup de soldats à Tiflis ?

— Pas plus qu'à Ourmiah. Ils s'en vont donc ?

— Tous.

— Le théâtre gratuit ne les retient plus ! C'est la fin !

Il a rapporté la photo de sa femme : une jeune personne élégante près d'un énorme sloughi qui occupe le premier plan. Il nous montre l'image.

— N'est-ce pas que le chien est bien ? dit-il.

Mais ses sourires cachent mal son inquiétude. Il a vu, à Djoulfa, sur la frontière, les pillages des soldats russes.

A Charaf-Khané, l'Intendance distribue ce qui lui reste pour éviter les vols et les incendies. Les camarades posent leurs conditions :

— Avant de rentrer, nous voulons des chaussures, des bottes et des manteaux.

Ces exigences désorientent Bobbyck. Je crois qu'il ne comprend rien à cette révolution qui dépasse tout ce qu'avait prévu son imagination.

*

Si étrange que cela paraisse, un ordre a pu parvenir jusqu'ici : constituer avec ce qui reste de Russes, des bataillons arméniens et chaldéens qui seront chargés d'occuper la ligne que les « tavarischy » abandonnent. Ils devront résister à l'ennemi héréditaire : le Turc. Le « Stabs » russe (État-Major) doit laisser armes et munitions.

— C'est de l'imagination britannique, cette idée-là, constate Bobbyck.

Cependant, les événements donnent tort au capitaine-comptable. On fait appel au courage des Chaldéens. Des officiers et des sous-officiers des anciennes armées du tsar se chargent d'apprendre l'art de la guerre aux nouvelles recrues et se présentent au nouvel état-major pour servir dans cette armée. Quelques montagnards viennent même s'enrôler. Enthousiasme oriental, qui n'a pas de lendemain.

Le sceptique Bobbyck résume la situation :

— Une belle armée. Au premier bataillon, il y a douze officiers et déjà huit volontaires soldats. Au deuxième bataillon, on compte quinze officiers et seize volontaires. Au troisième bataillon, il y a treize officiers, mais pas encore de soldats...

Et il pense aux choses pratiques :

— Avez-vous des amis à décorer? On liquide. Mon ami le colonel Browsky peut beaucoup.

En effet, les décorations, les imprimés, les papiers au chiffre et aux armes des Romanoff et de l'aigle n'ont pas été modifiés par la Révolution. On trouve des *certificats* et des *attestats*, ornés de la noble tête du tsar et du visage triste de la tsarine... Les décorations sont supprimées, mais on distribue celles qui restent. La médaille de Saint-Georges « pour la bravoure » porte à l'avers le profil de Nicolas.

— Voulez-vous la Médaille du Travail? Il y a aussi plusieurs Saint-Vladimir et Saint-Stanislas aux épées. Choisissez!...

*
* *

La société russe de ravitaillement des armées, les « Ziemski-Saïous », a établi des magasins à Charaf-Khané, sur les rives du lac. Ils ont été pillés. Il y a aussi toute une flottille pour le transfert des marchandises. Que faire de ces bateaux maintenant que les soldats russes quittent la Perse?...

— Que voulez-vous? dit avec la naturelle inconscience des Slaves le commandant à qui furent confiées les barges, bateaux plats, remorqueurs de la société... Que voulez-vous?... On vend tout... Je vendrai ma flotte et je me retirerai...

— Mais vous pourriez en référer à l'État ou au conseil

d'administration de votre compagnie..., observe Bob-byck.

— Il n'y a plus d'État ; et la compagnie, où est-elle ?

Si les soldats retournent en Russie, les officiers aiment mieux rester à Ourmiah. Mais ils ne savent où se caser.

Ils se découvrent des maladies inattendues ; quelques-uns entrent chez les Français en traitement... Cela leur permet d'attendre.

C'est ainsi qu'arrive un nouveau pensionnaire, un énorme colosse de colonel. Il a grande allure avec ses cheveux blancs et son visage grave.

Marcel Benoit, infirmier de garde ce jour-là, va visiter le nouveau venu... Il le trouve, le soir, à genoux sur le parquet, une bougie à la main et inspectant toutes les encoignures...

— Il n'y a pas d'insectes qui montent contre les murs ? s'informe le colonel en relevant un front soucieux...

— Des araignées ?... Non... Il y a peut-être des scorpions, l'été, mais maintenant ils ne sortent pas...

— Ah !... Et des petites bêtes qui courent par terre et qui font des trous dans les murs ?...

— Des souris ?... Non plus...

— Non. Ah ! Et ces détestables choses qui poussent sur a tête, comment appelez-vous ? .

— Des cheveux ?...

— Non...

Le colonel aperçoit à ce moment une affiche collée au mur. Il s'écrie :

— Des poux !

— Non. Il n'y en a pas.

— Non ?... Ah ! tant mieux... dit l'officier en redressant

tout à fait sa grosse tête congestionnée... Parce que, je vais vous dire, ajoute-t-il, parce que j'en ai peur !...

* *

Et les Russes s'en vont chaque jour. Bientôt on pourra compter les capotes grises qui sont restées à leur poste.

Les Musulmans se promènent avec d'orgueilleux sourires. Yadoullah-Khan, interprète persan à l'ambulance, dit à certains « grands personnages » :

— Représentez à vos édiles que les Français veulent organiser ici une armée de chrétiens. Lorsque les Anglais et les Français s'emparent d'un pays ce n'est pas comme les Russes, c'est pour toujours...

On essaye de faire prendre patience aux soldats russes qui encombrent les bateaux et les gares. On leur dit :

— Attendez que vos camarades russes, prisonniers en Turquie, soient revenus. Vous délivrerez les Turcs qui sont en captivité chez vous.

Mais ils répondent :

— Puisque nous avons proclamé la liberté, nous devons l'accorder à tout le monde, et nos frères de Turquie doivent agir comme nous.

XVI

LES BATAILLONS CHALDÉENS

En vérité, cette conception d'une armée chaldéenne est une trouvaille. En principe du moins. Sur le papier, si l'on préfère.

— Dépêchons-nous d'en rire, observe le capitaine Bobbyck.

Des secteurs les plus éloignés, arrivent des officiers russes qui s'engagent dans la nouvelle armée. Ils étaient dans un poste avancé, pendant la guerre. Ils le disent. On ne peut contrôler leur parole, puisque les communications télégraphiques sont déjà difficiles. Toute une jeunesse en uniforme parade dans les rues. Déjà, des sous-officiers commandent l'exercice à des recrues de dix-sept à vingt-huit ans.

Les musulmans ne sont pas contents, les musulmans ne veulent pas que l'on donne des fusils aux seuls chrétiens, et voici qu'ils se détournent des Français. L'armée chaldéenne s'organise difficilement.

Bobbyck qui regarde d'un air narquois ces troupes nouvelles constate :

— On n'y parviendra pas. Le Comité des soldats reste à Ourmiah pour examiner les « droujinas »... Il s'y opposera... Cependant, le gouverneur persan de la ville annonce que des peines sévères seront prises contre les sujets persans qui s'enrôleront dans l'armée chaldéenne.

Les Chaldéens veulent bien s'armer, mais en cachette. Ils vont en même temps protester de leur fidélité auprès du gouverneur persan. A l'État-Major russe qui leur offre des fusils, ils répondent par ce mot qui justifie toutes les servitudes :

— Nous voulons bien combattre, mais nous ne voulons pas qu'on le sache...

Or, on a bien prévu l'arrivée des Turcs après le départ des Russes, mais on n'a pas pensé que les chrétiens, riches d'armes et de munitions, se souviendraient d'abord que leurs vrais ennemis sont à côté d'eux : les musulmans de la région, les musulmans propriétaires de villages et de grandes maisons...

La fusillade, chaque soir, commence dans la ville et dure toute la nuit. Yadoullah-Khan n'ose plus sortir de l'hôpital, et Mahamed, « l'homme-qui-doit-mourir », s'en va, inquiet, à l'affût des nouvelles.

On annonce ce matin que quarante-cinq Persans ont été fusillés en représailles.

Yonas s'agite et Nicodème également. Mais Rabbi Odischou annonce de graves événements.

— Le gouverneur, le « kargouzar », le « sardar » ont dit que les Français devaient s'en aller... Il y a des canons, des fusils, des revolvers pour les chasser... Au besoin, les dents de leurs soldats suffiraient à les mettre en fuite.

La Perse est un charmant pays et Ourmiah une ville où il est sage de ne pas trop sortir le soir... Pour mettre fin à ces fusillades nocturnes, le gouverneur persan a convoqué chez lui les « grands personnages », les « honorables présidents » des diverses missions religieuses, les patriarches chaldéens, les dignitaires persans... Autour des grands tapis, on parle... Chacun débite son petit discours en faveur de la paix, sur ce thème émouvant :

— Chrétiens et musulmans doivent vivre comme des frères, puisqu'ils sont sujets du même grand pays, la Perse...

Les assistants approuvent. Nulle décision. Ils se séparent avant la tombée de la nuit. A peine ont-ils regagné leurs demeures que la fusillade recommence comme la veille...

*
* *

Parmi les volontaires de ces bataillons chaldéens, on rencontre de vieux aventuriers comme cet Antone Babaïeff, officier qui s'est enrichi en vendant toujours le même fusil. Son procédé est des plus simples. Il confie dans le plus grand secret à quelque riche Persan qu'il peut lui faire obtenir une arme d'un grand prix. Rendez-vous est fixé dans la campagne, hors des portes de la ville, car ce genre de commerce est interdit. Babaïeff apporte le fusil, le musulman les krans (monnaie persane) convenus. Antone Babaïeff prend l'argent et remet son arme, car il est loyal. En rentrant dans Ourmiah, le Persan rencontre, comme par hasard, un Chaldéen, le propre frère de Babaïeff, qui reconnaît le fusil d'Antone :

— Canaille! Tu as volé cette arme à mon aîné!...

Il bouscule le musulman, le frappe, le dépouille de cet ustensile dangereux que les deux compères pourront céder de nouveau à quelque autre dupe...

Tout ceci est bien compliqué et demande une assez longue mise en scène... Aussi Babaïeff possède-t-il d'autres moyens. La nuit, il arrête les Persans armés qu'il rencontre, les tue proprement s'ils ne sont pas convenables et les dépouille. Il collectionne chez lui tout un arsenal dont il trafique... Les musulmans achètent cher les armes à feu ; les rues ne sont pas sûres, et les Babaïeffs sont nombreux... C'est ainsi qu'on fait fortune dans la carrière des armes.

Au bazar, l'interprète chaldéen Nicodème et moi, nous rencontrons souvent ce charmant garçon à la cordiale poignée de mains.

— *Sdraz, tavarisch!* nous dit-il, car ne sachant pas le français, il nous parle en russe.

Puis à Nicodème, son compatriote, qui traduit à mon usage :

— Hier, il a encore tué un Persan et avant-hier deux qu'il a couchés gentiment sous la neige, plus une femme parce qu'il s'est trompé.

Nouvelles poignées de mains. Antone Babaïeff, petit et râblé, s'éloigne, heureux de ses exploits. Je ne crois pas qu'il se vante. Il dépense beaucoup, il a toujours de l'argent et quantité d'objets bizarres, — bracelets, montres, colliers, ceintures ouvragées, — à vous offrir...

— Il a bien fait! conclut Nicodème.

XVII

En attendant son départ prochain, le colonel Brovsky — un petit nez dans un long visage — le dernier officier de l'État-Major du VIIe corps d'armée qui soit resté à Ourmiah, essaie de passer le plus agréablement possible ses dernières journées. Il n'a plus pour se distraire que des Arméniens ou certains Russes, ou des « paroutchicks » dans les bataillons chaldéens. Les premiers, il les ignore ; les autres lui paraissent trop jeunes. Aussi vient-il chercher à l'ambulance l'officier-comptable russe : le charmant Bobbyck, qu'il a connu au temps où tous deux faisaient partie de la maison du grand-duc Nicolas Nicolaïevitch. Ils évoquent ensemble l'heureuse époque de l'ancien régime.

Brovsky, c'est le Russe riche et bohème. Il occupe au « Stabs Corpous » une chambre trop grande qu'il a meublée avec un lit, une table, deux chaises et un loup énorme et velu qui trotte et tourne, dans la pièce trop étroite pour son humeur vagabonde. La grande distraction, chez le colonel Brovsky, c'est de boire. Il n'y a qu'un seul verre pour le vin du pays, — un vin dur, fort en alcool, conservé dans les « linas » (cruches de terre) et qui saoule très vite. — Il n'y a qu'un petit verre pour la « vodka »...

On emplit le grand verre. Les invités boivent tous dans la même coupe.

— A vous l'honneur !

C'est Bobbyck qui vide la première chope, d'un trait.

— A la santé de nos femmes ! dit Brovsky en buvant la deuxième tournée. Si vous n'en avez pas, n'en prenez point pour cela. Nous boirons une fois de plus à la santé de nos maîtresses...

On alterne, pour changer, avec l'eau-de-vie que l'on avale d'un seul coup.

— J'ai aussi ma montre à vendre, dit le colonel Brovsky, mais avec la chaîne...

La chaîne est une lanière de cuir, la montre est en argent.

— C'est cher, dit-il... Le cuir est rare...

— Vous avez donc une autre montre ?...

— Moi ? non. Mais je fais comme les tavarischy ; je vends tout ce que j'ai, et puis après je vendrai tout ce que je n'ai pas...

Brovsky attend de Tiflis, chaque jour, l'ordre de quitter Ourmiah. On le sent fiévreux, inquiet... Enfin un télégramme !... Il l'ouvre d'un doigt rapide :

« Envoyez en double expédition état n° 8 sur courroies selles cavalerie, etc... »

— Voilà, dit Brovsky à Bobbyck malade de rire, toute la bureaucratie russe tient là-dedans : « Envoyez en double expédition... »

Depuis trois semaines, Brovsky doit remettre à Bobbyck une liste de personnages qui sont décorés de je ne sais plus quel ordre, parmi lesquels se trouve Bobbyck lui-même.

— Venez chez moi demain, à trois heures, je vous remettrai cette feuille...

Bobbyck, sur le coup de quatre heures, se rend à l'État-Major.

— Ah! vous voilà! Eh bien, nous allons boire...

Les deux verres, jamais nettoyés, encore poisseux du vin et de la « vodka » de la veille, sont sur la table. Le loup tourne en rond dans la chambre, contrarié par les deux officiers, ce qui l'oblige à faire des détours dans sa fuite perpétuelle sur place...

— Et le papier?... demande Bobbyck...

— Il est prêt. Il est sur mon bureau à l'étage au-dessus. Mais je vous le signerai demain et vous l'apporterai moi-même.

Le lendemain, si le colonel Brovsky s'invite à boire chez son ami, il a oublié la fameuse feuille.

— Venez donc la chercher demain... Cela vous promènera... Ah!... à la santé de nos maîtresses!...

On rencontre au nouvel État-Major russo-chaldéen un vieux fonctionnaire de l'ancien régime qui s'est engagé dans la nouvelle armée, l'armée chaldéenne.

— Pourquoi faire?

— Pour vivre, répond Bobbyck. Il faut bien qu'il vive jusqu'à sa mort.

Bobbyck, du reste, se plaît à taquiner le vieux comptable. Attablé devant son guichet, il le harcèle de demandes :

— Pour avoir de l'avoine, où faut-il s'adresser?... Ah! bien, et pour avoir de la poudre... Le soleil a bruni le visage des soldats chaldéens... Il faut qu'ils ressemblent aux Russes... Où pourrait-on trouver de la poudre de riz?

L'autre relève son crâne chauve et montre, en ronchonnant, son gros visage à lorgnons. Ces questions le dérangent dans ses habitudes paisibles. Il répond hargneusement, mais Bobbyck, sans se fâcher, lui présente des quittances, l'une après l'autre, les épluche...

— C'est le type accompli du vieux bureaucrate russe, dit-il avec indulgence. Il travaille quand je vais le voir.

De fait, sitôt que le capitaine est parti, le vieux fonctionnaire range ses plumes et ses crayons et se retranche douillettement derrière ses factures, ses cigarettes, ses morceaux de sucre, sa tasse de thé et se hâte de ne plus rien faire.

Bobbyck est un grand maître. Avec lui, on peut apprendre à boire à la façon des Russes. C'est un sport qui comporte de l'entraînement. Il s'agit de vider chaque fois son verre d'un seul trait. Les hors-d'œuvre s'arrosent de « vodka ». C'est plus rapide, cela met tout de suite les convives en gaîté. Et l'eau-de-vie est nécessaire pour faire glisser les tranches de melon confites dans le vinaigre, les harengs en équilibre sur des œufs durs, l'herbe parfumée des montagnes de l'Azerbeidjan... Aucun choix du reste. On mélange tous les mets, on touche à tous les plats, on mange ensemble les noisettes grillées au caramel et les poires macérées dans l'acide acétique...

Le colonel Brovsky a gardé les habitudes slaves. Les coudes sur la table, le buste en avant, il suce un morceau de sucre en buvant le thé. Ce morceau, il le retire lorsqu'il repose son verre et le place à côté de son couvert; il mange du pain avec le potage, il manœuvre la fourchette à pleine main, comme s'il tenait un poignard... Le repas se compose de plats chaldéens : riz au sec (« pilau »), mouton rôti aux champignons de saule, vin blanc et, à chaque changement de service, un petit verre d'eau-de-vie. C'est par le thé et la « vodka » que l'on termine habituellement. Peu d'élèves jusqu'ici ont pu lutter avec le maître, mais le vénérable Brovsky aime mieux descendre sous la table que de ne pas tenir tête à son ami.

* *
*

Brovsky et Bobbyck ont décidé de partir sans plus attendre. Les seuls officiers russes qui persistent à rester sont détachés de l'État-Major chaldéen. Les musulmans, sur des ordres venus de Tauris, préparent, dit-on, le massacre des chrétiens; d'autre part, l'armée chaldéenne, sa constitution, sont des choses qui n'intéressent que les gens de Londres ou de Paris.

— On ne peut rien faire à Ourmiah, dit Brovsky. Ça va aller encore plus mal.

Et Bobbyck :

— Pourquoi restez-vous, les Français, chez un peuple qui veut absolument la paix ?

Brovsky hésiterait encore. Demain. Après-demain, on verra bien. Mais ce soir précisément la fusillade oblige Bobbyck et lui, à s'enfermer au « Stabs ». Ils décident de partir dès l'aube.

— Nous les accompagnerons, propose Maurice Jammes.

Au petit matin, nous voici sur la route de l'oasis qui conduit à Charaf-Khané. Brovsky laisse derrière lui des livres ouverts et des papiers non signés. Mais il emmène son loup.

L'animal tire sur sa corde, trottine de son trot léger, puis s'arrête tout d'un coup. Les tireurs d'Ourmiah doivent dormir à présent. Nous sommes tranquilles. Quelques cadavres dans les tournants des ruelles. C'est tout.

— Nous avons de la chance, ricane Bobbyck. Rien n'est plus dangereux qu'une balle perdue. Il y a toujours quelqu'un pour la trouver.

— Ce que je crains, ajoute le colonel Brovsky, ce sont les mauvais tireurs...

Parvenus en pleine campagne nous nous arrêtons. C'est la minute des adieux. Brovsky a enlevé le collier de son loup.

— Nous allons nous quitter, petit frère, lui dit-il. Oriente-toi et tâche de retrouver le chemin de tes montagnes.

La bête, un instant déconcertée, avance toute seule, flaire le vent, décrit un large « huit », par habitude, puis s'éloigne, s'éloigne encore sans se retourner. Elle s'arrête, pointe les oreilles. Elle écoute, l'échine basse et disparaît derrière une haie de saules... Elle est partie.

— A notre tour, maintenant, dit Brovsky.

— Espérons que nous aurons autant de chance que le petit frère aux longues pattes, ajoute Bobbyck.

Et ce sont les adieux et des souhaits.

— Oh! s'écrie Brovsky, j'ai oublié de vider mon verre de vodka. Il est resté sur ma table... là-bas...

— Ce soir, nous lèverons nos verres à votre santé; affirme joyeusement Marcel Benoit.

— Vous n'avez rien à faire annoncer à Tiflis?...

Puis ils s'en vont, en marchant d'un bon pas, très vite... Pas aussi vite que le loup, tout de même...

XVIII

DANS LA VILLE EN ÉTAT DE SIÈGE

Bobbyck, cher Bobbyck, vrai camarade russe, comme vous nous manquez, tout d'un coup !...

Nous vous connaissions un peu. Nous avions même surpris quelque chose de votre secret. Nous savions que le même jovial garçon qui plaisantait, qui riait des « siestry » et de leurs féminins stratagèmes, qui ne dédaignait pas de boire avec les rédacteurs des « Soirées » dissimulait sous son agitation comme des nappes de tristesse souterraine.

Il nous restait le journal. Il nous occupe quelques nuits encore. Mais un seul numéro parvient à voir le jour. Le journal ne peut plus paraître, parce que chacun des rédacteurs — même Captain sur qui l'on fondait de grands espoirs — note sur son carnet de route, à l'usage de ses petits neveux, les petits faits dont il est le témoin involontaire.

Nous assistons en effet à un grand événement : la révolution russe dans ses tâtonnements, les remous qu'elle provoque jusqu'en Perse et c'est à peine si nous nous en doutons.

*
* *

— Lentina vous a fait ses adieux ? demande Maurice Jammes.

— Non. Je la croyais depuis quelques semaines déjà à Tiflis...

— Elle vient de fuir. Elle était pressée. Elle m'a embrassé pour vous, reprend Jammes.

— Bien. Tu nous embrasseras une autre fois, décide Marcel Benoit.

— Entretiens donc le poêle, intervient Jammes. Dehors, il neige...

Oui. Il neige. Nous sommes en février. Un mois, comme c'est long et comme cela glisse vite... Des coups de feu, encore, sitôt que la nuit abrite les tireurs.

Les musulmans qui sont sur les listes des « suspects », comme Mahamed-Khan, tremblent ce soir où la fusillade est plus serrée que les autres soirs... Du haut de leurs terrasses, les Persans tirent dans les rues, au hasard, n'importe où... Cela peut durer jusqu'au petit jour... « L'homme-qui-doit-mourir », pris de peur, a creusé une meurtrière dans le mur de sa maison par où il appelle les Français.

— Monsieur, sauvez-moi! Ils vont me tuer!

Les chrétiens ont installé un petit canon à Dighala, sur les montagnes de cendres élevées par les adorateurs du feu, et ils envoient sur les quartiers musulmans une douzaine d'obus...

La fusillade dure toute la nuit. On dit que les musulmans se préparaient en secret à anéantir l'armée des volontaires chaldéens. On dit qu'hier ils ont attaqué les premiers un groupe de soldats... On dit qu'il y a déjà vingt-trois femmes ou enfants tués.

— Cette fois-ci, je crois que c'est sérieux, observe Maurice Jammes.

Nous dormons quand même.

Le lendemain, on apprend que « Mahamed-qui-doit-mourir », fuyant sa demeure a été arrêté par des soldats arméniens qui l'ont mis en joue. Un officier français[1], en se plaçant, au péril de sa vie, devant Mahamed, a empêché les Arméniens de tirer et donné le temps au « suspect » de se cacher dans l'ambulance.

— Quel dommage ! Enfin, ce sera pour une autre fois, murmure Nicodème.

Des mitrailleuses tricotent quelque part, sur des terrasses, au-dessus de nos têtes. On entend l'éclat des grenades. Le long des rues, d'inoffensifs passants tombent, frappés par des ricochets. Les musulmans, à l'abri derrière leurs créneaux, tirent afin de se rassurer eux-mêmes et d'effrayer leurs ennemis.

Cette fois-ci la fusillade se poursuit même dans la journée.

En revenant du ravitaillement l'après-midi comme il longeait le cimetière plein de neige, aux portes de la ville, un Français tombe grièvement blessé.

Yadoullah-Khan, très ému par cet attentat, défend ses coreligionnaires.

— Non, ce ne sont pas des Persans qui ont tiré sur un des vôtres. En ville, les Français sont respectés et aimés. Ce sont des Arméniens qui ont tiré pour que vous vengiez ce crime sur les Persans...

A cinq heures du soir, un cortège de mollahs, de

---

1. M. le lieutenant de chasseurs à cheval Gasfield, détaché français auprès de l'État-Major du corps indépendant de l'Azerbeidjan et qui organisa avec tact et diplomatie ces indisciplinables bataillons chaldéens pour le compte des Alliés.

mouchteheds, de saïds, agitant des drapeaux, chantonnent une phrase que Yonas nous traduit :

— Le gouverneur vous dit de ne plus tirer et de faire la paix !

Les Persans demandent la paix, mais la fusillade ne cesse pas.

Le grand mollah à la barbe teinte au henné, dont la mosquée est voisine de l'ambulance, s'est réfugié chez nous. Il ne sait pas ce que sa femme est devenue. Les chrétiens ont pillé et brûlé sa maison. Il reste silencieux, devant la porte, les bras croisés. Quelquefois, il lève les paumes rouges de ses mains vers le ciel et lentement invoque Allah, puis il reprend son attitude indifférente.

Bien qu'il soit en deuil, il veut bien nous accompagner cette nuit, l'interprète Yonas et moi. Nous irons à la recherche de quelques-uns des nôtres qui ont dû s'égarer car ils ne sont pas rentrés.

Le long des étroites ruelles, dans le dédale des hautes murailles creusées de meurtrières, nous avançons en file indienne. Un coup de fusil, un autre qui répond, puis un autre encore qui semble plus près... Quelques cadavres sur les tas de neige...

Yonas et le mollah s'arrêtent... Quelqu'un, au bout de la rue, une silhouette noire qui psalmodie... On écoute, on touche d'instinct la gâchette de son revolver... Ce n'est qu'un mendiant qui se plaint... Et, plus distincts, comme nous sortons d'une rue anonyme pour pénétrer dans une ruelle qui semble finir en impasse, nous parviennent les échos de la fusillade... Ces messieurs, sur leurs terrasses, échangent quelques coups de fusil parce qu'ils ont entendu le bruit de nos pas...

Il y a un jardin plein de neige, puis une cour gardée par des domestiques tremblants. On nous fait entrer dans une pièce obscure, éclairée seulement par la lumière qui filtre sous un large rideau de théâtre... C'est la maison du gouverneur persan. Un coin de la toile se soulève. Nous avançons jusqu'au milieu d'une large pièce où cinq musulmans se tiennent debout, près d'une lampe à pétrole posée par terre, sur les tapis.

Je regarde, seul Français, dans cette salle. Il y a là le « Kargouzar », qui s'occupe de la police des étrangers, le « Sardar », gouverneur militaire, le gouverneur de la ville, ce gros aux yeux épais, qui dépend du « Vahliad » (prince héritier) de Tauris. Ils portent de grands titres : « Sagesse de l'État », « Conquête du royaume », « Sabre de l'Administration », « Soutien du Gouvernement ». La lampe n'éclaire que leurs larges manteaux. A peine si leurs visages sont visibles.

Yonas, l'interprète, parle.

— Les Français que nous cherchons n'auraient-ils pas été retenus comme otages?... Une erreur est possible...

C'est ce que je lui ai donné à traduire. Mais il dit ce qu'il veut, longuement, avec beaucoup plus de circonlocutions et de politesses. C'est compréhensible. Moi, je m'en irai un jour et le gouverneur, ce petit homme d'une cinquantaine d'années au dur profil, ne pourra rien entreprendre sur ma personne. Mais Yonas continuera de se débattre à Ourmiah.

Voici justement que le « Sabre de l'Administration » nous regarde l'un après l'autre, le mollah, Yonas et moi. Il proteste, il nous assure, la main sur la poitrine, qu'aucun de ses sujets ne se permettrait de toucher à l'un des nôtres...

— Les Français sont respectés et aimés, nous dit-il.

— Cependant des musulmans ont tiré sur des Français, l'un des nôtres est mourant.

— Ce ne sont pas des musulmans... Ce sont des Arméniens qui s'habillent en musulmans pour mieux tromper leurs adversaires...

Je ne dis pas non. Je pense ce que je veux. Mais, après tout, c'est bien possible...

Le « grand personnage » persan et le gouverneur nous jurent qu'ils prennent part à notre deuil. Ils s'inclinent et leurs courtisans répètent leurs gestes à leur tour. Le chef de la police, un homme de grande taille, brun, aux larges yeux, aux fortes lèvres, prend la parole en français :

— J'ai dit que seraient pendus ceux qui se servent du fusil...

Mais nous n'en finirons pas des salamalecs de ces quatre ou cinq grands manteaux, très calmes, qui nous dévisagent en penchant la tête et se tiennent debout, figures impassibles.

— Les Français que vous cherchez, ils sont peut-être chez Mar-Schoumoun...

— Allons chez Mar-Schoumoun.

Mar-Schoumoun (Saint-Simon), le patriarche des chrétiens chaldéens, demeure à l'autre extrémité de la ville, dans le quartier de Mart-Mariam. Nous prenons congé de ces personnages, qui pensent nous jouer une bonne farce en nous expédiant très loin.

— Avertissez-moi si vous ne les retrouvez pas. Je mettrai mes soldats à leur recherche...

Sur cette promesse, le grand rideau retombe derrière nous.

Il faut d'abord sortir du quartier musulman sans éveiller l'attention. Nous longeons des ruelles plus serrées les unes que les autres.

— Nous allons, me dit Yonas, chez le Saint Patriarche, qui commande à tous les Chaldéens chrétiens...

Quelques coups de fusil isolés qui dégénèrent en feux de salve, pour ne pas en perdre l'habitude. Le mollah n'est pas du tout rassuré. C'est Yonas qui me l'affirme, en riant. Nous traversons la zone où les balles des partisans se croisent... Elle est facilement reconnaissable aux tas de cadavres qui la délimitent.

Des montagnards coiffés du bonnet pointu, nous abordent.

— N'est-ce pas que nous avons bien travaillé?...

Oui, ils ont fait un sacré travail. Mais il est inutile de les féliciter. Ils n'ont pas besoin d'encouragement pour continuer.

Cette patrouille de Chaldéens qui fait la police des rues, s'offre à nous accompagner chez le patriarche.

Une rue encombrée de charrettes, une porte de remise, que garde un soldat bardé de cartouchières, et nous pénétrons dans un jardin plein de neige, comme chez le gouverneur. On nous guide le long d'un escalier de bois, sans rampe. C'est au premier étage, une grande pièce sombre, tendue de noir. Près d'une table, un vieillard au visage maigre et un homme jeune encore, à barbe légère, aux yeux noirs. Ils nous tendent une main baguée que Yonas, — Chaldéen d'origine, — baise respectueusement. Des volontaires en armes nous offrent des chaises. Notre mollah est resté dans le jardin...

Les deux évêques écoutent Yonas. — Ils ressemblent

l'un et l'autre à des rabbins, avec leurs calottes et leurs larges vêtements noirs... Le patriarche a un visage rose et gras, une petite moustache tombante, des yeux très vifs...

— Vous accepterez tous les blessés, me dit-il, les musulmans aussi, car les chrétiens leur porteront secours après le combat...

Mais, comme il n'a rien vu, et que le temps presse, nous nous levons.

— Si vous ne trouvez pas, prévenez-moi. Mes soldats fouilleront partout..., dit Mar-Schoumoun comme Yonas lui baise la main avant de se retirer.

Les mêmes paroles que le gouverneur persan, mais sur un tout autre ton...

Peine inutile, du reste, que cette exploration nocturne. Les Français égarés s'étaient paisiblement réfugiés à la mission des Pères Lazaristes où ils attendaient la fin de la fusillade pour rentrer.

XIX

LE RETOUR DE LENTINA

ON proclame l'armistice le 24 février. Mais cela signi-
fie sans doute que les hostilités vont recommencer,
car des Persans demandent asile à l'ambulance.

Les réfugiés transportent leurs biens les plus précieux :
un tapis, un samovar, un narghilé.

Yadoullah-Khan, blanc de crainte et plus flottant que
jamais dans sa lévite de Persan modernisé, demande deux
chambres pour sa famille et pour lui-même. Il ne veut
pas être confondu avec la foule...

Un grand mollah à turban redoute la vengeance des
Arméniens. Il voudrait mettre ses femmes à l'abri. Deux
pièces à part lui sont également nécessaires :

— Je suis trop grand personnage pour coucher avec les
autres...

— Demandez à Mahamed-Khan, à côté de nous, de vous
céder un appartement.

— Je suis trop grand personnage. Je ne puis demander,
mais Mahamed-Khan peut m'offrir.

Et il nous avertit qu'il préfère courir les risques d'être
massacré plutôt que d'oublier le rang qu'il doit garder.

Quelques coups de feu encore... Les volontaires chaldéens fouillent les maisons des Persans. Les musulmans

s'enfuient dès qu'ils les voient arriver. Lorsque les soldats ont tout remué, des mendiants kurdes se précipitent et pillent le riz, les raisins secs, toutes les provisions que cachent les « grands personnages ».

On apporte à l'hôpital, couchés sur des échelles, des musulmans blessés depuis deux ou trois jours. Ce sont des femmes, des enfants, des vieillards, le ventre ouvert, qui tiennent leurs intestins rouges à pleines mains... Une fillette persane roulée dans une couverture est déposée dans un coin. Un infirmier soulève le drap; il attire en même temps un paquet d'entrailles collées à même la toile.

Yonas, l'interprète, est chargé de prendre les prénoms, les noms des blessés et leur adresse. Il écrit, impassible en apparence, mais une flamme étrange brille au fond de ses yeux noirs...

— Ali-Mahmed-Ali... du quartier de Dilkoucha... Ah! Ah!...

Il chante un peu, en parlant, mais, dès qu'il m'aperçoit, il me dit d'une voix rapide :

— Il faut, sitôt qu'on voit leurs lèvres bleues et leurs yeux se noircir, vite demander leurs noms et villages pour prévenir parents, pour qu'il n'y ait pas beaucoup de cadavres inconnus qui nous encombrent...

Quelle belle fête pour lui! Celui-là qu'on apporte, n'est-ce pas un vieil ennemi? Et ce mourant qui s'agite, n'est-ce pas l'assassin d'un de ses oncles?

Il se penche vers la fillette au visage déjà bruni, aux lèvres noires comme celles d'un chien; elle cherche à retenir les intestins de son ventre ouvert avec ses mains jointes et ses genoux repliés...

— Vous savez, c'est une balle qui a ricoché... Les musulmans ont seuls l'habitude d'ouvrir les ventres avec leurs poignards...

Cet après-midi, la comédienne Lentina arrive à l'ambulance. Elle est en bottes de feutre, le visage maculé de boue, les cheveux en désordre. Dans ses bras, elle tient un petit chien griffon à longs poils. Comme elle se rendait en auto, à Guelman-Khané, avec la famille d'un colonel russe, affecté aux cosaques persans, elle fut arrêtée sur la route par des soldats arméniens qui tuèrent le colonel russe d'une balle dans la tête, sa femme d'un coup de baïonnette et son fils d'un coup de fusil.

Lentina, avec des sanglots, raconte qu'elle fut bousculée par les Arméniens parce qu'elle tenait sur ses genoux le petit king-charles du colonel.

— Et vous aussi, vous êtes contre nous! lui disaient les volontaires qui avaient reconnu le chien de leur ennemi.

Lentina put s'échapper et revenir sur ses pas, cependant que son mari, capitaine russe aux cosaques persans, parti avant elle, l'attend encore à Guelman-Khané...

Mais parmi les Français, elle se rassure, retrouve sa confiance. Elle caresse le chien, le confie à Maurice Jammes, puis, gentiment, elle s'excuse de se présenter mouillée, avec d'énormes bottes qui alourdissent sa marche.

— Voyez, me dit-elle, en étendant les jambes.

Des blocs de boue.

Mais nous savons — oh! il n'y a pas longtemps — que le mari de Lentina, apprenant sur le bateau qui fait la traversée du lac d'Ourmiah l'assassinat du colonel russe et de sa suite, ne doute pas que sa jeune femme ne soit également tuée. De désespoir, le capitaine russe se tire un coup de revolver dans la tête. Il est mort.

Nous devons apprendre cette nouvelle à Lentina. Qui s'en chargera? C'est Jammes qui commence avec précautions. Jammes s'exprime en russe. Lentina écoute. Nous regardons. Ce n'est pas possible ! Elle savait déjà ! Elle reçoit les détails de cette mort en marquant d'abord de la stupeur, puis elle se met à pleurer, s'avance en chancelant, tombe sur une chaise, appuie son front sur le coin d'une table et reste là, à sangloter...

Nous pensons, malgré nous, Benoit et moi : « Elle joue un rôle de son emploi ». Maurice Jammes ne nous contredit pas lorsqu'il ajoute :

— C'est le troisième ou le quatrième qu'elle perd ainsi, en peu de temps, de façon tragique : l'un s'est tué dans un accident, le second est mort à la guerre, le troisième a été assassiné. Le dernier vient de se tuer...

Et il laisse échapper tout haut cette réflexion :

— C'est une femme qui porte malheur !

Maurice Jammes, qui au fond, est resté assez russe, en dépit de ses origines françaises, s'éloigne, cependant que le petit chien, sauvé par la comédienne, essaie de courir derrière lui.

XX

SOUS LE RÈGNE DES CHALDÉENS

Et l'hiver se poursuit avec ses longues soirées, ses bourrasques de pluie ou de neige. Ceux des Français qui, vers les six heures, se rendaient par groupes — le revolver dans la poche, car les traquenards sont coutumiers — chez les Pères Lazaristes, doivent renoncer à leurs sorties. La nuit se hâte maintenant, les ruelles jamais éclairées sont d'un noir absolu et l'on patauge comme à plaisir dans toutes les flaques d'eau. Enfin, les coups de feu sur un ou deux passants isolés ne sont pas rares.

Retirés dans leurs cantonnements, autour d'une lampe qui charbonne, les Français jouent aux cartes. Ou bien assis près du poêle, bourré de bois vert arrosé de pétrole, ils mettent en tas les nouvelles et chacun les commente.

Allons-nous servir de « cadres » au bataillons de volontaires chaldéens? Ce serait alors pour entreprendre une guerre de ruse et d'embuscade, la seule que les Orientaux connaissent.

C'est, à coup sûr, la plus émouvante, la plus riche en péripéties. Tuer des gens qui fuient, les surprendre encore endormis ou, cachés derrière des tapisseries, égorger les enfants, éventrer les femmes, transformer les rues en dépôts mortuaires près desquels on voit des fillettes, épargnées par hasard, la tête sur leurs genoux et qui pleurent en cadence... Tel est le rêve que les Chaldéens ont fait pendant les longues veillées de colère et de vengeance...

Les volontaires sont mécontents de leurs chefs, qui ont accepté l'armistice demandé par les musulmans.

— Il nous aurait fallu encore deux jours pour nettoyer la ville[1]...

A vrai dire, ce sont surtout les pauvres, les mendiants, quelques marchands qui ont été fusillés. Les grands personnages comme Mahamed-Khan, promis cependant à la mort, les espions à la solde des Turcs, comme Yadoullah-Khan, qui porte lunettes pour avoir l'air d'un lettré ne se sont jamais montrés. Maintenant, redoutant quelque meurtre anonyme, ils se réfugient à la mission américaine ou chez les Pères Lazaristes. On remarque que les rares cadavres des Persans notoires sont percés de trous comme des cibles. Les ordres des officiers aux volontaires répétaient les vieux préceptes des guerriers de l'histoire :

— Tirez sur les chefs! Les Persans, privés de tête, se disperseront.

Parfois, Antone Babaïeff vient nous dire un petit bonjour en revenant d'expédition. Il est tout heureux de nous montrer le mécanisme d'un mauser automatique que lui a donné un Persan, à qui il s'apprêtait à le prendre.

---

1. A la suite des combats des 22-23 février et jours suivants, entre chrétiens et musulmans, on comptait officiellement quatre à cinq cents musulmans tués et une centaine de chrétiens. Le total des morts au 20 mars 1918, dans la plaine d'Ourmiah, s'élevait à quatre mille environ.

— *Nogo Persisky capout !* dit-il dans son jargon.

Ce qui doit signifier : « J'ai tué beaucoup de musulmans ». Il fait le geste de couper des têtes.

— *Skolko?* (Combien ?)

Mais il ne compte pas ceux qu'il expédie. Ou bien il se vante un peu...

Nous accompagnons Babaïeff jusqu'à la porte. Les habituels miséreux nous harcèlent.

— *Gardache! clebo, gardache!* (Frère, du pain !)

Babaïeff agite sa cravache, mais il avise une fillette musulmane, blonde, mal vêtue... Babaïeff tire son portemonnaie gonflé d'argent persan et, généreux, dépose dans la petite main de l'enfant une pièce de cinq krans à l'effigie du schah.

— Ce que les grands de sa religion ne donnaient pas, moi, je le donne... dit-il en riant à Nicodème qui lui tient son cheval.

— Enfin, il y a trêve, me rappelle Nicodème.

— Une... comment?

— Armistice, comme on dit.

Oui, et d'après les conditions de cet armistice, on doit juger les coupables qui déclenchèrent les troubles, on doit également retirer toutes les armes des Persans. Tout cela traîne. On discute, on temporise selon les procédés habituels des Orientaux. L'armistice se prolonge de semaine en semaine... Il n'y a pas de raison pour qu'il ne dure encore longtemps.

Mais voici qu'en mars, des Chaldéens montagnards apportent la nouvelle que le patriarche nestorien Mar-Schoumoun et cinquante soldats de sa suite invités par le fameux Simko, le grand chef des bandes kurdes, à un grand dîner, ont été assassinés par traîtrise.

Simko et ses Kurdes, ennemis séculaires des gens de la plaine, des chrétiens et des Persans chiites, s'étaient, ces derniers temps, déclarés alliés des Chaldéens. Mais ils ont changé d'avis. Ou bien, ils n'ont pas reçu l'argent promis pour leur collaboration...

Quoi qu'il en soit, cet assassinat appelle la vengeance.

Depuis quelques jours, à Ourmiah, on rencontre des Kurdes de la montagne reconnaissables à leurs bonnets pointus et à leurs turbans à franges. Ils participent à la police générale. Ces Kurdes paieront pour les autres.

Cette nuit, en effet, les montagnards nestoriens, égorgent au couteau, sans bruit, les Kurdes qu'ils découvrent. Quelquefois ils se trompent et tombent sur des Persans. L'opération se fait en silence. Presque pas de coups de feu. On entend des chiens qui aboient au loin et des femmes qui gémissent...

Le lendemain dans le cimetière, des cadavres nus dans la boue. Un grand corps la gorge coupée. Un autre, le visage rasé de frais, la peau très propre. Sur l'abdomen, un petit trou par où sort un tuyau rond et rosâtre d'intestin. L'homme a été poignardé d'un coup vif.

— C'est de l'ouvrage bien fait, dit Nicodème, examinant les plaies... Et vous voyez comme leurs pieds sont blancs... Ce n'était pas des « pauvres », ces Kurdes, que l'on rencontrait, mais des « gentlemen » qui avaient une mission : se défaire d'Agha-Petrous.

— Mais qu'est-ce donc Agha-Petrous ?

— C'est, si vous voulez traduire : « Monsieur Pierre ». Nous, nous le nommons Pétrous, bar Ilia (fils d'Elie), du village de Bazé, en Turquie d'Asie. Il n'a pas voulu servir dans les armées turques. Il est le grand général des Chaldéens. Il a envoyé des émissaires et des patrouilles.

— Et alors?

— La bataille recommencera cette nuit. Les musulmans tremblent. Mahamed-Khan se demande dans laquelle de ses chambres il pourra bien coucher. Mais l'Ange sur toutes a inscrit le signe qui ne pardonne pas.

*

— Autre chose. Dites-moi, Nicodème, quelle est donc cette Persane qui vient si souvent à l'ambulance et cherche à parler aux Français?

— C'est rien...

— Mais encore.

— C'est la sœur de cet imbécile-idiot qui a le teint jaune, qui a une affreuse maladie et qui se croit guéri parce qu'il a pris des remèdes de chez vous.

— Son nom?

— La Persane, c'est Etiram-Khanoune.

Je n'en saurai pas davantage pour aujourd'hui. Je connais quelque peu Etiram-Khanoune. Elle s'habille à l'Européenne, du moins, elle se l'imagine parce qu'elle porte des corsages verts, des jupes roses — deux ou trois, l'une sur l'autre — des écharpes pourpres et bleues. Elle est recouverte de soie noire, voilée comme le sont les femmes de sa race lorsqu'elles sortent en ville accompagnées de leurs suivantes.

Etiram-Khanoune est inquiète. Son frère, « l'imbécile-idiot » dont parle Nicodème, s'est perdu.

— 273 —

18

— Qu'elle aille voir dans les cimetières, ricane Yonas.

Les Français ne pourraient-ils pas essayer de le retrouver ? C'est la prière que nous adresse Etiram-Khanoune.

— Répondez-lui que les Français s'en occuperont, me conseille Nicodème.

— Comment voulez-vous ?...

— Répondez quand même...

— Mais nous n'y pouvons rien...

— Oui, oui, vous pouvez parfaitement.

Si Etiram-Khanoune a des lèvres fortes dans une grande bouche, un nez trop long pour son visage très ovale, elle a de grands yeux noirs étonnés qui font oublier jusqu'aux oripeaux criards dont elle s'affuble... Elle parle sans se voiler la bouche. Où est son frère ? Elle est prête à partir sous l'escorte d'un soldat français...

Nicodème se tourne vers la Persane qui aussitôt cache son visage devant le regard du Chaldéen. Longuement, Nicodème explique je ne sais quoi. Etiram-Khanoune me remercie, du moins, je l'imagine, et se retire.

— Que lui avez-vous conté ?

— Que les Français allaient retrouver son frère, répond Nicodème. Vous avez bien vu : elle est partie contente...

Allons ! les gens ne sont pas aussi féroces qu'on le croit. Mais cette réflexion intérieure accordée à ma perspicacité en défaut, je reprends :

— Qu'allons-nous faire pour le retrouver ?

— Rien, me dit Nicodème en riant.

— Comment rien ? Alors pourquoi lui promettre ?

— Pour qu'elle n'aille pas demander à d'autres de chercher son frère. Elle va compter sur vous. Elle perdra du temps. Le frère, s'il est arrêté, personne ne viendra demander sa grâce. Et alors, il sera tué. Voilà.

« Les gens ne sont pas aussi méchants qu'on le pense, » affirmait déjà le capitaine russe Bobbyck. C'est vrai. Ils le sont beaucoup plus...

** **

La démarche d'Etiram-Khanoune pour sauver son frère n'est pas une exception. On ignore assez l'autorité, le ton décidé que savent prendre les femmes musulmanes sur les hommes. Je l'ai su depuis. Mais il en va souvent dans la vie orientale comme chez nous. Certaines femmes dirigent leurs maris abrutis d'opium... Le fils du gouverneur parle d'aller à Tiflis en automobile, il fait ses préparatifs. Sa femme s'y oppose parce qu'elle est jalouse. Il renonce à ce voyage. Aujourd'hui, cette même jeune femme, prise de panique, veut s'enfuir à Tauris...

— Le pauvre gouverneur, il est bien malheureux, nous confie Yadoullah. Son fils ne sait plus ce qu'il veut; sa belle-fille commande à la maison et les Chaldéens-Djilos le gardent prisonnier.

De même, au cours des pillages, pendant que l'homme s'enfuit pour se mettre à l'abri sous les pavillons français ou américain, on voit les femmes persanes rester dans leurs demeures, surveiller les domestiques et préparer l'évacuation en lieu sûr des provisions et des objets précieux.

** **

— Vous savez, me dit Nicodème, l'assassinat à Kunachaary, dans la région de Salmas, du patriarche Mar-Schoumoun, c'est exact.

— Comment? Il y a déjà huit jours que les femmes chaldéennes se lamentent et poussent des cris de deuil. Et c'est seulement aujourd'hui que vous avez la certitude que celui que vous pleurez est bien mort.

— Les femmes pleurent depuis huit jours la mort de Mar-Schoumoun. Mais, ajoute Nicodème, c'est seulement cette nuit qu'Agha-Petrous a rejoint les douze cents soldats chaldéens partis contre Simko et les Kurdes.

Le temps est favorable à la guerre d'embuscades et de surprises; les tourmentes de neige qui durèrent de décembre à fin mars sont finies. On distingue la ligne bleue des montagnes et, sur les terrasses de la ville de nouveau tranquille, les mollahs chantent au crépuscule les louanges d'Allah.

Mais pour assurer la sécurité d'Ourmiah, on a dû incorporer de force les tremblants Chaldéens de la plaine. Rabbi Odischou, le marchand de vin, porte un fusil et patrouille dans les rues. Il est assez dangereux, parce qu'il a peur de son arme. Le mercanti Salomon, qui chantait victoire quand les montagnards se battaient pour lui, souhaite la fin de ces escarmouches. Il est chargé de la police, quelque chose comme « veilleur de nuit ». Son fusil le gêne. Pour lui, une arme, c'est une marchandise qui est bonne à vendre...

Cependant, Yadoullah-Khan et les autres musulmans ne sont pas rassurés par cette police intérimaire. Yadoullah n'ose même pas aller jusque chez lui, sans escorte.

Je l'accompagne parfois. Comme il n'a pas vu le bazar depuis longtemps, il me prie de faire un détour pour contempler les boutiques éventrées. La plupart contiennent des cadavres entassés que des chiens déchirent...

Nous dérangeons ainsi une de ces bêtes affamées, enfoncée sous le thorax d'un Persan, comme sous un tonneau.

On ne voit que la tête, les pieds, les mains et la charpente rouge du cadavre, sous la robe de couleur...

— Il y a de l'eau de rose, monsieur, chez ma belle-sœur, assure Yadoullah, pour me tenter. Si vous voulez, nous irons. Toutes les maisons par ici ont été pillées ; aussi elles ont peur, les femmes...

Je demande négligemment :

— On a pillé chez votre belle-sœur ?

— Non, pas encore...

Le fatalisme oriental réside tout entier dans cette réponse.

* *
*

— Mais la police fonctionne bien à présent ?

— On vole toujours.

— On n'arrête personne ?

— Oui. Voici justement des pillards.

Une troupe de gens s'avance en effet dans la rue. On voit un Arménien qui crie :

— *Habarda !* (attention !)

Derrière lui, marchent cinq hommes, cinq pillards, un Chaldéen, un Kurde, trois Persans — qui, la nuit, dévalisaient les maisons. On les a attachés ensemble au moyen d'une ficelle passée dans les narines.

On s'écarte pour laisser libre passage à ces misérables qui s'avancent sur une seule ligne, la tête penchée et tâchent de suivre, sans se heurter, celui qui les conduit de façon que la corde qui les réunit ne se tende pas trop brusquement.

— C'est pour l'exemple? dis-je.

— Oui. Ils font le tour de la ville et ils vont dans les rues principales, toute la journée.

— Et après?

— Après? C'est fini.

— On les lâche?...

— Vous voulez plaisanter!

— Non, je vous demande.

— Eh bien, on leur coupe la tête, voyons!

** * **

En somme, la ville est calme. La nuit, les habituels coups de feu, un chien qui hurle, un autre qui pleure. Le jour, des patrouilles. On rencontre des prêtres nestoriens. Mar-Saguis notamment qui tient à se montrer et porte le même costume que feu Mar-Schoumoun : la soutane flottante, le turban à trois tours, un chapelet et un fusil. Près de la ceinture, une montre et sa large chaîne, la crosse d'un revolver et, dans une poche trop étroite, un peigne à cheveux aux dents ébréchées.

On reçoit des communiqués d'Agha-Petrous qui chasse le Kurde. Courts billets plus ou moins falsifiés qu'un cavalier apporte en faisant de grands gestes. Ces billets sont recopiés, distribués et affichés. La première lettre annonce :

« Nous combattons depuis deux jours. Partout la neige. Il n'y a de noir que les toits et les murs des maisons. Nous sommes à six heures du village de Tchara.

« Le serviteur des serviteurs de la nation.

« Signé : Petrous Elia. »

La seconde réclame des renforts :

« Que tous ceux qui ont des fusils à trois coups viennent nous rejoindre au plus vite. Ceux que la peur retiendra au foyer sont des traîtres, et il est nécessaire pour l'exemple d'en fusiller quelques-uns... »

Le troisième billet est plein d'un enthousiasme de commande.

« Hourra! Gloire à Dieu Tout-Puissant! La belle forteresse de Tchara est entre nos mains. Le drapeau de la Croix flotte sur son toit... Promenez-vous avec allégresse et rendez grâce à Dieu qui combattait ouvertement parmi nous. Nous avons eu moins de morts que nous ne pensions. Tous nos hommes connus sont saufs. »

Le quatrième billet chante victoire :

« Simko, ainsi que ses frères Amad et Ali-Khan, son fils Krosrov, ses femmes Nadzar et Gani ont été tués. Les vallées sont pleines de cadavres de l'ennemi. Les chambres des maisons de Tchara sont toutes encombrées de prisonniers que nous avons ramassés. Les richesses comme les moutons, les tapis, les bœufs, etc... sont innombrables. Nous avons quarante-deux morts. Les Kurdes ont eu mille cinq cents tués ».

*
* *

Faisons l'inventaire.

A Ourmiah, au début de ce mois d'avril 1918, il y a toujours les cinquante Français — nous-mêmes — et leurs cinquante fusils.

Il y a quelques Russes répartis dans les divers services de l' « armée nationale de l'Azerbeidjan ». Il y a trois colonels russes sans mandat, un lieutenant français et deux popes.

Et puis, quelques dames russes encore, la comédienne Lentina qui s'est grimée en « sœur de charité », une doctoresse blonde, quelques infirmières âgées et trois demoiselles de l'Intendance qui s'exercent à monter à cheval.

Il ne faut pas oublier une jeune femme d'officier et la dame du Consulat, comme on la nomme. Mais elles ne comptent pas. De même que les Arméniens et quelques chefs Chaldéens se déguisent en officiers russes, ces deux dames s'habillent comme des Tcherkesses de cartes-postales : haut bonnet de poil, manteau juponnant, cartouchières, bottes rouges, cravache.

La dame du Consulat, pour paraître plus jeune, s'est consacrée au blanc et se fait suivre d'un Persan, transformé en cosaque tout en carmin. Touchant effort pour attirer les regards préoccupés des Français.

C'est ainsi que l'on rencontre parfois un jeune homme à la taille trop serrée, au visage trop poudré, qui se promène dans un costume d'opéra-comique et nous dévisage avec de grands yeux effrontés et mendiants.

QUATRIÈME PARTIE

LA ROUTE DES CARAVANES

Sans doute, il n'est pas militaire;
mais il est responsable de son im-
moralité, et la plus grande immora-
lité, c'est de faire un métier qu'on
ne sait pas. »

(Lettre de Napoléon à Cambacérès.)

I

PRISONNIERS

27 avril 1918.

Ordre de départ!

C'est Captain qui l'annonce dans la petite cour de l'ambulance où poussaient, il y a cinq mois, ces malheureux pétunias que Marcel Benoit inondait d'eau.

— La plaine d'Ourmiah ne peut pas être défendue par les forces chrétiennes indigènes, précise Gaston Desprès.

— On sera bientôt à court de munitions, ajoute Captain.

— Les troupes qui sont ici vont être concentrées à Salmas, reprend Gaston Desprès. On sacrifie Ourmiah. Et nous, nous rentrons en Russie.

— Ce qui prouve que l'on ne peut pas tenir le front du Caucase avec cinquante fusils. Cette plaisanterie a un peu trop duré...

— A propos, reprend Captain, ne négligeons pas les provisions. Tu connais le chemin qui mène chez ce voleur de Rabbi Odischou.

Depuis longtemps, Captain, Gaston Desprès et quelques autres ont découvert le vin blanc d'Ourmiah. Une liqueur plutôt, conservée et fermentée dans ces hautes et larges amphores de terre, dites « linas », en tous points semblables aux « linas » des contes arabes et des *Mille et une Nuits*, assez vastes même pour cacher un homme qui s'y blottirait.

— Que faire chez ce Rabbi? demande Desprès.

— Des réserves pour la route.

Chez le Rabbi en question il y a une source de vin blanc...

*
* *

En vérité, nous sommes obligés de fuir, ce qui, en termes stratégiques, se traduit élégamment par « battre en retraite[1] ». Nous battons donc en retraite, selon l'ordre reçu de Tauris, c'est-à-dire que nous quittons Ourmiah. On signale des bandes turques et kurdes près de Dillman et d'Ouchnou. Les riches Persans, réfugiés sous les pavillons français et américain, pendant les derniers massacres, ne cachent pas leurs espoirs de représailles.

Quant aux Chaldéens, chrétiens et nestoriens, ils se déclarent abandonnés. Ils n'ont pas tort tout à fait. Ce sont les Français qui les ont armés et maintenant les Français se retirent...

Nous sortons de cette ville où nous avons vécu huit mois, un matin d'avril pluvieux, au milieu du silence de la population.

Nous sommes heureux, avec un peu d'amertume quand même. Tous ces gens qui avaient eu confiance! Qui résistaient parce que nous étions là! Et tant de choses encore à découvrir pour nous : les collines de cendres près de la

---

1. M. le lieutenant Gasfield est le seul Français qui soit resté à Ourmiah, à la tête des bataillons assyriens qu'il avait organisés.

ville, érigées à la longue par les adorateurs du feu, où je ne suis allé que trois fois, les vieilles tours où les mêmes fidèles de Zoroastre (Zarathoustra) déposaient les cadavres des leurs pour qu'ils soient dépecés par les oiseaux du ciel...

Tant d'amis aussi et de camarades que nous avions appréciés, depuis Bobbyck jusqu'à la fantasque Lentina...

* *

A Guelman-Khané, sur la petite colline d'où l'on voit les eaux bleues du lac d'Ourmiah, nous cantonnons dans les immeubles détruits, à ciel ouvert, que les Russes occupaient et dans l'ancienne Intendance où les sœurs de charité, autrefois, montraient leurs sourires et leurs coiffures blanches.

Les soldats russes, avant d'abandonner cette position, ont vendu leurs fusils, leurs munitions et leurs chevaux aux indigènes. Le gérant d'une société de ravitaillement a cédé la flottille du lac au comité des démocrates persans de Charaf-Khané.

Il a été convenu que nous prendrions passage sur un bateau de cette flottille. Les Persans s'engagent à nous laisser partir avec nos armes et bagages jusqu'à la frontière russo-persane.

— Enfin ! triomphe Captain, Gaston Desprès va de nouveau être malade...

La traversée du lac est quelquefois assez pénible : les tempêtes sur cette mer intérieure sont sournoises et soudaines.

Mais nous ne sommes pas encore à bord...

Le lendemain matin, on signale à un mille de la côte une barge et son remorqueur. Une petite barque s'en détache qui se dirige vers le rivage. Elle dépose un maigre délégué du comité démocrate. Ce personnage au regard craintif apporte aux Français les nouvelles conditions de leur voyage.

— Les Français doivent remettre aux Persans, revolvers, fusils, cartouches. Ces objets seront restitués à Djoulfa, lorsque les Français auront franchi la frontière.

Ces conditions sont tout à fait différentes des premières. Le délégué sourit sournoisement.

— C'est à prendre ou à laisser...

Il y a bien un autre moyen, énergique : rester avec les montagnards d'Agha-Petrous. Les Persans ne redoutent qu'une chose : c'est que les Français ne veuillent point s'en aller. Ces ordres sont inadmissibles. Nous gagnerons Hamadan, coûte que coûte, sans passer par Tauris. Déjà les Français se réjouissent de ce contretemps, lorsqu'à leur grand étonnement ils apprennent que les nouvelles conditions des démocrates persans sont acceptées.

Le délégué repart dans sa petite barque rendre compte de la réussite de sa mission aux Persans qui sont restés sur le remorqueur et n'ont encore pas osé s'approcher du rivage. Les fusils et les revolvers des Français sont mis en tas et portés sur la barge qui vient accoster à quai. Un des nôtres, sans arme, et un soldat persan, tout équipé, les surveilleront.

— Les toubibs, avec leurs galons tombés du ciel sont bien les plus ahurissants des militaires, observe Captain. Ils s'imaginent tout connaître : la stratégie, le combat, la manœuvre et l'offensive.

— C'est le « Café du Commerce » derrière les armées, réplique Marcel Benoit.

— N'importe quel caporal d'infanterie leur en remontrerait, ajoute Gaston Desprès.

— Ils connaissent tout, même la discipline. Sur le bateau en allant en Russie, l'un d'eux me disait : « Moi, je ne punis jamais, mais quand je punis, c'est huit jours de prison ». Fort bien. Mais à quel moment cet imbécile jugeait-il que telle négligence valait huit jours de prison ?

— Il faut les voir devant les réalités, continue Benoit. Ils s'affolent, ordonnent de rendre les armes à des Persans qui tremblent de peur... Ils disent pour s'excuser que des sanitaires ne sont pas faits pour des aventures guerrières.

— Alors, il ne fallait pas, d'abord, transformer cinquante sanitaires en cinquante soldats armés de fusils et de revolvers, comme cadres probables à une armée hypothétique de volontaires, riposte Captain. On doit aller jusqu'au bout d'une décision. Quand on a vécu des heures graves avec les toubibs, conclut-il, on comprend combien il est préférable d'avoir à sa tête un officier, un vrai officier de carrière...

*
* *

... Sur le bateau, avec nous, prennent passage deux sœurs de charité russes, quelques fonctionnaires de l'Intendance et le vieux M..., ancien directeur au Service de Santé des nouveaux bataillons chaldéens... Le temps est doux. Nous partons à la nuit tombante.

... Morne traversée. Le petit vapeur siffle et fume... Nos armes sont déposées en tas, sous des bâches. Nous nous sommes couchés, les uns sur le pont, d'autres dans la petite cale. Des soldats persans nous surveillent...

*
* *

Le lendemain, dans la chaude lumière du matin, nous débarquons à Charaf-Khané. La barge vient accoster au ponton d'où les soldats russes, il y a quelques mois, se laissaient tomber dans les eaux lourdes du lac... Nos armes nous seront remises plus tard... Des Persans maigres et bronzés, le fusil à la main, nous regardent défiler. Le fils de l'ancien gouverneur d'Ourmiah les commande. Sa mince tête surgit d'un col de fourrures. Comme les cinquante Français passent devant les troupes persanes, le fils du gouverneur prévient ses guerriers :

— Reculez-vous ! Les Français ne sont pas des Russes. Ils n'ont pas de fusils, mais ils pourraient vous sauter dessus et vous désarmer.

Ces armes et ces munitions, les démocrates persans les ont achetées aux « tavarischy », lorsque ces derniers abandonnèrent le front du Caucase. Un fusil à chargeur se vendait deux ou trois krans (trois francs de notre monnaie).

Le jeune Persan, fils de l'ancien gouverneur qui nous rendait souvent visite à l'hôpital français d'Ourmiah, ordonne que l'on fouille nos sacs et nos effets, puis, très oriental, il proteste auprès des médecins :

— Je n'y suis pour rien... Je ne mets pas en doute votre parole... Ce sont les autres qui le veulent ainsi...

Cependant des prêtres musulmans, des saïds, des mollahs et mouchteheds découvrent dans les sacs des Français des photographies d'Ourmiah. Ils s'en emparent et se communiquent leurs impressions :

— Voyons voir, dit l'un, si ces maudits chrétiens ont eu l'audace de photographier nos femmes...

Ils confisquent des cartes postales : *intérieurs persans, derviches persans*, etc., que l'on vend à Tiflis et à Tauris à raison de trente kopecks la pièce.

Quelques bijoux kurdes, des bracelets, des bagues retiennent aussi leur attention. Le fils du gouverneur nous dit gentiment, dans un sourire forcé :

— Ce sont des bijoux volés aux Persans que vous avez tués...

Détail remarquable ! Les Persans qui opèrent ces fouilles sont tous ou presque tous d'anciens habitants d'Ourmiah. Les Américains de la Mission évangélique ou les Pères Lazaristes de la Mission catholique les ont protégés contre la colère des Chaldéens. On rencontre aussi des prêtres musulmans qui purent fuir d'Ourmiah, au moment des troubles de février et se réfugier à Charaf-Khané, grâce à la complaisance des Français.

Les Chaldéens montagnards se montraient alors très mécontents de ces sauf-conduits délivrés au petit bonheur.

— Laissez-les-nous ! disaient-ils. Ils ne vous ennuieront plus. Au reste, vous avez tort de compter sur leur reconnaissance.

— Les Français ne savent pas faire la guerre, ricanait Nicodème.

Presque tous les réfugiés parlent français. Ils l'ont appris chez les Pères Lazaristes d'Ourmiah. Ils connaissent aussi un peu l'anglais à force de fréquenter la Mission américaine...

Ces messieurs du Comité démocrate arborent de grandes redingotes noires et des toques en forme de fez. Ils ont l'air de louches marchands de cacaouettes, trop souples, trop aimables, inquiétants avec leurs éternels sourires.

Ils promettent, du reste, tout ce qu'on veut, donnent leur parole et la retirent naturellement, avec désinvolture. Au fond, ils ne demandent qu'une chose : de l'argent. Ils sont persuadés que les Français détiennent la caisse des bataillons chaldéens. Ils cherchent à la découvrir.

Ils savent que la ligne de Djoulfa à Tiflis est coupée et que leurs amis, à Marand, se sont promis de massacrer tous les Français au moment où ils traverseraient la frontière persane. Ces renseignements nous furent confirmés dans la suite par les déclarations des Belges employés dans ces gares et réfugiés à Tauris et à Kasvine. Les Persans n'osent pas maltraiter les Français, ils nous affirment :

— Vous partirez ce soir pour Djoulfa... Non, demain...

Ils font de nouveau peser les bagages du détachement et parlent de recommencer les fouilles. Parmi eux quelques officiers en blanc, chargés de galons.

** * **

Nous sommes prisonniers, c'est bien certain. Nous ne devons pas nous éloigner de notre cantonnement : l'ancienne salle de bains des Ziemski-Saïous. Défense de traverser la voie du chemin de fer et d'aller au delà de la barrière que forment les brûleurs, les cuisines roulantes, les arabas et les charrettes sanitaires que les Russes ont abandonnés et qui sont restés là, inutilisables.

Défense également de nous rendre jusqu'au village de Charaf-Khané. Comme distraction, les prisonniers ont tout loisir de regarder les montagnes bleues, au loin, sous la neige, et le petit Russe, déguisé en boy-scout qui, chaque jour, à cheval, trotte et tourne dans la plaine...

— Ah! si nous n'avions pas rendu bêtement nos fusils, se lamente Marcel Benoit... Avec ces gens-là, il n'y a que la manière forte. Et que penseront de nous les montagnards d'Agha-Petrous?...

A Charaf-Khané comme à Ourmiah, la famine... Des mendiants à demi morts de faim s'entassent derrière les fils de fer barbelés de notre prison. Un policier persan fait circuler ces visages amaigris, aux yeux brillants, parce que le pain que donnent les chrétiens est impur...

Cet après-midi, par le train de Tauris, des journaux persans sont arrivés. Ils annoncent que les Français envoyés à Ourmiah, — maintenant prisonniers des démocrates persans, — sont des soldats déguisés en médecins. Ce sont eux qui, à Ourmiah, ont ordonné les massacres (*sic*) et fait tuer dix mille et cent musulmans, etc.

Les jours passent. Notre situation ne change pas. Nous retrouvons ces paysages où nous sommes venus, il y a neuf mois, nous mettre à la suite des armées du Caucase... Le camp des cosaques, près de la voie du chemin de fer, n'existe plus. Dans les magasins des Ziemski-Saïous, des Persans et des Turcs (anciens prisonniers) s'établissent à demeure.

Nicodème et moi — car les interprètes chaldéens Nicodème, Israël et Yonas nous ont suivis — près du village de Charaf-Khané, parmi les pommiers blancs de printemps, nous rencontrons un groupe de guerriers persans.

— Voilà, dit l'un, en passant près de nous, ceux qui sont venus pour être officiers chez les Djilos.

Les Djilos, c'est le nom un peu méprisant que les musulmans donnent aux Chaldéens montagnards d'Agha-

Petrous. Mais, sans souci des Persans, les Français se dirigent vers les rives du lac.

Le vieux médecin russe qui avait le titre de « Directeur du service de santé des armées de l'Azerbeidjan » s'y promène avec Maurice Jammes, à petits pas... Il évite soigneusement les bidons de pétrole vides, les barques, les caissons, les ancres, tout le matériel de navigation échoué là... Il semble indifférent à ce qui l'entoure...

On entend Jammes :

— Les Allemands enlèvent la Lithuanie, la Pologne, le Caucase...

Le Russe répond :

— Les Lettons, les Polonais, ce ne sont pas des Russes. Le Caucase n'est qu'une colonie... Nitchevo... La Russie est grande...

Le vieux médecin s'éloigne le dos un peu plus courbé. Jammes prend congé et nous rejoint. Je regarde mes camarades qui font les cent pas sur les bords du lac aveuglant de soleil[1]... Ils ne redoutent pas plus les Persans de

---

1. Le plus grand lac de la Perse est, dans l'Azerbeidjan, la Dariatcha (petite mer) ou lac d'Ourmiah, à l'ouest du massif du Sehend. Il a 4.000 kilomètres carrés, mais il est sans profondeur... Il renferme de nombreux îlots et récifs : les principaux, l'île des Chevaux, l'île des Moutons, l'île des Anes, sont des centres de culture et de pâturages. L'eau du lac est plus chargée de sel que la mer Morte : « Les nageurs ne peuvent y plonger et leur corps se recouvre aussitôt d'une couche de sel brillant comme la poussière de diamant. Dès que le vent souffle, une écume salée se forme en grandes nappes à la surface de l'eau; sur les vases des bords, le sel se dépose en dalles de plusieurs décimètres d'épaisseur... » (E. RECLUS). « Le lac ne nourrit aucun poisson ni mollusque, mais on y trouve en abondance une espèce de crustacés à queue fine qui attire par milliers sur les eaux des cygnes et autres oiseaux » (*L'Asie*, par M. L. LANIER).

Charaf-Khané que les mollahs d'Ourmiah qui voulaient les faire massacrer en février... Ils marchent sans souci des redingotes noires qui les contemplent, effarés de ce sans-gêne. Ils vont à l'aventure, le long des quais et même plus loin... Ce sont des Français hardis et francs et qui depuis longtemps déjà se savent promis à une mort violente...

II

CE QU'ON RENCONTRE A TAURIS

UNE locomotive et trois wagons viennent ce jour-là — le septième de notre captivité à Charaf-Khané — se ranger sur la voie de chemin de fer, en face du baraquement où nous sommes gardés.

Ce convoi arrive de Tauris (Tebriz comme disent les Persans) et doit y retourner. Il nous est envoyé par les soins du consul de France.

Nous ne remonterons donc pas sur Tiflis. Les Turcs assiègent Alexandropol et les Tatares ont coupé la ligne Djoulfa-Marand qui conduit à Van, Erzeroum, Trébizonde, sur tout l'ancien front du Caucase...

Sitôt que les trois wagons sont arrêtés, les Français prennent les compartiments d'assaut, devant les Persans en armes qui n'osent pas s'opposer à ce départ...

— Vous n'emmènerez pas les trois Chaldéens qui sont avec vous! décide un Persan délégué du Comité démocrate.

— Quels Chaldéens?

— Vos interprètes Yonas, Nikademous et Israël. Ils sont citoyens persans et ils n'ont pas de passeport.

C'est exact. Les trois interprètes chaldéens n'ont pas de passeport. Ils ne peuvent quitter Charaf-Khané.

— Quant à vos armes, fusils et revolvers, ajoute le Persan, on vous les rendra à la frontière...

Le train part. Il se promène sans excès de vitesse à travers un paysage assez verdoyant : des rivières, des pâturages, des saules. Les deux sœurs de charité et quelques officiers russes voyagent avec nous. Ils chantent de nostalgiques chansons... Il pleut... Charaf-Khané n'est plus qu'un ancien mauvais souvenir.

Tout d'un coup, Captain demande :

— Charaf... le pays que nous laissons là-bas, qu'est-ce que ça veut dire ?

— « La maison du vin », répond Marcel Benoit qui a quelque connaissance de la langue persane.

— Je m'en doutais, avoue Captain.

— Tu t'en doutais ? réplique Gaston Desprès, ironique...

— Oui, je m'en doutais; j'ai pas pu y découvrir une seule source de vin...

Le soir, nous arrivons à la gare de Tauris, située à quatre kilomètres de la ville. Nous débarquons, sans bruit, discrètement. Puis nous prenons la grande route toute bordée de jardins.

A notre gauche, une terre d'argile rouge, des montagnes couleur de brique... Près du fossé, un mendiant couché, immobile sous le soleil, comme un mort. Il est mort, du reste, ainsi que l'attestent les deux gros orteils de ses pieds, attachés ensemble par un fil noir.

Chaque année, en Perse, à Tauris, à Téhéran, comme à Ourmiah, des misérables meurent en grand nombre, soit de faim, soit des suites du typhus. Aussitôt, pour que les porteurs les reconnaissent dans la foule des dormeurs, on lie ensemble, au moyen d'une ficelle ou d'une écorce d'arbre, les deux gros orteils de leurs pieds, ce qui achève de donner à ces cadavres une position rigide et réglementaire.

Sur les talus des cimetières, aussi importants que les quartiers de la ville et qui composent de petites cités dans la grande, des Persans en lévite noire ou brune viennent nous voir défiler... Mahamed, «l'homme-qui-doit-mourir», réfugié d'Ourmiah, égrène son long chapelet d'ambre... Le père de Yadoullah-Khan donne la main à l'ancien gouverneur de Salmas. Ils nous saluent en portant leur droite au front, puis à leur poitrine. Ils paraissent très contents de nous voir. Après tout, ils sont peut-être sincères...

Nous sommes logés à la Mission catholique, vaste bâtiment avec cours, jardins, grandes murailles, moitié européen, moitié persan. Du haut des tours, on voit la ville, ses dômes, ses maisons en terrasse, sa vieille citadelle grise, les voûtes du bazar, les jardins et l'habituel rideau de saules et de platanes... Les rues ne sont pas sûres, dit-on. Un pharmacien français, qui porte les galons de capitaine d'infanterie et qui ne manque ni d'indépendance ni d'énergie, reçut un peu avant notre arrivée, plusieurs coups de feu. De maladroits cavaliers le poursuivirent même quelques minutes. Le Français sut se dérober à leurs recherches.

La plupart des Persans, favorables aux Allemands depuis que les armées russes ont évacué la Perse, attendent impatiemment l'arrivée toujours prochaine et toujours retardée des forces turques.

Aussi nous ne resterons que peu de jours à Tauris.

Délicieux pays, cependant, et séjour préféré des agents secrets et des espions. L'aristocratie persane est favorable, paraît-il, à la France, mais le peuple et ceux que l'on appellerait les « Jeunes Persans » qui composent trente-six comités démocrates, tous jaloux de leurs petites prérogatives, sont acquis par les Turcs.

Un colonel allemand, qui fut prisonnier en Russie, occupe ici, depuis que la paix entre la Russie et l'Allemagne est signée, les fonctions de consul. Il a aussitôt établi une agence de renseignements.

C'est chez lui que les comités persans prennent le mot d'ordre et gouvernent la ville, car le prince héritier, le « Valhiad », a perdu tout pouvoir et les consignes qu'il distribue en tremblant, personne ne les entend.

Ces comités, on en trouve d'ailleurs dans tout le Caucase et, maintenant, dans la Perse. La révolution russe inaugura ces soviets. Il y en avait dans les armées russes. Le corps des volontaires chaldéens en comptait deux, chargés de ratifier les décisions des « younkers » russes, dont il fallait, paraît-il, se méfier.

A Guelman-Khané, près du lac d'Ourmiah, un comité arménien surveille, non sans avantages, les Persans qui essaient de prendre le bateau, en présentant des passeports achetés un bon prix au sardar d'Ourmiah.

D'ailleurs, à Charaf, à Guelman-Khané, comme à Sofian, les comités ne reconnaissent point l'autorité du prince héritier de Tauris.

Qu'y a-t-il dans ces comités ? Jusqu'ici, nous n'y avons rencontré que des voleurs, comme ce Mirza-Ali, chef du comité de Charaf, qui, sous prétexte de fouilles, s'emparent de l'or et des bijoux qu'ils découvrent.

— Ne vous éloignez pas du quartier chrétien et faites attention quand vous sortez, nous disent les Pères de la Mission catholique.

— Il y a du danger dans Tauris?

— Oui. Vous risquez de faire des rencontres inattendues.

C'est vrai.

Un après-midi, Marcel Benoit et moi, en revenant du bazar, nous apercevons, dans la foule persane, un homme habillé à l'européenne. Naturellement nous le regardons. Mais lui s'est déjà arrêté devant nous. Il nous salue. Il a un chapeau de feutre et un léger pardessus gris. Des bottes, bien entendu. Une canne. Il est brun, assez grand, de rudes épaules.

— Vous êtes Français? Messieurs, je vous souhaite le bonjour. Vous venez de loin?...

— D'assez loin, oui...

— Vous avez traversé la Russie?

— C'est cela même.

— Moi aussi. J'étais prisonnier. Maintenant, je suis libre et je travaille au consulat.

Quel consulat? Il ne précise point.

— Vous ne restez pas à Tauris, messieurs?

— Nous n'avons aucune raison d'y rester. Ce n'est pas comme vous...

— Moi? Oui, j'y demeure. Je suis aussi à la recherche des tapis anciens. Il y en a de très beaux. J'en ai. Si vous avez le temps, je vous montrerai.

Marcel Benoit redoute que la conversation ne glisse sur d'autres sujets. Il intervient :

— Vous étiez prisonnier? Longtemps?

— Assez longtemps.

— Où avez-vous été fait prisonnier?

— En Russie, monsieur. Mais je me suis trouvé aussi au commencement, en France.

— De quel côté? dis-je.

— Dans les Vosges... Dans les bois des Vosges.

Je ne résiste pas au plaisir de constater aussitôt :

— Comme c'est curieux ! J'y étais également.

— A quelle époque?

— Au début, en 1914.

Et j'indique l'endroit.

— Ah ! oui, fait l'ancien prisonnier en secouant la tête.

« Oui, le grand tombeau de mon corps d'armée... Comme l'herbe doit y être belle !...

— L'herbe seulement; les bois sont fauchés.

— Vous vous trouviez sur le sommet à ce moment-là? demande l'amateur de tapis.

— Précisément.

— Ah! Monsieur, quelle triste chose que la garde de nuit sur la ligne, près de la Croix-Hidou.

— C'était assez périlleux, en effet. On ne pouvait s'y promener sans péril...

— Nos artilleurs tiraient bien, ajoute-t-il en riant.

— Les artilleurs ennemis arrosent toujours bien...

— C'était réciproque, si j'ai bonne mémoire, vous savez...

Puis, il reprend avec un peu d'hésitation :

— Et vous faisiez aussi la ronde, le soir, monsieur ?

— Oui... Mais... sur l'autre versant, n'est-ce pas ?

— Je m'en doute bien, me répond l'employé du consulat sans paraître gêné...

— Le vent soufflait très fort, parfois.

— Sans délicatesse, monsieur. Ah! comme c'était désagréable...

Un instant de silence, tout de même. Très court. Mais qui nous semble très long à tous les trois.

— Il n'y avait pas que le vent, monsieur! poursuit l'étranger. Que d'abris il a fallu construire!

— Vos tranchées étaient admirablement fortifiées.

— N'est-ce pas? approuve-t-il, le visage rayonnant.

Mais il ne peut se tenir plus longtemps :

— Lorsque vous reculiez, nous découvrions dans vos abris pour enfants, d'excellentes réserves de vivres et de conserves.

— Vous mangiez donc quelquefois ?

— Notre ravitaillement, monsieur, avait l'excuse d'opérer en pays ennemi. Le vôtre marchait mieux.

— Il vaut mieux ne pas énumérer ses défaillances.

— Il n'avait pas, en effet, les difficultés du nôtre...

— Si, quand nous sommes entrés en Alsace.

— Dans les villes ouvertes, avec des clairons pour vous mettre à la portée de nos forts.

Cependant Marcel Benoit marque quelque inquiétude.

— Les Allemands sont de bons soldats, déclare-t-il.

— Il n'y a eu que deux soldats vraiment dans cette guerre, messieurs : l'Allemand et le Français.

— Ces temps sont oubliés, assure Marcel Benoit. Rien ne reste de tout cela.

— Hélas! riposte notre interlocuteur. Des morts. Tant de morts. Et pour ceux qui demeurent, des souvenirs comme la garde, le froid, la pluie, la neige, les marches. Et si c'était fini!...

Un nouveau silence. Enfin, la question qui nous oppresse :

— Vous avez des nouvelles ?

— Très peu... Très mal... murmure-t-il avec prudence... On dit... On dit tant de choses...

— Mais enfin... où en est-on ? Est-ce que cela va finir ?

— Sans doute... Je crois que les Empires centraux vont prendre Paris... Vous me demandez ce que je pense, n'est-ce pas ?

— Ce n'est pas possible ! affirme Benoit, si catégorique que l'Allemand interloqué hésite...

Un moment encore. Puis, sans curiosité apparente :

— Et vous allez rentrer chez vous, en France ?...

— Nous allons du moins l'essayer.

— De vous avoir connus, je suis très satisfait. Bonne chance, messieurs.

Si c'est une politesse, elle en commande une autre :

— Bonne santé et bonne chance, monsieur.

Et tous les trois, lui, l'ancien soldat en civil et nous, les deux soldats en uniforme, nous nous saluons selon l'ordonnance de nos règlements respectifs... Je ne sais pas encore pourquoi nous n'osons pas — ou nous ne savons pas — nous serrer la main.

III

Une caravane de vingt-cinq chameaux emportera nos bagages. Nous suivrons à pied, par étapes, et nous gagnerons ainsi la ville de Kasvine où doivent se trouver les premiers postes anglais.

Grâce à l'obligeance des Pères Lazaristes, des cosaques persans nous font remettre de vieux fusils russes à un coup pour remplacer — si possible — les Lebels à chargeurs que les membres du comité démocrate de Charaf-Khané nous ont retirés lorsqu'ils nous firent prisonniers.

Tout est prêt le 9 mai, à trois heures de l'après-midi. La chaleur est assez pénible. Nous partons. En tête, les chameaux chargés de caisses, les uns derrière les autres, par files de cinq ou six. Quelques-uns d'entre nous, qui composent l'avant-garde, surveillent les chameliers. Derrière les chameaux, ce qui reste de notre petite troupe.

Nous passons ainsi devant les ruines de la célèbre « mosquée bleue » qui date du XIIe siècle et qui fut détruite par un tremblement de terre. Les blocs de pierre n'ont pas bougé depuis. Nous pénétrons ensuite sous les voûtes obscures du bazar de Tauris. Le convoi ne va pas sans encombre. Des ânes couverts de rondins de bois ou de pastèques nous obligent à un arrêt.

Les Persans, à la vue de cette caravane armée, ferment

en hâte leurs boutiques. Un marchand nous demande respectueusement :

— Osmanlis? (Turcs ?)

— Bali (oui), répond Captain sans hésiter.

Aussitôt, le marchand s'incline devant nous, la main sur le cœur, puis il propage autour de lui la bonne nouvelle qu'il vient d'apprendre.

Près des portes de la ville, dans une ruelle étroite, un indigène a soudain la bizarre idée de vouloir enlever au « Captain » l'arme que celui-ci porte sur l'épaule. On corrige rapidement ce téméraire qui s'enfuit sans protester.

Nous marchons sur une route poudreuse. De chaque côté, des jardins. Nous laissons Tauris derrière nous.

A la nuit, arrêt près d'un caravansérail. On patauge dans la boue et le fumier. Des lumières s'allument le long de l'unique rue de ce pauvre village : Basmindje. Le bruit s'y répand aussitôt que « mille Djilos » — des Chaldéens montagnards — sont venus piller le pays. Les Musulmans se barricadent dans leurs demeures.

Au cours de notre randonnée l'imagination orientale nous a rendu de grands services. Et nous avons nous-mêmes contribués à notre légende.

Chaque fois qu'un Persan demandait au « Captain » où nous allions, il répondait ou faisait traduire par l'interprète :

— Nous marchons à la rencontre des Anglais.

— Les Anglais ? Ils sont donc en route ?

— Oui, ils se dirigent sur Tauris.

Puis Captain, impassible, se taisait, comme s'il avait trop parlé. Et le Persan de raconter partout que les Anglais, que l'on croyait à Bagdad, étaient peut-être déjà sous les murs du village...

A Mianeh, où nous arrivons après sept jours de marche ayant traversé Hadji-Agha, Tikmédache, Karatchémane, Turckmantchaï, Hadji-Kias — haltes habituelles des caravanes — les Musulmans nous prennent pour des Turcs, comme à Tauris.

Dures étapes, de longueur inégale, tantôt de vingt, de trente ou de quarante-huit kilomètres, à travers les cols arides, les hauts plateaux, les fondrières et les torrents où l'on a de l'eau jusqu'aux genoux.

La marche est rendue encore plus difficile, en raison des trous que l'on a creusés sur la route, pour les canalisations. On ne les voit pas dans la nuit. Mais on entend parfois comme le bruit d'un torrent souterrain. Alors les « faites passer » secouent notre torpeur.

— Attention ! Un trou sur la gauche !

On croit se guider en consultant les cartes russes. De Tauris à Kasvine, elles accusent une distance de 497 kilomètres... Mais ces cartes sont établies au petit bonheur, par des enfants dirait-on, plus soucieux d'un agréable dessin à vol d'oiseau que d'un exact relevé des distances.

On demande parfois à Agha-Baba, l'énorme chamelier qui sommeille sur son petit âne, entre le premier et le deuxième « train » des chameaux :

— Combien de farsaks ferons-nous encore cette nuit ?

Le farsak — ou farsang — est une mesure persane déjà usitée du temps de Xénophon et de la Retraite des Dix mille, et qui équivaut suivant les auteurs, à six, huit ou neuf kilomètres. Les distances calculées en farsaks, transposées en verstes russes, sont reportées ensuite en kilomètres. On peut s'y fier, comme on voit.

— Combien de farsaks ?

20

Agha-Baba brusquement réveillé, ne peut, qu'il le veuille ou non, répondre d'une façon précise. Il chantonne dans un « sabir » que nous traduisons à notre gré :

— *Adine farsak palavina* (un farsak et demi).

Quel que soit le moment où nous l'interrogeons, aussi bien au départ de la caravane que vingt minutes avant l'arrêt du convoi, Agha-Baba nous déclare, sans se presser :

— *Adine farsak palavina.*

Cet Oriental ne possède aucune notion du temps ni de la distance. Aussi Captain qui, de matelot a été transformé en fantassin, ronchonne en butant contre les pierres qu'il ne voit pas :

— Quand on arrivera ?... Tu peux toujours le demander à « Palavina » !...

Car c'est ainsi qu'il désigne le gros Agha-Baba...

On marche dans une obscurité presque complète, sauf les nuits où une lune blanche s'avance devant nous. On s'arrête au petit matin. On dresse les tentes. On dort. Le lendemain, on allume les feux, on prépare deux repas, celui que l'on mangera tout de suite et un autre que l'on prendra froid, ou presque, avant de repartir au crépuscule. Ce sont les chameaux qui décident. Au reste, ils sont les seuls qui connaissent vraiment les pistes.

Et c'est alors, de nouveau, les haltes sous la tente surchauffée de soleil, le repos dans les caravansérails grouillants de vermine dont l'odeur de bergerie pique les yeux, le rauque grognement des dromadaires au passage des gués et les chants monotones des chameliers qui bercent nos longues marches dans la nuit poudrée d'étoiles...

IV

L'ART DES INTERPRÈTES

AGHA-BABA est un Persan pareil aux autres. Ce propriétaire de chameaux a conclu marché pour transporter les vivres et les bagages des Français jusqu'à Kasvine. A chaque étape il ne manque pas de venir se plaindre. A Karatchemane, une de ses bêtes a roulé dans un ravin. Le passage de nuit dans le fameux col du Kaflan-Kouh — rochers de quinze cents mètres d'altitude, barrières de l'Azerbeidjan — que nous avons quitté et de l'Irak-Adjemi où nous voulons entrer — la pluie qui nous surprend, sur la route, le contraignent à des arrêts. Ses chameaux et ses chameliers ne peuvent plus avancer. Il finit toujours par demander de nouvelles indemnités.

Arrêts aussi à Djemalhabad, sur une hauteur. Le désert au loin. A Setcham, près d'un caravansérail.

Si l'on demande à un Persan :

— Qui a construit ce « relais »?

— Schah Abbas, dit-il.

— Et ce pont ?

— Schah Abbas...

— Et cette vieille forteresse ?

— Schah Abbas...

C'est à ce Schah Abbas (xviie siècle) qui fit élever des

ponts, bâtir des caravansérails, tracer des routes que les Persans attribuent tout ce qui témoigne encore de quelque grandeur dans leur pays.

Arrêts encore à Tazehend (ou Tachkend), Akmezar, Mikepey, Zendjidge et Zendjan, que nous traversons à la tombée du jour, laissant derrière nous, dans un crépuscule rouge, ses vieux cimetières, ses bosquets verts et ses mosquées de faïences peintes.

C'est à partir de Zendjan que les Persans, après nous avoir pris au sortir de Tauris pour des Turcs, puis en cours de route pour des Français allant à la rencontre des Anglais, puis de nouveau pour des Turcs, annoncent désormais cette nouvelle qui nous précédera : « Dix mille Anglais — nous-mêmes — sont arrivés dans la région. »

Notre détachement — il n'est pas inutile de le répéter — se compose d'une cinquantaine d'hommes (porteurs d'un fusil à un coup) de trois malades et de vingt-quatre ou vingt-cinq chameaux...

A ces informations erronées, mais tout à fait orientales, devons-nous de n'avoir point rencontré un paquet de soldats turcs et d'officiers allemands — cinquante hommes, environ, comme nous — qui, traversant Zendjan et apprenant notre arrivée, ont campé hors des murs, de l'autre côté et sont partis sans se retourner.

Pendant ce temps, nous attachions nos tentes, un peu loin de la ville, d'un côté opposé, près des saules d'un large torrent où des tortues prenaient le frais...

Des haltes et des étapes encore : Dizé, Karaboulac, Amirabade, Nasrabade, Karaboulack (deuxième du nom), Kereschine, sur les montagnes qui dominent Kasvine...

On quitte une piste large comme un sentier pour

prendre la vieille route persane avec ses montées, ses descentes brusques et ses ponts en dos d'âne, favorables aux embuscades des pillards chassevènes. Et toujours ces déserts à perte de vue... Parfois, une caravane de chameaux chargés de tabac qui revient d'Hamadan (l'ancienne Ecbatane), une troupe d'ânes à sonnailles, ou bien, à l'approche des grandes villes, des Musulmanes voilées de noir qui voyagent sur des mulets blancs et se rendent dans les jardins d'abricotiers et de pistachiers. Pas de voitures. Si ce n'est une sorte de chaise à porteur entre deux chevaux où le patient — le voyageur — se couche ou s'assied.

Au passage des rivières, à mesure que l'on approche des gués et que les chameaux enfoncent leurs pieds en caoutchouc dans la terre humide et glissante, c'est un tumulte de cris et de plaintes. Les bêtes refusent d'avancer et d'entrer dans le courant où elles ne se sentent pas en sûreté. Elles balancent leurs longues têtes et témoignent de leur colère par des grognements continus et de véritables clameurs. Si bien que chez les Français qui suivent dans les ténèbres, à trois ou quatre cents mètres en arrière, personne ne s'y trompe :

— Encore un torrent à traverser...

Les chameliers frappent les dromadaires et les poussent en avant. Lorsque le chameau de tête, toujours choisi avec soin, s'est décidé à se jeter dans l'eau, toute la caravane suit.

C'est le moment pour ceux qui font partie de l'avant-garde — les surveillants des chameliers — de se hisser sur un chameau, tant bien que mal et de traverser le fleuve avec lui.

Mais l'opération ne va pas sans péril. L'animal se débat, secoue cette charge inattendue et la dépose parfois au milieu du courant.

— Tu n'es jamais tombé? demande Gaston Desprès à son ami le « Captain ».

— Jamais!

— Tu es monté cependant à bord d'un chameau?...

— Oui...

— Tu sais qu'ils sont pleins de poux...

— C'est donc ça que tu te grattes tout le temps! s'écrie Captain.

— Oui, je crois que j'en ai ramassés, avoue Desprès.

— Beaucoup?

— Je ne sais pas encore. On n'y voit pas.

— Tu me diras demain?

— Si tu veux... Pourquoi?

— Parce que, reprend sérieusement Captain, les poux de chameaux ne restent que sur les autres chameaux.

Puis, d'un ton aimable et plein d'intérêt à la fois, Captain ajoute :

— Tu me diras si tu as gardé longtemps les tiens...

Une halte pour la nuit à Shah-Ispahan ou Shah-Isfahan. dans l'obscurité, le vent, la poussière. Demain, nous descendrons sur Kasvine.

Mais ce soir, il faut veiller pour que la tempête n'emporte pas nos fragiles abris.

Non loin de moi, presque sur le bord de la tente, dorment les deux interprètes chaldéens — le père, trente ans, le fils quinze ans — qui nous ont suivi depuis Tauris. Ils remplacent Nicodème, Yonas et Israël, abandonnés à

Charaf-Khané, « aux bons soins » des démocrates persans.

Ces deux Chaldéens veulent gagner Hamadan. Ils emportent toute leur fortune : une couverture qu'ils étendent par terre le soir pour se coucher et un petit samovar. Ils paraissent pleins de bonne volonté, mais le fils seul connaît un peu de français. Le père a l'air de comprendre. Il traduit on ne sait quoi.

Du reste, on ne sait jamais ce qu'un interprète transpose. On s'exprime avec énergie ; il transcrit prudemment dans un langage fleuri, des paroles qui étaient violentes. Une conversation s'engage entre le traducteur et l'indigène. Nous restons là, présents, mais en dehors. Nous ne comptons pas. Enfin, on demande à l'interprète :

— Mais que raconte-t-il ?

Et nous sommes tout surpris d'apprendre qu'une grave question de préséance ou une grande nouvelle annoncée au bazar et non confirmée font le sujet de cette causerie. Notre première question, il y a longtemps qu'elle est oubliée.

Si, au cours de cette marche forcée dans un pays hostile, nos deux Chaldéens se montrèrent plutôt craintifs, Nicodème et ses amis témoignèrent à Ourmiah d'une autre autorité. Par haine des Musulmans, ils exigeaient de leur avarice des cadeaux que ceux-ci ne songeaient pas à offrir.

Un médecin avait-il soigné le fils d'un grand personnage, les interprètes savaient lui faire payer ce service.

Tandis que le Français en visite chez le Persan, s'extasiait sur les tapis anciens, Nicodème traduisait à sa guise.

— Qu'est-ce qu'il dit ? interrogeait le Persan.

— Il trouve ton tapis très beau et il le voudrait pour sa demeure.

— C'est un tapis très cher, s'excusait le Persan.

— C'est celui que tu as accroché à ton mur qui lui plaît maintenant, reprenait Nicodème. Donne-le-lui. Sinon, il va en choisir un autre encore plus beau.

Le Persan hésitait encore :

— Il veut, déclarait Nicodème. Si tu refuses, malédiction sur ton fils. Il connaît des secrets pour que ta race s'arrête avec toi...

Le Persan donnait un ordre. Le tapis était roulé, transporté au domicile du Français qui remerciait.

— Que dit-il? s'informait encore le grand personnage.

Et Nicodème, imperturbable, traduisait les remerciements de l'étranger par ces mots :

— Il dit que tu as bien fait de te décider. Mais il en désire d'autres. Il reviendra.

Ainsi les interprètes pleins d'astuce et à qui la haine religieuse accordait de l'audace et du courage, se rendaient chez les riches Musulmans, exigeaient des cadeaux pour les « sorciers d'Europe » et pour eux-mêmes un honorable pourboire. Cependant que les « sorciers » qui n'avaient rien réclamé pour leurs services médicaux, s'imaginaient que chaque Persan les tenait pour grands, généreux et désintéressés.

Ces stratagèmes que nous contait Nicodème, nous en avions ri quelquefois avec Maurice Jammes, Marcel Benoit et le capitaine Bobbyck...

Bobbyck?... Sous la tente qui claque au vent d'Asie, j'évoque son souvenir... Où est-il le cher capitaine russe? Et Brovsky? Que sont-ils devenus?

Doucement, je prends ma boîte d'allumettes, des cigarettes... Mais Captain lui non plus, ne dort pas.

— Tu t'ennuies?... Qu'est-ce que tu fais?

— Rien...

— Tu penses à Panam?

— Non. Je songeais à... à l'incompréhension des races...

— Oui... On n'y pige rien, reconnaît Captain à voix basse, heureux au fond de bavarder un peu.

« On ne peut même pas faire des observations exactes, ajoute-t-il... Je te dis ça, à toi, c'est pas pour te vexer. Mais, un exemple. Quand nous étions réunis à Ourmiah, dans la cour, en cercle, au garde à vous, pour écouter la lecture du rapport, lorsqu'on avait tous salué, eh bien! les malades russes qui soignaient leurs coliques à l'ambulance, ils croyaient que les Français faisaient leur prière... Voilà, mon vieux.

A cause de la tempête qui redouble et de l'ouragan qui siffle, Captain élève la voix... Alors, Gaston Desprès de se plaindre :

— Taisez-vous, quoi!

— Dors donc! réplique Captain. Regarde-le! Il est déjà reparti dans le sommeil... Quelle chance il a!...

Puis, confidentiellement, Captain murmure :

— On a raison de dire, en Normandie, que les cochons dorment bien sous le vent...

V

DANS KASVINE, COLONIE RUSSE

Juin-septembre 1918.

ÉCLAIRÉS aux flambeaux, sans bruit, nous entrons dans les ténébreuses ruelles de Kasvine, le dernier jour de mai. Une troupe de conquérants ou de pillards devait défiler ainsi, autrefois, à travers les étroites venelles de cette ville d'Asie. Pas un visage n'apparaît. Peut-être, sur des terrasses, des corps inquiets se penchent sur nos torches, nos chameaux et nos fusils.

Une branlante maison persane, abandonnée par les Russes, inhabitée aujourd'hui, toutes ses chambres disposées autour d'un jardin détruit, nous servira de campement. Il y a un petit verger caché, des terrasses et une citerne d'eau à l'odeur immonde.

— J'espère qu'on ne va pas s'attarder ici! souhaite Captain.

Mais tout le monde ne raisonne pas comme Captain. Il en est qui voudraient remonter sur Enzeli, avec les Anglais.

A Kasvine, en effet, on trouve quelques specimens de troupes anglaises expédiées de Bagdad. Elles doivent atteindre Bakou et ses pétroles. Elles y songent peut-être, mais elles ne paraissent point pressées.

Il y a aussi quelques cosaques russes du général Baratoff. L'État-major britannique a essayé de les transformer en mercenaires pour le Roi de Londres. Mais les cosaques ne sont pas très enthousiastes. Et s'ils comptent se diriger sur Bakou, c'est pour rentrer en Russie.

Il y a également quelques échantillons de policiers et d'agents secrets. Les uns au service du consul allemand de Tauris, mais un plus grand nombre au service des Anglais. A défaut de soldats, les Britanniques savent organiser leur service d'espionnage. C'est ainsi qu'ils pénètrent pacifiquement dans un pays inconnu.

Chaque jour, à Kasvine, on enferme des mollahs chez qui l'on a découvert des caisses de cartouches. Ces nobles personnages, qui prêchaient la guerre sainte, disparaissent doucement. Rien ne semble modifié dans la ville. Les rues sont toujours encombrées de nombreuses femmes voilées, chaussées à l'européenne, et les marchés, de derviches, de mendiants et de charmeurs de serpents...

Lorsque des « agitateurs persans » — c'est le nom que l'on donne à ces patriotes qui ne peuvent admettre l'hypocrite invasion anglaise — sont dénoncés, on les arrête sur-le-champ. Pas de jugement. Pas d'emprisonnement non plus. Mais un petit voyage sans ticket de retour.

Un soir, devant chaque maison où un « rebelle » s'est réfugié, vient s'arrêter une petite automobile américaine et un conducteur. Un soldat anglais, un fusil à la main, ordonne au Persan dont l'État-major britannique a décidé de se défaire, de prendre place dans la voiture qui attend. Un Persan, même armé, ne résiste pas à une invitation formulée en certains termes par un Européen également armé. Il préfère obéir tout de suite. L'automobile s'éloigne donc dans la nuit. Elle va. Une ruelle. Une autre. Une autre encore. Et voici que l'auto gagne les portes de la ville et se dirige, dans la campagne, sur un point désigné. Là, d'autres automobiles attendent. D'autres arrivent. Elles sont toutes semblables : sur chacune il y a un soldat anglais au volant, son fusil à portée de sa main et un Persan qui cherche, curieusement, pourquoi tant de Persans font ainsi, en même temps, une promenade nocturne...

A tous ces voyageurs surpris, un officier de Sa Majesté annonce avec l'amabilité inhérente à sa race, qu'il est très dangereux de descendre de voiture en cours de route. Pour éviter un accident mortel, on préfère achever tout de suite à coups de fusil le Persan qui se permettra de retarder la bonne marche du convoi.

Ces raisonnements, un indigène de ce pays les comprend tout de suite.

Un nouvel ordre de l'officier et la petite caravane des automobiles prend la route de Bagdad. C'est là seulement, dans cette vieille et célèbre cité, que les « voyageurs involontaires » sont confiés aux soins diligents des policiers anglais.

Cependant, là-bas, du côté de Kasvine, des légendes plus ou moins vraisemblables ont cours sur le compte des disparus. Mais personne ne peut affirmer qu'il les a rencontrés...

*
* *

Première promenade dans cette ville soumise — ou du moins qui le paraît. Un air de fausse sécurité. Mais cela nous suffit.

Des ormes, des charmilles et des mûriers où nichent de croassants corbeaux ombragent l'avenue principale (l'avenue du Schah) qui relie le centre de la ville aux quatre grandes artères.

Le long de ces boulevards, des magasins à la russe, des salons de coiffure, des marchands d'antiquité, des pharmacies, des échoppes de changeurs, des restaurants, et des cafés étalent leurs enseignes encore écrites en russe.

— Quand tu liras : « vodka » ou « vino », préviens-moi dit Captain.

— Il suffit d'entrer dans un « traktir » (restaurant) répond Desprès...

On passe devant les hôpitaux des Ziemski-Saïous, les casernes où les armées du Caucase séjournèrent long-temps, la demeure du gouverneur et son jardin à l'abandon.

Les Anglais s'installent méthodiquement à mesure que les soldats russes pour qui la paix est signée remontent dans leur pays.

On rencontre des jeunes femmes habillées à l'euro-péenne. Ce sont d'anciennes infirmières russes. Les ambulances ferment, mais les dortoirs de ces dames sont toujours ouverts. Que font-elles ici ?

Des officiers aussi, quelques Russes, très polis, des Britanniques tout en jambes et qui ne voient personne, des Français curieux et pressés. On les aperçoit une fois, deux fois. Puis c'est fini. Où sont-ils allés ? Chargés de missions spéciales, ils passent, ils ne restent pas. On assure qu'il y a des agents turcs et allemands, mais ils sont discrets.

Et la vie orientale continue.

Devant l'entrée des hamams souterrains sèchent de petites toiles rouges. Des éventaires de fruits, d'aubergines et de tomates se sont établis sous des voûtes de feuillages. Les fumeurs de narghilé, derrière les pots de lauriers-roses, s'accroupissent sur les bancs... Les vieilles ruelles tournent près des maisons persanes toujours fermées ; elles s'enchevêtrent et débouchent soit sous les voûtes du bazar, soit devant le large cimetière où s'érige la mosquée aux colonnes de faïences peintes que des poutres consolident : le tombeau vénéré de Schah-Zadeh-Hossein...

Marcel Benoit qui est parti seul, de son côté, à l'aventure, nous découvre. Confidentiel, il glisse au « Captain » :

— Je sais où l'on peut boire de la liqueur de raisins secs...

— C'est du vin que tu désignes ainsi ?

— Et de l'arak... (eau-de-vie de raisins secs). Et de la vodka. Mais elle n'est pas naturelle.

— Où donc ?

— Et du « mastic ».

— Du... comment ?

— C'est une espèce d'absinthe fabriquée dans le pays avec de la résine de pistachiers, explique Benoit.

— Bon, décide Captain. Je vois ça, j'aime mieux ta « liqueur de raisins secs », comme tu l'appelles...

— Elle est un peu plus fermentée qu'à Ourmiah, mais elle est plus sûre.

— Où as-tu trouvé ça ?

— Ces remèdes, on les obtient chez les « apothèkes ».

— Ah ! ce sont les pharmaciens qui débitent l'alcool... Ça va...

Le canon du gouvernement tonne dans la lourde chaleur. Des corneilles s'envolent en criant. Il est midi... Et, soudain, des cosaques au large chapeau de feutre galopent à travers les rues, au grand effroi des dames voilées de tulle blanc...

* * *

Il y a les pharmaciens qui vendent de l'alcool dans leurs arrière-boutiques. Il y a aussi des tavernes fréquentées par des cosaques. Dans ce « traktir » qui sent le « chich. lick » (viande de mouton rôtie) et l'arak, des soldats russes se lèvent comme nous entrons. Très raides, ils nous saluent et nous offrent cérémonieusement, selon la coutume, de grandes coupes emplies de « mastic ».

Il n'y a que deux verres pour dix convives. Nous buvons à tour de rôle. Les Russes, toujours debout, au garde-à-vous, attendent. Ils poussent une clameur à « notre santé ».

— J'ai jamais vu trinquer comme ça, dit Captain.

Rien ne bouge sur les petits visages aux pommettes bombées de nos hôtes. Ils accomplissent, ainsi, sérieusement, un des rites de leur aimable tradition de buveurs.

— Tu retiendras l'adresse de la maison, conseille Captain à son ami Desprès.

* * *

— Je crois qu'on peut s'installer pour quelques semaines, constate Captain.

— Pourquoi annonces-tu des nouvelles quand tu ne sais rien ? réplique Desprès.

— Je ne sais rien? Je sais qu'on a demandé aux « Britisches » s'ils avaient besoin de sanitaires. Ils ont dit « oui » et ils veulent nous emmener à Bakou, où il y aura du travail. Les « Britisches » veulent faire combattre pour eux les cosaques qui sont ici et les bataillons de volontaires arméniens. Et puis, je sais qu'il y a à Kasvine le choléra et le typhus.

« Ça me suffit. A partir de ce soir je vais me soigner.

— Qu'est-ce que tu vas faire pour te soigner? interroge Desprès.

— Je jouerai aux cartes, le soir, je ne toucherai pas à un verre d'eau et je te permettrai de m'offrir de l' « arak » et du « mastic ».

Captain ne se trompait pas.

Un matin de juin, les cosaques russes, par détachements, quittent Kasvine.

— Où vont-ils?

— Dans le Caucase...

Ils ne s'en cachent pas, du reste.

Une dernière fois, les cavaliers se rassemblent sous les grands mûriers de l'avenue du Schah, derrière le fanion des volontaires de la mort qui porte des tibias blancs sur fond noir. Les Persans regardent longuement ces hommes dont le visage rond paraît encore plus petit sous le large chapeau de feutre. Ils se montrent la botte de foin attachée près des fontes et le paquet de pansement ficelé sur le fourreau du sabre. Ils se réjouissent de ce départ.

— Au moins, dit le chef de la police indigène, les Anglais bâtissent; mais, partout où sont passés les Russes, on ne voit que ruines et incendies.

— Allons, tout va bien, affirme Captain. Les « Britisches » vont pouvoir placer des écriteaux et des enseignes, en anglais, un peu partout.

Peu de jours après, on apprend la prise de Recht sur la Caspienne, opérée par les Russes pour le compte des Britanniques.

— C'est le moment de préparer des hôpitaux, remarque Marcel Benoit.

— Oui. Tant qu'ils auront des Russes pour combattre, les « Britisches » pousseront l'offensive, répond Captain.

Et trois hôpitaux, dans les bâtiments abandonnés par les sanitaires russes, sont organisés par notre détachement. Pour le compte des Anglais, bien entendu. Le premier à l'usage des blessés, un autre pour les typhiques, le troisième près d'un vaste jardin clos, pour les convalescents. Nous avons la surprise d'y découvrir tout un solde de « sœurs de charité » russes.

— On a dû les oublier, remarque Captain.

La vie d'Ourmiah recommence ou à peu près. Le travail terminé, les Français montent sur les terrasses de leur maison persane. Terrasses en terre battue. L'herbe par endroits, y pousse. A la nuit, descente dans les chambres. On y joue aux cartes, naturellement. Captain raconte des histoires. Il a liquidé son lot d'aventures marines. Il a trouvé un nouveau « rouleau » : des histoires de chasse.

— Rien ne vaut le fusil américain, affirme-t-il. Je voudrais avoir avec moi, ici, mon « américain » à six coups... D'une précision !

— Tu dois rater tout ce que tu vises, interrompt Després en riant.

— Idiot ! réplique Captain furieux. Tu n'aurais qu'à te placer à deux cents mètres avec une bouteille vide au bout de ton bras droit, que tu tiendrais levé en l'air, comme ça. Eh bien ! si du premier coup, avec mon « américain », je ne te casse pas ta bouteille, tu peux être tranquille, je t'enverrai toujours une belle décharge de plomb dans les fesses...

On remonte ensuite sur les terrasses pour se coucher et dormir quand la nuit se fait plus douce.

Tant d'étoiles brillantes dans le ciel et, sur terre, aucune clarté : les ténèbres les plus épaisses. Impossible de distinguer dans la plaine, la grande mosquée de Schah-Zadeh-Hossein où tout le jour des caravanes de pèlerins s'arrêtent, où des chameaux s'agenouillent, pour déposer d'étranges fardeaux roulés dans des tapis : cadavres de fidèles musulmans qui ont demandé à être ensevelis près du vénéré Hossein.

Le lendemain, le soleil nous oblige à nous lever de bonne heure. Et l'existence reprend son cours. Les vieux landaus tournent sur les boulevards cependant que le cocher crie : « Habarda! » (attention!) sans ralentir son allure. Des mulets, retour des jardins qui entourent Kasvine d'une enceinte de verdure, de vergers, de vignes, de pistachiers et de champs d'abricotiers, transportent des pastèques, des concombres et des raisins, cependant que sur les hauts minarets des mosquées, les mollahs crient leurs incantations habituelles.

VI

AU CAMP DES ANGLAIS, SOUS ECBATANE

MON vieux, commence Captain, on ne va pas moisir dans le pays.

— Qu'est-ce que tu racontes encore ? intervient Gaston Desprès.

— Ce que je sais. On devait aller à Bakou — ou sur la route — avec les cosaques russes et les Arméniens pour occuper la ville du pétrole. Eh bien! on n'ira pas. Les Turcs ont livré bataille. Les Russes sont rentrés en Russie et les « Britisches » ont pris la fuite. Et ils évacuent en vitesse, tu peux me croire. Ils sont meilleurs pour la police que pour la guerre, les « Britisches ».

— Où as-tu appris ça ?

— Je ne puis révéler mes sources, réplique Captain sévère. Et maintenant il nous faut partir. Kasvine est menacé. Il faut imiter les Anglais qui se replient sur des positions...

— ... préparées à l'avance... On connaît la formule. Où ça, ces positions ?

— Pas en Angleterre. Mais presque. A Hamadan...

— La preuve de tout cela ? réclame Marcel Benoit perplexe encore devant ce défilé de précisions.

— Demandez le « Bobard », quotidien entièrement

rédigé par Captain! crie Gaston Desprès, goguenard.

— Quelle noix! interrompt Captain... Écoutez, j'ai rencontré un officier anglais tout à l'heure, sur les « Téhéran-road » comme ils disent...

— Tu étais donc sorti seul pour aller boire? interroge Desprès...

— Et le « Britische » m'a dit : — « Qu'est-ce que vous « fabriquez en Perse, les Français? » Puis, sans attendre ma réponse qui ne l'intéressait pas, l'officier a ajouté : — « Nous n'avons pas du tout besoin de vous... »

— Il avait bu, cet officier anglais? s'informe Benoit.

— Je lui ai répondu, poursuit Captain sans s'indigner outre mesure de cette interruption, que nous ne tenions pas à rester en Perse. Alors, il m'a déclaré : — « Tant « mieux pour vous, parce que vous allez partir... » Tu la vois, la preuve!...

— Tu as eu encore des visions, insinue Desprès.

« Tu as tort, Captain, tu as tort de boire seul, comme ça, sans retenue.

Mais les plaisanteries de Gaston Desprès n'ont pas d'écho. Captain a convaincu son auditoire.

Trois jours plus tard, les événements lui donnent raison. Le 13 septembre les cinquante Français ayant chargé leurs bagages et leurs vivres de réserve sur des fourgons, quittent Kasvine à pied pour atteindre Hamadan, qui est, selon les états-majors russes, à deux cent trente-sept ou deux cent cinquante-sept kilomètres, on ne sait au juste.

Une route dure à travers de hauts plateaux. La plupart des villages persans sont détruits. Une odeur de suie humide s'en dégage encore. Les Russes sont passés là.

Le 22 septembre au matin, nous entrons dans l'oasis d'Hamadan.

** **

Du haut de ces petites collines, près de nos tentes, on découvre la ville actuelle, Hamadan, le fouillis de ses ruelles, le dôme gris de sa vieille mosquée où se posent des pigeons familiers... Près des camps anglais, quelques amas de briques crues et, à deux pas de la route, un lion de pierre sculpté, très ancien, assure-t-on, autour duquel s'entassent des ex-voto, notamment de petits chapiteaux ciselés, noués d'une cordelette... Les femmes qui désirent accoucher d'un enfant mâle viennent implorer ce lion sculpté.

Des cadavres d'ânes et de chameaux pourrissent au soleil : la puanteur d'Hamadan dépasse celle d'Ourmiah et de Kasvine... La rivière qui dégringole à travers la ville, et qui vient des montagnes, sert aux ablutions, aux lavages, ramasse les fosses d'aisance et passe à côté des charognes. Elle fournit aussi aux Persans l'eau potable, car « toute eau courante est bonne à boire ».

A droite, quelques monticules de terre sans croix ni inscriptions : ce sont les tombes des Chrétiens chaldéens qui ont pu s'évader d'Ourmiah et sont arrivés jusqu'à Hamadan, pour mourir. Plusieurs de ces tombes sont déjà creusées de trous. Les innombrables chiens errants ne restent jamais en repos.

Chaque jour, de nouvelles fosses sont ouvertes et fermées. Cependant, aucun de ceux qui montent jusqu'ici, avec les porteurs de civières, ne songe à combler ces trous qui s'agrandissent.

— C'est probablement en ces lieux, observe Marcel Benoit — près du lion de pierre qui accorde la grossesse aux femmes indigènes, que l'on peut situer, d'accord avec la tradition, la ville d'Ecbatane, celle de Sémiramis, dont Hérodote a écrit comme on sait : « Ses enceintes sont excentriques et construites de telle sorte que chacune dépasse l'enceinte inférieure seulement de la hauteur de ses créneaux... Il y avait en tout sept enceintes, et dans la dernière, le palais et le trésor du roi... »

Oui, mais de tous ces palais fortifiés, il ne reste rien. La pierre manquait donc en Médie? Les enceintes étaient-elles bâties, comme les maisons persanes d'aujourd'hui, en briques crues ou en briques mal cuites? D'Ecbatane, pas même des ruines, peut-être ce lion de pierre renversé le long du chemin...

*
* *

Captain, tout joyeux parce qu'il a une nouvelle à nous annoncer, entre dans la chambre où se tiennent d'habitude nos « soviets », comme on prend l'habitude de le dire.

— J'ai rencontré des revenants...

— Ne nous fais pas attendre, interrompt Gaston Desprès.

— J'ai rencontré les interprètes chaldéens d'Ourmiah : Nicodème et Israël. Israël marchait derrière un âne. Yonas ne doit pas être loin.

— Rien d'étonnant, décrète Benoit. Il y a assez de Chaldéens à Hamadan.

Les chrétiens d'Ourmiah, nous les retrouvons ici, en effet. Pas tous. Une petite partie seulement. En juillet, après la retraite des cinquante Français, les Turcs et les Kurdes se sont dirigés sur la ville. Les Chaldéens d'Ourmiah n'ont pas essayé de combattre. Ils sont partis pour Saoudj-Boulack, afin d'atteindre Hamadan. Seuls, les Pères Lazaristes, Mgr Sontag, le Père Dunkha, d'autres, sont restés à la Mission. Tandis que les Chaldéens fuyaient, abandonnant dix ou douze mille morts en route, les Kurdes envahissaient Ourmiah et massacraient les chrétiens qu'ils y rencontraient, entre autres les Pères Lazaristes.

— Ces Chaldéens à qui les Français et quelques Russes ont conseillé de s'armer, les voici qui reparaissent, sans armes, misérables, mais tout à fait effarés de se découvrir des victimes dans le moment où ils se croyaient les maîtres. Quel cauchemar! conclut Captain.

— Ou quel remords! appuie Marcel Benoit.

* * *

La Perse est monotone. Ici comme à Tauris, comme à Zendjan, comme à Kasvine, des collines rougâtres, sans culture, des montagnes de carton déboisées composent un paysage lunaire pareil à ceux que nous avons vus le long des routes de Kasvine à Hamadan... Cependant les environs de Hamadan sont riches d'ormes et de peupliers, et, dans les vergers, on trouve la vigne, l'abricotier et le jujubier.

Dans la ville même, où campe sans doute, depuis la destruction du temple de Jérusalem, une importante colonie israélite (trois mille âmes), on nous montre, sur une hauteur, près d'un petit cimetière juif, une construction rectangulaire sur quoi est posée une petite coupole en forme de cône pas très élevée. Dix mètres environ. Une petite porte basse, en granit, tournant sur elle-même permet au visiteur de pénétrer dans une étroite pièce. Il y fait sombre. Un rabbin, habillé comme un mollah du culte chiite, nous reçoit. Une marche à descendre, et, par une ouverture, on se glisse dans une chambre un peu plus obscure.

Nous distinguons, à hauteur d'homme, deux tombeaux de pierre, côte à côte. Des broderies modernes, faites à la machine à coudre, courent le long des sarcophages de bois sculpté. Le plus ancien renferme la dépouille d'Esther, princesse d'Israël. Du moins on nous l'assure. L'autre, qui date de quatre ans, — on nous dit qu'il est « vieux de plus de mille ans », — construit sur le modèle du premier, recouvrirait le corps de Mardochée. Contre les murs, des inscriptions hébraïques tracées dans la pierre d'albâtre. Une lampe à pétrole « made in Germany » flambe doucement dans ce lieu vénéré que les Juifs défendirent toujours contre l'invasion des morts musulmans et qui doit remonter aux premiers temps de l'Islam.

Le rabbin nous avertit :

— Il y avait des bijoux antiques sur le tombeau d'Esther. Un Français les a pris.

— Quel Français?

L'interprète nous traduit :

— Il ne sait pas.

— Il y a longtemps?

— Très longtemps, monsieur, sous Schah Abbas.

A vrai dire, ces tombeaux où il n'y a rien, furent érigés à la mémoire d'Esther et de Mardochée...

Nous sortons. Le soleil d'automne nous paraît trop blanc. Des femmes voilées de noir trottinent, les jambes arquées, les genoux saillants sous le linceul qui cache leurs formes. Des Persans coiffés du large feutre conique lèvent la tête et regardent passer un avion qui tourne dans le ciel...

Dans cette ville d'Hamadan qui fut longtemps occupée par les Russes, presque rien ne subsiste de l'influence ancienne.

Quelques Persans et les Israélites qui, eux, connaissent également le turc et le français, parlent encore un peu la langue de leurs anciens maîtres. Au temps de paix, cinq cosaques assuraient la police de la cité.

Lorsque les armées du Caucase quittèrent Hamadan, après l'armistice de décembre 1917, les derniers soldats russes qui s'attardèrent dans la ville furent cependant sournoisement assassinés par les Persans, qui sont lâches et cruels.

Maintenant, ici comme à Kasvine, les noms des rues sont écrits en anglais : « London street », « Victoria road », etc...

— C'est assez grotesque, dit Marcel Benoit.

— Les « Britisches » ne se rendent pas compte, déclare Captain.

Les magasins du bazar débitent des étoffes et des marchandises qui, par Bagdad, viennent de l'Égypte ou des Indes ; les pharmaciens vendent toujours de l'arak (eau-de-vie de raisins secs) et du mastic (absinthe fabriquée avec la résine du pistachier) : mais ils nous offrent également du gin et du whisky. Ainsi s'adapte à une vie nouvelle cet ancien territoire russe.

A travers Hamadan, ses passages étroits, ses rues tortueuses qui descendent vers les plateaux inclinés, c'est le même peuple de saïds aux yeux sournois, de mollahs à turbans blancs, de Persans en lévites noires et la foule des petits marchands, des portefaix, des mendiantes et des mendiants couverts de haillons multicolores et les chiens faméliques, chargés ici, comme dans le reste de la Perse, du service de la voirie et qui dépècent aussi bien les cadavres des chameaux que ceux des hommes abandonnés sur les pistes des caravanes.

Des Indous en kaki ont remplacé les habituels tavarischy ; on rencontre cependant encore quelques Russes et des dames, infirmières en jupons courts qui baladent leur bohème indolente. Elles n'ont pas voulu retourner dans la Russie bolchevisée.

Un accordéon dénonce les maisons et les cafés où les maîtres d'hier se réfugient loin des Anglais.

— Mais, nous, qu'est-ce qu'on fait ? demande Captain.

— On se repose, répond Desprès.

En réalité, on attend. Les cinquante Français seront-ils attachés aux forces anglaises qui doivent aller reprendre Bakou ? Ou bien descendront-ils sur Bagdad ?

En ce mois d'octobre, pendant notre séjour, se produit le grand deuil des musulmans chiites. Il dure une dizaine de jours. Vers les cinq heures du soir, du côté où le petit

pont en dos d'âne s'arrondit sur le torrent, près de la mosquée en bois, ajourée comme une claie, des voix d'enfants psalmodient les louanges des prophètes. La nuit
tombe vite. Lorsque nous regagnons le camp, un peu tard,
nous heurtons tout d'un coup, au coude de quelque ruelle
montante, des porteurs de lanternes. Leurs chants sur la
même note rappellent les incantations africaines. Ces
hommes s'avancent, pieds nus, le crâne coiffé d'un voile
noir, le torse entouré de cuir. Certains, dans leur main
droite, tiennent une écuelle d'eau où nagent une pomme,
un coing, des fruits...

La procession se dirige vers une mosquée où se réunissent les chiites. Ils sont là, sur leurs talons, dans ce temple
qui est pareil à une quelconque maison persane, où les
murs de bois et de briques crues sont percés de nombreux
trous. Les mosquées modernes ne supportent ni coupole
ni minaret.

Mais une mule blanche s'est arrêtée devant la porte du
saint lieu. Un personnage à turban noir et grande barbe
met pied à terre. C'est un prédicateur qui vient se lamenter sur la mort des imans. Chez les Persanes voilées,
assises en boule, et qui fument, chez les fidèles qui jacassent, le silence s'établit. Le saïd, d'une voix chantante,
psalmodie une fois encore le récit du martyre des fils
d'Ali, Hassan et Hossein, mis à mort par les Sunnites.
Les assistants sanglotent en cadence, les femmes miaulent
par intervalles. C'est rituel. Pas de larmes. Des cris.

A ce moment, une des nombreuses processions qui parcourent la ville pénètre dans la mosquée. Les lampes qui
fument répandent une violente odeur d'huile et d'encens.
L'air sent également le tabac et l'opium.

Et voici qu'une voix d'eunuque glapit les litanies des martyrs. Les fidèles répondent par des sanglots convulsifs bien imités. Cela augmente, monte, se prolonge dans un crescendo de dissonances étranges, contraires à tous nos rythmes. Et cela finit tout d'un coup par des prières que récite à voix basse un prêtre à lunettes noires. Les femmes qui gémissaient se passent un narghilé, en pépiant, et les hommes, avec mille politesses, s'offrent les uns aux autres de petites tasses de thé sucré...

Le dixième jour est le plus important. Les fanatiques de la procession portent un « kindjar » (poignard) ou un long sabre. Ils entourent un mannequin décapité devant quoi ils balancent des bannières surmontées de la main d'Ali, en fer blanc. Dès la tombée de la nuit, ils chantent, ils scandent de leurs cris les coups de tranchant qu'ils se donnent eux-mêmes sur leurs têtes rasées. Une foule délirante accompagne ces hommes qui se tailladent le crâne. Bientôt leur visage, leurs mains, leurs habits, — une longue tunique blanche, — sont couverts de sang. Quelques-uns, le visage meurtri, tombent par terre. Des spectateurs, en hurlant, s'approchent des fanatiques. Au risque de recevoir quelque balafre, ils tâchent d'essuyer sur une face maculée le sang sacré qui coule des blessures.

Nous regardons, du haut des terrasses, cette ronde sauvage qui s'éloigne maintenant et s'enfonce sous les mûriers du ravin. Deux enfants, entraînés dans cette foule, sont portés par des fidèles, en holocauste. On voit leurs têtes, ouvertes d'un coup net, qui ballottent de droite à gauche. Les musulmans gémissent. Ils se frappent l'épaule et le front à coups de poing. Sur les toits des maisons, des femmes accroupies jettent de grands cris.

La procession s'enfonce lentement dans les ruelles sombres. Du haut de nos terrasses, longtemps encore nous écoutons décroître ces clameurs scandées et ces chants barbares. Bientôt, il ne reste plus dans l'avenue, silencieuse à présent, que des soldats anglais l'arme au pied, rangés en prévision de troubles, qui attendent la relève et parlent dédaigneusement de ces « natives » (indigènes) sûrement un peu malades...

VII

LES RÉFUGIÉS DE CHALDÉE

Est-il vrai que les Turcs abandonnent les différentes positions qu'ils occupaient dans la région de Salmas et de Tauris?

Ce bruit suffit. Les Chaldéens chrétiens qui avaient délaissé Ourmiah assiégée pour gagner Hamadan rafistolent leurs antiques voitures à deux roues. Ceux qui se cachaient pour ne point être enrôlés de force dans l'armée assyrienne, comme Rabbi Odischou, osent maintenant montrer leur visage taillé en dessous.

Nous rencontrons dans les ruelles du bazar tous les mercantis de la plaine d'Ourmiah qui traficotaient autour de la Mission catholique : Salomon, à la peau grêlée, et l'interprète Nicodème, tout de blanc habillé. Ces messieurs achètent des roubles à bas prix : cent roubles pour quarante krans. Ils espèrent les revendre avantageusement dans leur pays, car ils se sentent le courage d'y retourner maintenant que le danger a disparu.

Mais les misérables, ceux qui ne possèdent ni argent, ni âne, ni chariots, restent à Hamadan. Ils se promènent, bricolent de-ci de-là, et leurs femmes aux larges jupes travaillent avec les pauvresses persanes à l'empierrement des routes, pour le compte des Britanniques.

— 337 —

22

Dans la branlante maison d'argile où nous sommes en ce moment cantonnés, — construite sur le modèle de toutes les maisons persanes : une cour, un minuscule verger, une pièce d'eau pour l'agrément des moustiques, un bâtiment à deux étages, divisé en pièces pour les diverses épouses du propriétaire, — parfois viennent nous rendre visite une Chaldéenne de trente ans qui en paraît bien quarante-cinq, sa fillette et un homme d'un certain âge, son mari. Une barbe noire et frisée tournoie sur le visage oblique de ce dernier. Ce Chaldéen porte le chapeau de feutre et la soutane grise à grandes manches des popes. Il est prêtre de la religion russe orthodoxe. Il fut jadis prêtre de l'Église romaine; mais lorsque les Russes vinrent en nombre à Ourmiah, il crut sage de se rallier à l'orthodoxie toute-puissante.

Aujourd'hui, il est très perplexe. Il a appris que les membres de la Mission catholique d'Ourmiah avaient été assassinés par les « Kourdes », après l'exode des Chaldéens, et que les orthodoxes russes s'étaient retirés de la ville...

Sa femme et sa fille tâchent de gagner le pain quotidien : elles lavent du linge et mendient à l'occasion.

— Je travaillerais bien, nous dit le pope en caressant sa barbe, mais je ne puis pas. Je suis prêtre...

Et comme il entend parler de missions évangéliques protestantes en Perse, il songe sérieusement à se convertir à la nouvelle religion.

Cependant que des cavaliers et des « volontaires » des anciens bataillons assyriens remontent sur Ourmiah, par Zendjan, des Chaldéens descendent sur Bagdad, d'où ils gagneront Mossoul, l'ancienne Ninive.

Nicodème, l'interprète turco-persan, voudrait bien aller en France, mais atteint de paludisme, il grelotte sous ses couvertures. Devant un aumônier français, qui visite les malades, il se lamente comme ceux de sa race; il croit sa dernière heure venue et recommande déjà son âme à Dieu, comme il le fit d'autres fois, en des minutes périlleuses.

— Ce que vous avez n'est rien, dit l'abbé. C'est votre ami Yonas qui est très gravement atteint. Il a le typhus.

— Yonas a le typhus? s'inquiète Nicodème.

— Oui. Et je ne vous cache pas : on ne sait s'il pourra s'en tirer.

— Yonas va mourir! reprend Nicodème. Et vous allez le voir. Demandez-lui donc, monsieur l'abbé, le passeport qu'il a fait établir pour la France. Il me servira. J'ai perdu le mien.

Les domestiques chaldéens de la Mission catholique d'Ourmiah qui portent la casquette des séminaristes, avec les initiales SV, apprennent ici — pourquoi l'ignoraient-ils encore? — le massacre, à Ourmiah, de Mgr Sontag et des autres Pères de la Mission. Ils se composent des visages de bedeaux consternés, se regardent, puis, naturellement leurs premiers mots :

— Qu'allons-nous devenir?

Mais Nicodème qui a fui sans regarder derrière lui, reçoit cette nouvelle, confirmée chaque jour, et parée de nouveaux détails avec une grande fermeté d'âme.

— Bien sûr, déclare-t-il. Quand tout le monde partait en courant, les Pères Lazaristes ont voulu, malgré les conseils, rester dans leur Mission. C'était très imprudent.

C'est avec un égal courage que Nicodème accueille la

mort du Chaldéen Yonas, fils de Yonathan, du village de Gulpacha ou Gulpachan.

Des Français ont accompagné sa dépouille jusqu'au petit cimetière des Chaldéens, près du lion de pierre... Nicodème, remis de sa fièvre, s'estime encore trop faible pour marcher, mais il réfléchit.

— Yonas avait caché à la Mission d'Ourmiah beaucoup de sacs de blé et des sacs de krans... Ah! tout est perdu, les Kourdes les emporteront...

Élisa, une Chaldéenne de quinze ans, — qui en paraît vingt, — a suivi les Arméniens d'Ourmiah jusqu'à Hamadan. Elle abrite sous des sourcils tracés au pinceau de grands yeux noirs insignifiants. Nicodème la présente aux Français :

— Son père est en Amérique. Il n'a pas donné de ses nouvelles depuis treize ans. Cette enfant, considérée comme orpheline, a été recueillie par les Religieuses...

La chose n'est pas rare en Chaldée. De nombreux paysans abandonnent ainsi femme et enfants pour chercher fortune aux États-Unis. En cas de danger, chacun pour soi, ils laissent tout derrière eux, comme Salomon, Rabbi Odischou et Nicodème, qui ont oublié à Ourmiah, au moment de l'arrivée des Kurdes, le premier, sa jeune femme, les deux autres, une vieille mère impotente.

Michel, ancien attaché comme interprète chaldéen et persan au Consulat américain d'Ourmiah, conte ses malheurs. Il est venu avec sa femme. Cependant nous lui connaissions trois enfants échelonnés de un à sept ans.

— J'ai perdu mes trois petites filles, nous dit-il... La

dernière, qui commençait de marcher, nous avons dû l'abandonner sur la route sans pouvoir l'enterrer... Oui, elle n'était pas encore morte.

Il est rare de trouver en ville des mères chaldéennes avec des enfants au-dessous de trois ans... Sont-ils morts, au cours de l'exode, des fatigues de la route? Il paraît que lorsque les Chaldéens fuyaient en désordre, des obus tombèrent parmi eux. Les mères, déjà embarrassées dans leurs traditionnelles grandes jupes, déposèrent leurs nouveau-nés sur le bord du chemin.

Nicodème défend les femmes de sa race. Il leur a découvert une excuse qu'il doit trouver excellente, puisqu'il la répète toujours :

— C'était pour fuir plus vite...

*

Lorsqu'on reçoit un ordre, il est sage, avant de commencer à l'exécuter, d'attendre son contre-ordre.

C'est, paraît-il, un axiome en honneur chez certains humoristes militaires. Axiome plein de scepticisme et d'expérience, du reste. Une fois de plus, nous en avons la preuve.

Au moment où nous étions habitués à l'idée de remonter sur Bakou, voici, en effet, qu'on nous avertit de descendre sur Bagdad. C'est un ordre télégraphique. De là, les cinquante Français seront dirigés sur la Syrie.

Le départ est fixé au 3 novembre. Nous sommes restés dans notre petite maison d'Hamadan — où, en principe, nous ne faisions que passer — à peu près un mois et demi. Toutefois, ces six semaines n'ont pas été sans profit. Elles ont révélé un Captain détective de grand style. L'ancien matelot, l'ancien critique militaire des « Soirées d'Ourmiah », l'ex-interne de la Villette, notre ami enfin, avait remarqué les inquiétants agissements des Chaldéens interprètes Nicodème et Israël. A la suite d'une surveillance habile, Captain est parvenu à prouver que les deux évacués d'Ourmiah et de Charaf-Khané vendaient aux marchands indigènes du bazar les fournitures de l'ambulance.

Leur utilité comme interprètes, puisque nous partons pour la Mésopotamie, est désormais tout à fait nulle. Les Français se séparent des deux Chaldéens, sans fracas, mais avec fermeté.

— Nous les reverrons encore, assure Captain. Ils seront à Bagdad avant nous...

Cette fois, les Britanniques, pressés de nous dire adieu, mettent à notre disposition des autos américaines.

Nous descendons à travers des paysages déserts. Peu d'arbres, qui prennent déjà les teintes de l'automne, dans les montagnes du massif de l'Helvend. Dans la plaine, à la tombée du soir, coupant les collines et la vallée, une série de trous de taupes qui montent, descendent... Ce sont les anciennes tranchées turques. Des villages détruits, le long de la route; les murs noircis de fumée sont encore debout. Ces tranchées où l'eau s'amasse, ces ruines, c'est tout ce qui reste des combats de la dernière guerre...

Des Kurdes, à cheval, des cavaliers laures, quelques Arabes de Bagdad galopent l'amble dans la campagne. Des convois de chameaux nous croisent. Ils apportent du camp anglais de Kanikine des vivres et des bidons de pétrole... Tout le long du parcours, sous la surveillance des Indous, des Persanes, des Kurdesses cassent des cailloux, empierrent et nivellent un nouveau tracé. Dans quelques années, à côté des vieilles pistes pour caravanes et des sentiers établis sous le règne de Schah Abbas (comme disent toujours les guides), une route nouvelle large et bien entretenue, sera construite.

Ce soir-là, à cause de la nuit profonde qui arrête les autos, nous campons à 25 kilomètres de Kermanschah, au pied du fameux rocher de Bizoutoum[1]. C'est là, dans une anfractuosité du rocher, à l'abri du vent et des pluies, que se cache le bas-relief du roi Darius. La sculpture enfoncée dans le roc, patinée par le temps, a pris le ton d'un admirable bas-relief de bronze. On y accède par un sentier à travers des blocs de pierre taillés... Au-dessous du tableau, à peine visibles, des inscriptions en trois langues...

Nous avons dressé nos tentes dans un très ancien

---

1. A une lieue environ au nord-ouest de Kermanschah, près de l'ancienne route royale qui conduisait de Babylone et de Bagdad à Hamadan, l'*Ecbatane* classique tombée elle-même au rang de bourgade pendant la période des princes Sophis, un chétif village a pris le nom de la montagne appelée par les auteurs grecs *Baghistana* et par les modernes *Bechistoum* ou *Bisoutoum* (*Takt-i-Bostan*, la voûte des jardins). Dominant les jardins et le torrent qui les arrose, un énorme rocher perpendiculaire, haut de 1.160 mètres, a été nivelé et poli à 100 mètres au-dessus de la plaine, et sur cette tablette gigantesque, le roi Darius, fils d'Hystapes, a fait sculpter un bas-relief colossal au-dessus d'une interminable inscription cunéiforme qui rappelle les premiers événements de son règne. Le bas-relief représente Darius foulant aux pieds le mage Gaumatès, et recevant l'hommage des rebelles vaincus. L'inscription est en trois langues, les trois langues officielles de la chancellerie des souverains Achéménides, le persépolitain, le mède, l'assyrien; elle est disposée en colonnes verticales au-dessous et sur les côtés des sculptures, et ne comprend pas moins de quatre cents lignes. (*L'Asie*, par M. LANIER).

cimetière. Sur les pierres tombales, couvertes d'inscriptions, on voit encore, sculptés d'une façon précise par quelque naïf artiste, un guerrier à cheval et deux fantassins. L'herbe pousse le long de la rivière. Sous la garde d'un berger kurde, de petites chèvres noires, des ânes indolents paissent parmi les fûts des colonnes brisées et les pierres tombales vestiges des grandes guerres anciennes. Des Kurdes élancés, des habitants du Lauristan, habitent encore dans l'ancien caravansérail; le reste du village a été brûlé par les Russes.

A travers une rafale de poussière, nous arrivons le lendemain matin au camp anglais, situé sur une hauteur. De là, nous découvrons l'oasis de Kermanschah, les mûriers, les abricotiers jaunis, les vignes rousses, les grands platanes déjà saisis par l'automne.

La ville de Kermanschah est d'aspect misérable, comme toutes les villes persanes. De loin, elle semble en ruines. Elle est construite en briques crues. Cependant les Anglais trouvent le moyen d'édifier leurs camps avec des pierres.

VIII

KERMANSCHAH, VILLE KURDE

UNE ville d'Orient, surtout vue à travers les échappées
de cette allée de figuiers et de jujubiers, ainsi nous
apparaît d'abord Kermanschah. Des Kurdesses aux nobles
attitudes, le visage découvert, quelques-unes vraiment
très belles, des Kurdes à têtes longues qui parlent français, nous indiquent le chemin du bazar. C'est, du reste,
comme dans toutes les villes persanes, le seul endroit
animé. Les ruelles serrées, toutes en détours et impasses,
longent les hautes murailles des maisons fermées au
regard étranger. Les voûtes du bazar sont en briques
cuites. Des soupiraux laissent passer une rare lumière.

Nous pénétrons, touristes amusés, dans l'allée des vendeurs de tabac, dans l'allée des chaudronniers, puis dans
l'allée des confiseurs.

Voici l'avenue des tapis. Qu'on ne s'y fie pas. La plupart des tapis sont fabriqués sur des machines allemandes,
à Tauris, et la formule des vieilles teintes, si elle n'est pas
perdue, n'est plus employée. On utilise désormais les
produits chimiques européens. Le véritable ancien tapis
persan ne se trouve que dans quelques familles. Les
cotonnades des Indes, d'Égypte ou d'Allemagne, sur dessins persans, répètent l'éternelle feuille en forme de cœur

allongé ; les broderies à la machine à coudre ont remplacé les tissus indigènes. Ainsi, chaque industrie a sa région, où les vendeurs du même produit se sont réunis. Voici les fabricants de pipes kurdes en terre rouge, les longs kalyans et les narghilés. Une amère senteur d'herbe sèche brûlée nous saisit. Des fumeurs d'opium sont couchés là. Au reste, voici les petits pots de terre, les tuyaux sculptés et les baguettes d'opium jaune.

Un derviche aveugle, le traditionnel derviche à barbe et longs cheveux, comme on le heurte dans tous les bazars de Perse, chante devant les boutiques les louanges d'Allah ou la mort d'Ali...

Près de la mosquée, dont les portes s'ornent des habituelles faïences peintes, des musulmans chiites s'arrêtent et nous regardent sournoisement. Avant d'entrer, ils touchent de leurs mains et baisent ensuite la chaîne de cadenas qui ferme l'entrée du lieu d'asile.

Comme nous allions le long des éventaires, à travers les passages étroits du bazar qui montent, descendent, tournent sur eux-mêmes, un remous se produit dans la foule. Elle se range de chaque côté des boutiques. Six cavaliers indigènes sur de hauts et maigres chevaux passent au trot. Ils tiennent sur leur cuisse un long fusil russe ancien modèle. L'un, vêtu de kaki jaune, coiffé du bonnet blanc des cosaques, le visage mat d'un « faiseur » de ville d'eaux, est S. E. le gouverneur persan. Les marchands, assis à la turque, parmi les sacs et les étoffes, se lèvent, ramènent un bras sur la poitrine, inclinent la tête... Des Anglais, la pipe aux dents, de souples Indous, assistent, indifférents, à ce cérémonial.

⁂

Court arrêt dans cette ville. Le 7 novembre, nous partons dans le matin froid.

Sur les montagnes, quelques arbres rabougris, des buissons de houx, des chênes nains surgissent. Et puis, voici la pluie. Les autos patinent sur la terre argileuse. Nous sommes obligés de nous arrêter dans un des nombreux camps que les Anglais ont semés sur leur route de conquête. Nous restons là, deux jours sous nos tentes secouées par l'ondée. Les conducteurs s'étonnent de ces orages : la saison des pluies, dans ces régions est en septembre et mars, mais il faut croire que la guerre encore a modifié tout cela.

Captain, en sa qualité de vieux matelot, est sorti pour prendre le vent. Mais en peu de temps, il est environné par la bourrasque.

— Quel pays ! marmonne-t-il en entrant sous la tente. De quelque côté qu'on se tourne on reçoit la pluie sur la g... (figure).

Desprès l'interpelle :

— Tu as besoin de sortir pour t'apercevoir qu'il pleut ! Tu as l'air d'avoir fait la traversée du Havre à la nage...

Captain qui commence à être habitué à la mauvaise humeur de son compagnon, constate avec philosophie :

— Je savais bien... Y a pas que la pluie... Y a Desprès.

Nous sommes près du village de Kérind, en partie détruit, comme la plupart des villages, sur le chemin suivi par les armées russes... Les Kurdes qui habitent dans ces pays, pillaient les convois des cosaques et se retiraient ensuite dans leurs montagnes. Les cavaliers du général

Baratoff, qui poussèrent le front du Caucase jusqu'en ces régions reculées, incendièrent tous les villages, par représailles.

Nous repartons. Il faut descendre dans un étroit défilé. C'est fini des hauts plateaux de l'Iran. Les autos tournent, un jour entier, dans les lacets de la nouvelle route. On voit encore l'ancienne piste des caravanes.

Sur cette longue chaîne de montagnes pousse une pauvre végétation : arbres à gros troncs, quelques houx et, dans la vallée, des saules. Les rochers à pic forment une véritable forteresse de blocs inaccessibles ; le ton blanc du sol et les arbres rares, disséminés, rappellent certains déserts à demi ravagés des Alpes de Provence. Ce sont les fameuses portes de Zagros, chemin de toutes les invasions.

Comme nous arrivons au camp anglais de Baïtack — ou de Païtack — des Chaldéens d'Ourmiah, venus, comme nous, d'Hamadan, et qui se dirigent sur Bakouba, direction de la route de Mossoul, défilent dans une tourmente de vent et de pluie, tirant sous l'ondée leurs maigres chevaux fourbus. Les fusils, attachés sur le cou des montures, ressemblent de loin, dans la campagne noire chargée de gros nuages, à des piques... Les misérables « Djilos » sont coiffés de turbans gris. Leurs vêtements tombent en lambeaux. Ils traînent des bottes éculées. Ils s'avancent à pied, par groupes, afin de ne pas fatiguer leurs chevaux... Les bandes d'Alexandre le Grand et des anciens conquérants devaient avoir, dans ce même paysage, cette allure de hordes désordonnées...

— Encore ! dit Captain. Je savais bien qu'on les retrouverait.

— Qui donc? demande Desprès.

— Les « volontaires des bataillons assyriens ». Je suis sûr qu'il y a Nicodème et Israël parmi eux...

— C'est pas une raison parce que tu as réussi une « filature » pour te croire infaillible, répond Desprès. Tu « les » vois partout, maintenant!

— Tu les reverras, reprend Captain. Tu les reverras à Paris, sur les boulevards. Ils te vendront des lacets.

C'est dans les passes de Zagros où la pluie nous oblige à un repos d'une semaine qu'un radio britannique nous annonce la signature de l'armistice.

* * *

Un départ encore. Pas de vent. L'air est pur. Depuis les passes de Zagros, nous avons quitté la véritable Perse, mais aujourd'hui nous franchissons la frontière persane, que désigne encore sur un monticule une vieille tour en ruines. La route court à travers un chaos de vallonnements déserts où planent des vautours et des oiseaux de proie. Une rivière au loin que souligne une ceinture de lauriers-roses et de roseaux. Quelques arbres sur les collines.

Nouvelle halte, le 18 novembre, à Khanikine. Un vaste espace où ont surgi près de cinq cents tentes anglaises.

* * *

Ciel calme de ce pays d'Asie, horizon de palmiers et d'orangers luisants... La sirène d'une auto nous rappelle la vie civilisée et, surtout, au crépuscule, le ronflement des moteurs dans le silence de l'oasis, les tremblantes lumières des camions qui reviennent de Bagdad... De ce sol longtemps desséché monte une mélancolie un peu déprimante, à quoi l'on s'attarde sans danger aujourd'hui, parce que l'ordre nous est enfin venu de rentrer en France par Bagdad et Bassorah...

A vrai dire, des hauts plateaux de la Perse, à part les verdoyants vergers qui encerclent les villes, je ne garde qu'un souvenir de rochers et de poussière... L'indigène nonchalant, endormi dans son rêve d'opium, cruel dans ses vengeances, mais naturellement incliné devant le plus fort, acceptera le destin qui le place, lui en tutelle et son pays en colonisation.

Un Persan à qui j'avais demandé sans trop d'arrière-pensée ironique, ce qu'il préférait : des Russes ou des Anglais, m'avait répondu :

— Ce n'est pas la même chose ! Quand les Anglais s'installent quelque part, c'est pour toujours.

« Et puis les Russes sont plus proches de nous. Ils nous comprennent mieux.

Avec eux, en effet, la Perse n'était qu'un prolongement du Caucase... Et voici que je songe aux aimables Slaves de Tiflis, — n'essayons pas de rappeler leurs noms — au petit praporchick Vasily, au charmant capitaine Bobbyck, à son ami Brovsky, à la comédienne Lentina...

Il y a, dans ce camp anglais, un Russe et sa jeune femme. Ils fuient la Russie bolchevisée. Marcel Benoit est allé leur parler. Il revient, les lèvres pleines de nouvelles. Captain l'interroge :

— Qu'est-ce que tu leur disais ?

— Qu'il ne faut pas abandonner son pays..., répond Benoit.

— Tu en as de bonnes, toi ! Pourquoi leur racontais-tu ça ?

— Parce que je le pense...

— L'expérience m'a appris, poursuit Captain, qu'il ne faut pas empêcher les gens de faire une bêtise...

— Pourquoi ? je te prie.

— Parce qu'ils en font une autre... Et la jeune femme russe, qu'est-ce que tu lui disais ? reprend Captain.

— Rien...

— Rien ? Je te voyais d'ici faire des grâces... Tu étais joli ! Tu devais lui baragouiner dans ton « russe » spécial : « Madame, je me prosterne à vos pieds et j'y reste humblement étendu... »

— Tu as un poste de télégraphie sans fil à ta disposition ? demande Marcel Benoit ironique...

— Oui, riposte Captain. Et j'ai même entendu la réponse de la jeune femme russe quand tu lui as annoncé que tu restais à ses pieds...

— Qu'a-t-elle répondu ? questionne Benoit sans défiance.

— Elle a répondu : — « C'est très bien... Mais qui donc ici est chargé de l'enlèvement des ordures ? »

ÉPILOGUE

PRÈS DES AUTOS DU RETOUR

Déja les automobiles qui doivent nous emporter, ronronnent sur la route. Une brume blanche s'élève dans le soir. Des Anglais en kaki, fument leur pipe courte. On parle de la paix imminente. Ils en sont ravis.

Certes, les Britanniques n'ont jamais essayé, en dépit de leurs promesses, de porter secours aux Chaldéens d'Ourmiah. Hier encore, ils fuyaient, abandonnant ces territoires qu'ils ont lentement conquis sur les Russes.

Un de ces « Britisches », comme les appelle Captain, traduisant à sa manière un proverbe légendaire dans son île, nous confie :

— Nous autres, nous sommes toujours les mêmes. Nous oublions de gagner toutes les batailles, sauf la dernière...

Ainsi, ces troupes anglaises qui prennent la route que nous avons quittée, remontent vers le Caucase, par Tauris, par Recht, par tous les chemins qui conduisent à Bakou et à Tiflis...

Soudain, un coup de sifflet prolongé :

— Les Français sont prêts ?

— Nous sommes prêts.

— Les voyageurs pour Bagdad, Bassorah, le golfe Persique, le golfe d'Omar, la mer Rouge, la Méditerranée,

23

en voiture ! annonce joyeusement Captain... On va reprendre la mer. Gaston sera de nouveau malade. Quelle bonne vie !

Le monsieur russe et sa jeune femme — une brune aux yeux trop fixes — feront étape avec nous, par faveur spéciale. Au moment de partir, celle auprès de qui Marcel Benoit faisait l'empressé, murmure à nos côtés, mais assez haut pour que nous puissions l'entendre :

— Chère, chère Russie...

Perse mystérieuse, Perse inconnue et mal connue, si curieuse quand même, où nous avons vécu près de quinze mois, où nous avons enseveli les cendres de trois des nôtres, nous te laissons aux prises avec un rude vainqueur. Et nul de nous, à l'heure actuelle, ne songe à dire :

« Perse, chers grands déserts de l'Iran... »
Et cependant...

Ourmiah, 1917.
Port-Saïd, 1918.

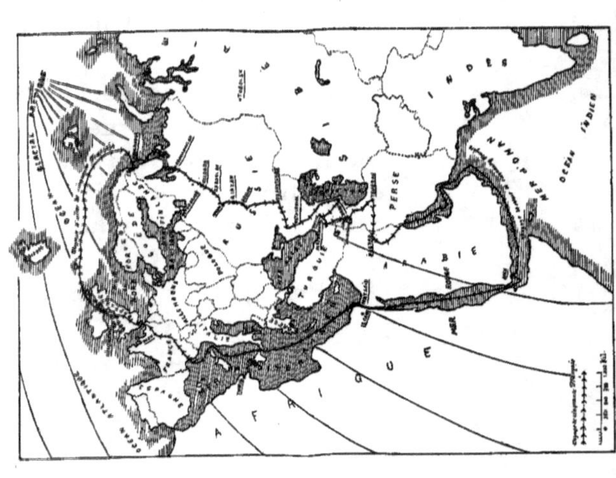
AFRIQUE
INDES
PERSE
ARABIE
OCÉAN INDIEN
MER D'OMAN
MER ROUGE
TURQUIE
ITALIE
FRANCE
ESPAGNE
OCÉAN ATLANTIQUE
Opérations Offensives

TABLE

TABLE

—

CE LIVRE, LE SEIZIÈME DE LA
COLLECTION DU « ROMAN FRAN-
ÇAIS D'AUJOURD'HUI », PUBLIÉE,
SOUS LA DIRECTION DE FRANCIS
CARCO, PAR LA CITÉ DES LIVRES,
A ÉTÉ ACHEVÉ D'IMPRIMER A
ARGENTEUIL SUR LES PRESSES DU
MAITRE IMPRIMEUR R. COULOUMA,
H. BARTHÉLEMY ÉTANT DIREC-
TEUR, LE VINGT-HUIT FÉVRIER
MIL NEUF CENT VINGT-SEPT.